똑! 소리나게 배워보는

한글 2007

박소영 지음

전속속속결

YoungJin.com Y.
영진닷컴

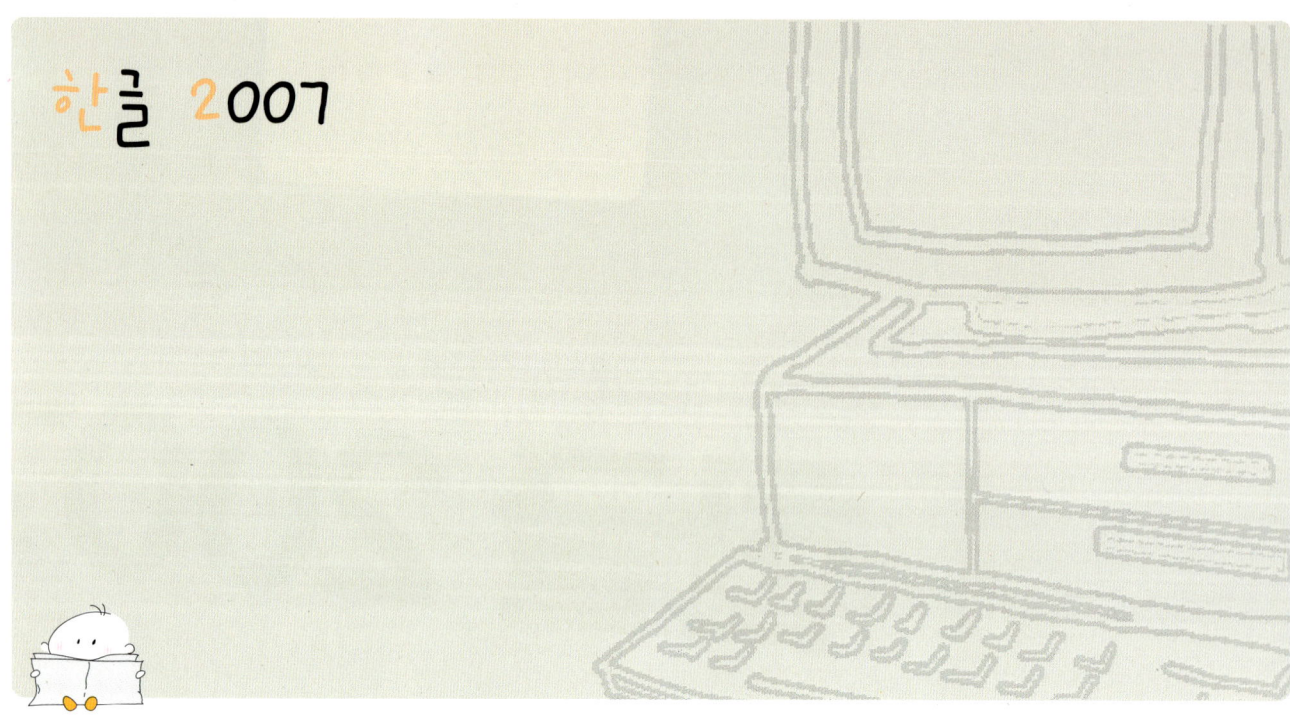

한글 2007

ISBN : 978-89-314-3662-4

만든 사람들

집필 : 박소영

기획 : 기획1팀, 리트머스

총괄 : 김태경

진행 : 김용묵, 리트머스

북디자인 : 디자인허브

한글 2007은 이전 버전보다 문서 편집을 위한 기능이 강력해지고 사용 방법도 편리해졌습니다. 이전 버전의 한글과는 모습도 달라졌지만, 한글 97 사용자도 손쉽게 익힐 수 있도록 기본적인 사용 방법은 거의 동일합니다. 한글 2007에서는 문서 입력 작업을 할 때도 좀더 편리하게 할 수 있도록 개선되었는데, 그 중 눈에 띄는 것은 특수문자 입력 대화상자를 열어 놓은 채 문서에 여러 개의 기호를 입력할 수 있다는 점입니다. 또한 색상 팔레트도 다양한 테마로 제공되어 다채로운 색상을 자유롭게 문서에 활용할 수 있게 되었습니다. 완성한 문서를 저장하거나 변환하는 방법도 다양해져 핸드폰으로 문서를 전송하거나 배포용 문서 및 보안 문서로 용도를 달리하여 만들 수도 있게 되었습니다.

이 책은 한글을 처음 접하는 초보자들이 한글 2007의 기능을 빠르게 익힐 수 있도록 구성하였습니다. 간단한 따라하기 시이 예제를 통해 기본적인 시용 방법을 익히고 활용 문세를 통해 응용 방법을 익힐 수 있도록 하였습니다. 또한 Chapter별로 다루는 기능을 확실히 이해할 수 있도록 학습 포인트와 핵심 정리 요소를 두어 반복 학습이 가능하도록 하였습니다. 한글 2007을 처음 접하거나 기본 기능은 알고 있는 독자들에게 가장 중요한 것은 기능을 단순히 익히는 것이 아니라 문서를 편집하는 과정에서 기능을 활용하는 방법을 터득하는 것입니다. 이 책에 담긴 다양한 예제를 이용하여 학습하다 보면 문서 편집의 다양한 노하우까지 함께 배울 수 있게 될 것입니다.

마지막으로 책이 나올 때까지 도움을 주신 영진닷컴과 리트머스 관계자 분들, 곁에서 항상 든든한 버팀목이 되어주는 가족들에게 감사의 마음을 전합니다.

박소영

PREVIEW

한글 2007의 다양한 기능에 대해서 Chapter로 나누어 설명합니다. 각 Chapter 마다 세부 기능을 Section으로 나누어 구성하였으며, Chapter별로 핵심 정리와 종합 실습 코너를 두어 학습한 내용을 다시 한 번 정리하고 응용할 수 있도록 하였습니다.

Chapter

기능과 주제에 따라 Chapter로 나누어 설명합니다. 해당 Chapter에서 배울 핵심적인 내용을 미리 학습할 수 있도록 소개하였습니다.

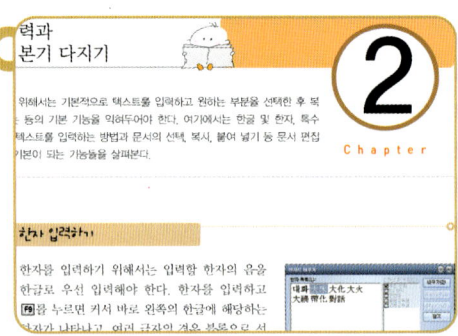

Section

세부적인 기능을 Section으로 구성하였습니다. 어떤 기능을 학습하게 될지 알아두기 코너를 통해 간단하게 살펴보고 시작합니다.

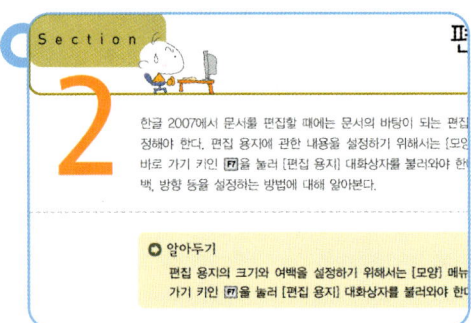

따라하기

구체적인 내용을 단계별로 따라해 볼 수 있도록 순서대로 구성하였습니다. 한 단계씩 따라하다 보면 완성된 결과물을 얻을 수 있을 것입니다.

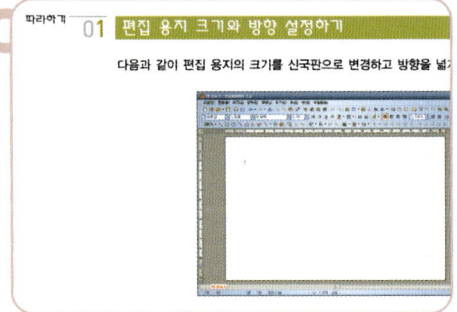

혼자해보기

따라하기에서 익힌 내용을 바탕으로 사용자가 직접 예제를 풀어봅니다. HINT에 있는 내용을 참고하면서 반복 및 심화 학습을 합니다.

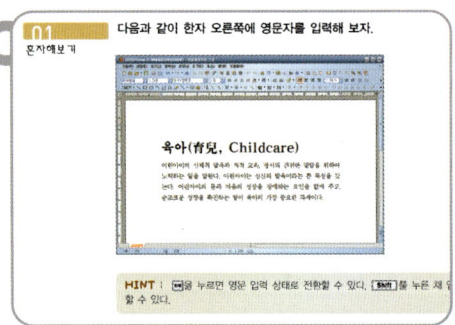

본문 내용 중에서 알아두어야 할 기능이나 용어들을 소개합니다.

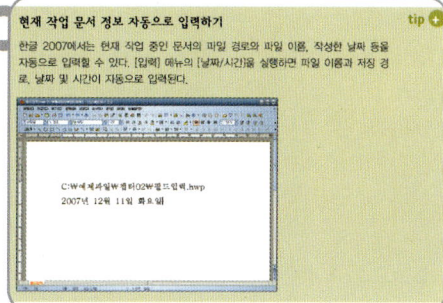

혼자해보기의 예제를 작업할 때 필요한 참고 내용을 담았습니다.

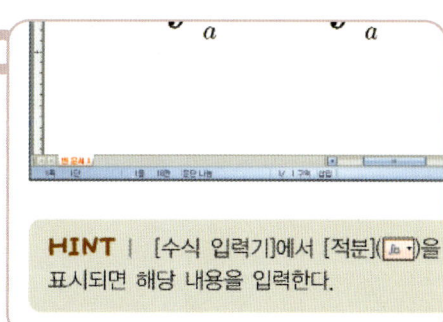

핵심정리

Chapter에서 학습한 핵심적인 내용을 정리해 놓았습니다. 학습 과정에서 놓쳐서는 안될 중요한 사항을 정리하였으므로 다시 한 번 체크해 봅니다.

종합실습

Chapter에서 배운 내용에 대한 응용 능력을 높이기 위해 실습 문제를 풀어봅니다. HINT의 내용을 참고하여 지금까지 학습한 내용을 종합적으로 활용해 봅니다.

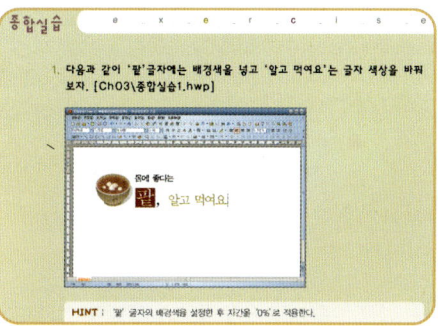

CONTENTS

Chapter 3

보기 좋고 세련된 문서를 위한 텍스트 꾸미기   68

Chapter 4

편집에 속도를 붙여주는 편리한 기능 활용하기   98

CONTENTS

CHAPTER

1

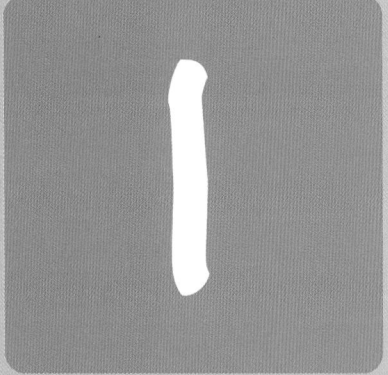

새로워진 한글 2007과
친해지기 위한 준비 운동

여기에서는 한글 2007을 사용하는 데 있어 제일 먼저 알아두어야 할 내용에 대해 알아본다. 프로그램을 설치한 후 실행하고 종료하는 방법, 새로운 문서를 불러오고 저장하는 방법, 나만의 환경으로 설정하는 방법 등 문서 편집 방법을 배우기 전에 반드시 익혀야 할 준비 과정을 살펴본다.

한글 2007 시작하기

한글 2007로 문서를 작성하기 위해서는 먼저 프로그램을 실행하고 종료하는 방법 및 새로운 문서를 만들고 저장하고 불러오는 방법 등을 익혀야 한다. 여기서는 기본적으로 한글 2007을 처음 시작할 때 알아두어야 하는 기초적인 기능들에 대해 살펴본다.

Chapter

01 한글 2007의 화면 구성

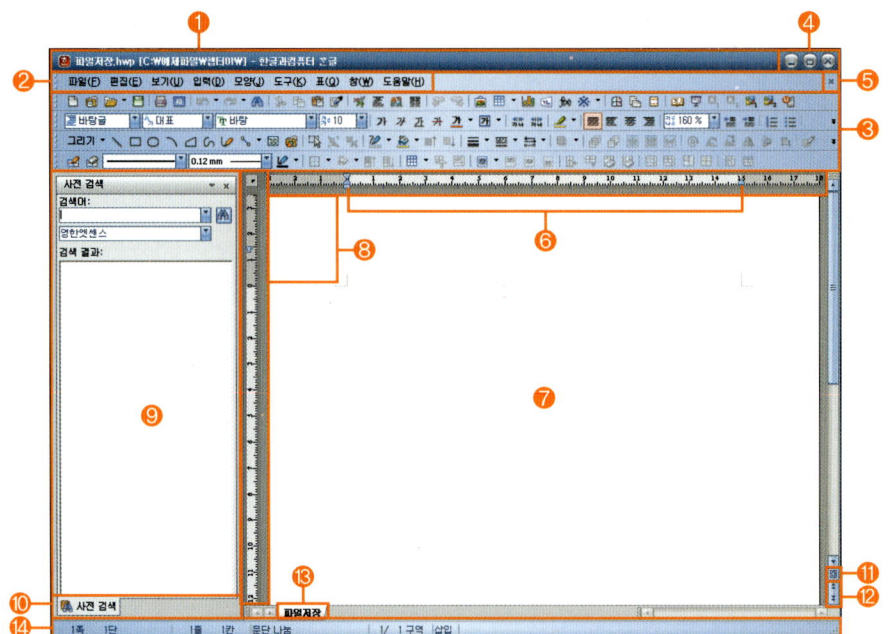

❶ **제목 표시줄** : 작업 중인 문서의 제목과 저장 경로를 표시한다.

❷ **메뉴 표시줄** : 한글 2007에서 사용되는 9가지 메뉴가 표시된다.

❸ **도구 모음** : 문서 편집에 자주 사용하는 기능을 아이콘으로 표시하여 쉽고 빠르게 사용할 수 있다. 마우스로 클릭하여 바로 명령을 적용할 수 있으며, 마우스 포인터를 가져가면 도구의 이름이 나타나 어떤 기능의 도구인지 확인할 수 있다.

❹ **창 조절 단추** : 작업 중인 한글 창을 닫거나 최소화 및 최대화할 수 있다. 또한 임의로 창의 크기를 조절할 수 있도록 설정할 수 있다.

❺ **문서 탭 닫기 단추** : 해당 탭의 문서를 닫을 수 있다. 저장하지 않은 경우 저장 확인 메시지 창이 나타난다.

❻ **문단 여백 표시 탭** : 편집 용지에 설정한 여백을 표시하고 문단 모양에서 지정한 여백도 함께 표시된다.

❼ **문서 작업 창** : 문서에 글이나 그림, 표 등을 입력하는 등의 다양한 문서 내용을 편집할 수 있는 공간이다.

❽ **눈금자** : 문서의 가로와 세로 방향의 길이를 알 수 있도록 눈금자가 표시된다. 탭을 사용하거나 개체의 위치와 크기를 조절할 때 편리하다.

❾ **작업 창** : 한컴 사전, 쪽 모양, 개요 번호, 클립보드 등의 다양한 작업 창이 표시되며, 위치를 상하좌우 또는 별도의 창으로 분리하여 사용할 수 있다.

❿ **작업 창 표시 탭** : 여러 개의 작업 창이 함께 열려 있을 경우 원하는 작업 창의 탭을 클릭하여 이동할 수 있다.

⓫ **보기 선택 단추** : [보기] 메뉴를 아이콘으로 묶어 놓은 곳으로 클릭하면 아이콘이 나타나고 원하는 아이콘을 클릭하면 바로 적용된다.

⓬ **쪽 이동 단추** : 커서의 위치를 기준으로 앞뒤로 한 쪽씩 커서를 이동시킬 수 있다.

⓭ **문서 탭** : 현재 창에 여러 개의 문서가 열려 있을 경우 해당 문서의 탭을 클릭하여 문서 간에 이동할 수 있다.

⓮ **상황선** : 작업 중인 문서에서의 커서 위치, 쪽, 작업 상태, 현재 구역 등을 표시한다.

02 한글 2007의 새로운 기능

- **다양한 테마와 스킨** : 사용자의 취향에 따라 한글 프로그램의 스킨을 변경할 수 있다. [보기] 메뉴의 [테마]를 클릭하여 원하는 스타일로 변경할 수 있다.

- **강화된 인쇄 미리 보기** : 인쇄될 모습을 미리 확인하는 미리 보기 상태에서 손 도구 기능이 추가되어 확대되었을 때 가려지는 부분을 이동하면서 살펴볼 수 있다.

- **색상 테마** : 색상 팔레트에서 [색상 테마]를 클릭하면 다양한 색상 테마를 선택하여 사용할 수 있으며, 직접 원하는 색상을 바탕화면의 작업 창 중에서 골라낼 수도 있다.

- **자유로워진 세로쓰기** : 이전 버전에는 글상자와 표 안에서만 일부 세로쓰기가 가능했지만 한글 2007에서는 일반 편집 상태에서도 세로쓰기가 가능하다. 문서 전체나 일부 구역을 세로쓰기로 설정할 수 있다.

- **글자 테두리와 배경** : 문단 외에도 글자 하나하나에 테두리와 배경 색을 지정할 수 있다.

- **그림으로 삽입 가능한 글머리표** : 문단의 첫 머리에 장식하는 글머리표에 그림을 설정할 수 있다. 그림 글머리표는 사용자가 직접 만들어 사용할 수도 있다.

- **글상자 연결 기능** : 한글 2007에서는 두 개 이상의 글상자를 연결하여 안에 입력한 내용이 서로 이어지도록 편집할 수 있다.

- **그리기 개체에 그림자 만들기** : 사각형, 타원, 글상자 등의 그리기 개체에 다양한 색상과 형식의 그림자를 설정할 수 있다.

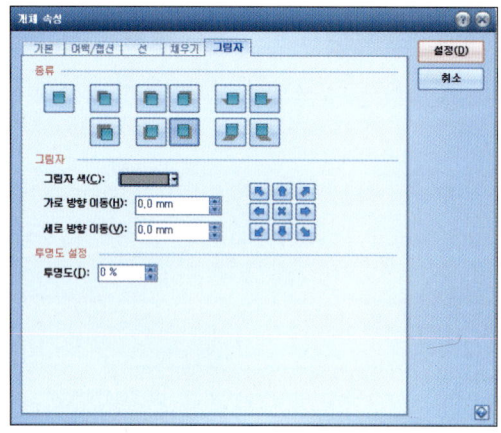

- **투명도 설정** : 개체에 투명도를 설정하여 그리기 개체와 그림 아래에 위치한 본문이 보일 수 있도록 편집할 수 있다.

- **개체를 연결할 수 있는 연결선** : 클릭만으로 그리기 개체를 선으로 연결할 수 있다. 조직도나 순서도 등에서 직선이나 곡선으로 두 도형을 연결할 수 있다. 도형의 위치가 변경되면 연결선의 모양도 자동으로 개체의 위치를 따라 변경된다.

- **모바일로 문서 전송하기** : 한글 2007로 작업한 문서를 핸드폰으로 전송할 수 있다. [파일] 메뉴의 [보내기]-[모바일 문서 보내기]를 클릭한 후 문서를 핸드폰으로 전송할 수 있다.

- **워터마크 인쇄 기능** : 문서에 입력한 글자나 그림 등을 인쇄할 때만 나타날 수 있도록 워터마크로 설정할 수 있다. [파일] 메뉴의 [인쇄]를 클릭한 후 [워터마크] 탭에서 워터마크를 적용할 그림이나 글자를 설정할 수 있다.

한글 2007
실행하고 종료하기

한글 2007 프로그램을 사용하기 위해서는 우선 사용하는 컴퓨터에 프로그램을 설치해야 한다. 또한 프로그램을 설치한 후에는 프로그램을 실행해야 한다. 여기서는 프로그램을 설치한 후에 실행하는 방법과 더욱 간단하고 빠르게 프로그램을 실행하고 종료할 수 있는 방법에 대해 알아본다.

> ● 알아두기
>
> 한글 2007 프로그램은 바로 가기나 빠른 실행 아이콘 등을 클릭하여 실행할 수 있다. 실행한 프로그램은 [파일] 메뉴의 [끝]을 클릭하거나 바로 가기키 Alt + X 를 눌러 종료할 수 있다.

따라하기 01 한글 2007 프로그램 시작하기

한글 2007 프로그램을 모두 설치한 후 빠른 실행에 바로 가기를 추가하고 프로그램을 실행해 보자.

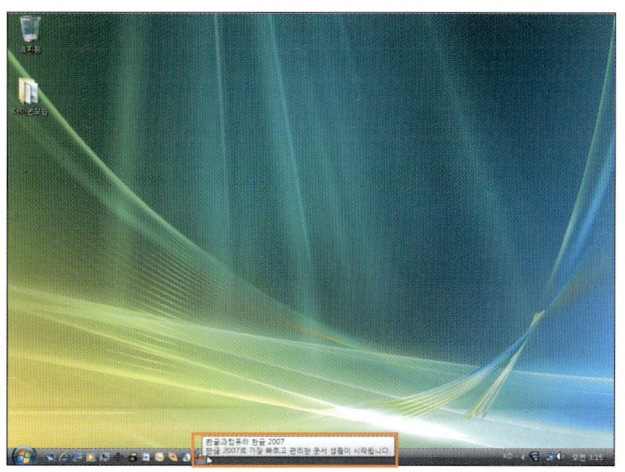

❶ 한글 2007 프로그램을 설치한 후 바탕화면에서 [시작] 단추를 클릭한다.

❷ 빠른 실행 메뉴에 등록되어 있는 [한글과컴퓨터 한글 2007]을 드래그하여 빠른 실행으로 이동한다.

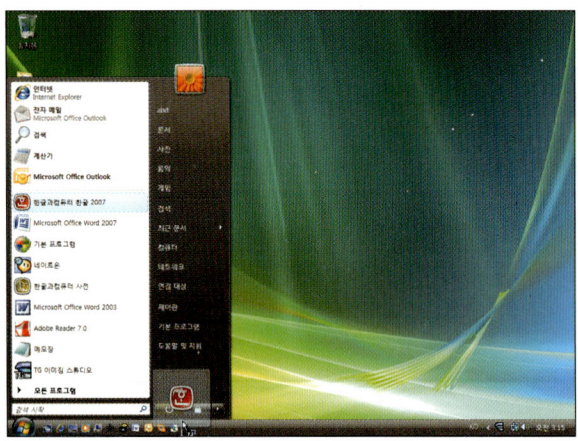

❸ 빠른 실행에 [한글 2007] 바로 가기가 추가된다.

❹ 추가된 [한글 2007] 빠른 실행 아이콘을 클릭하면 한글 2007 프로그램이 실행된다.

빠른 실행 아이콘 표시하기   tip ➕

빠른 실행 아이콘 모음이 나타나지 않는 경우에는 작업 표시줄을 마우스 오른쪽 단추로 클릭한 후 [속성]을 선택한다. [작업 표시줄 및 시작 메뉴 속성] 대화상자의 [작업 표시줄] 탭에서 [빠른 실행 아이콘 표시]를 체크하고 [확인] 단추를 클릭한다.

01

혼자해보기

바탕화면의 바로 가기를 클릭하여 프로그램을 실행해 보자. 바로 가기가 없는 경우 등록한 후 실행하도록 한다.

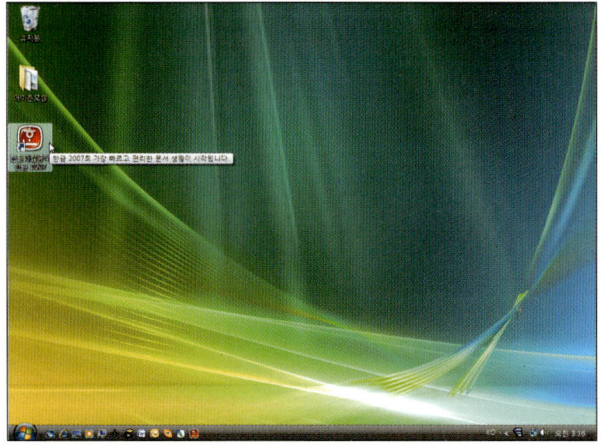

HINT | 바탕화면에 등록된 바로 가기를 더블클릭하면 프로그램이 실행된다.

혼자해보기

다음과 같이 프로그램 목록을 열어 한글 2007 프로그램을 실행해 보자.

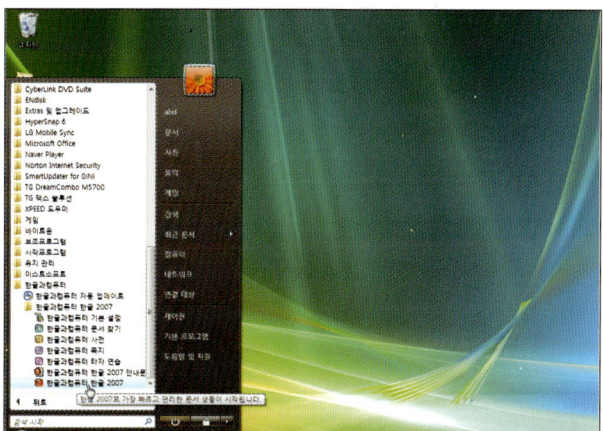

HINT | [시작] 단추를 클릭한 후 [모든 프로그램]-[한글과컴퓨터]-[한글과컴퓨터 한글 2007]을 순서대로 클릭한다.

한글 2007의 자동 업데이트

tip +

한글 2007 프로그램을 설치한 후 [시작] 단추를 클릭하여 [한글과컴퓨터] 폴더 내의 [한글과컴퓨터 자동 업데이트]를 선택하여 최신 파일로 업데이트할 수 있다. 또는 [도움말] 메뉴의 [한글과컴퓨터 자동 업데이트]를 클릭하여 자동 업데이트를 실행한다.

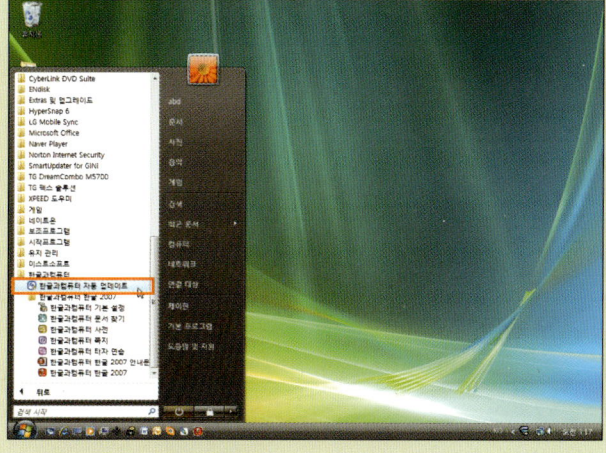

02 한글 2OO7 프로그램 종료하기

한글 2007을 이용하여 문서 작성을 완료한 후 메뉴를 이용하여 프로그램을 종료시켜 보자.

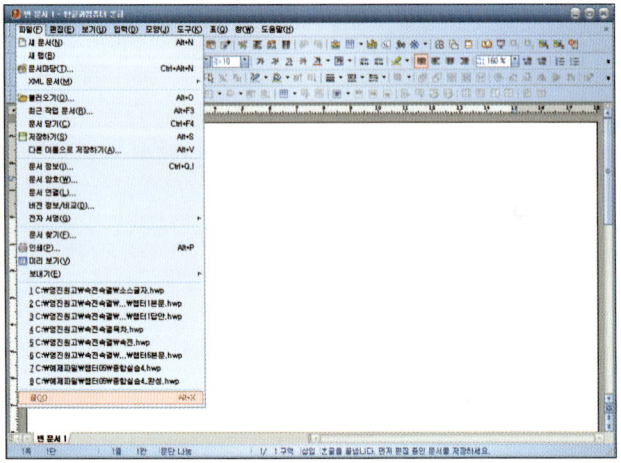

❶ [파일] 메뉴의 [끝]을 클릭한다. 한글 2007 프로그램이 종료된다.

❷ 만일 저장하지 않은 문서가 있는 경우 종료되지 않고 저장 여부를 묻는 대화상자가 나타난다.

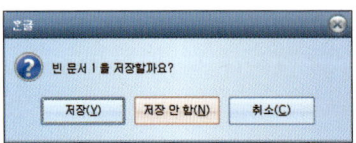

❸ 메뉴를 사용하지 않고도 제목 표시줄의 [닫기]를 클릭하여 프로그램을 종료할 수 있다.

확인하고 끝내기 tip +

[도구] 메뉴의 [환경 설정]을 클릭한 후 [기타] 탭에서 [확인하고 끝내기]를 체크한다.
[설정] 단추를 클릭하면 저장하지 않은 문서가 없더라도 확인 단추를 클릭한 후에만
한글 2007 프로그램을 종료할 수 있다.

03
혼자해보기

한글 2007 프로그램은 종료하지 않고 현재 작업 중인 문서만 닫아보자.

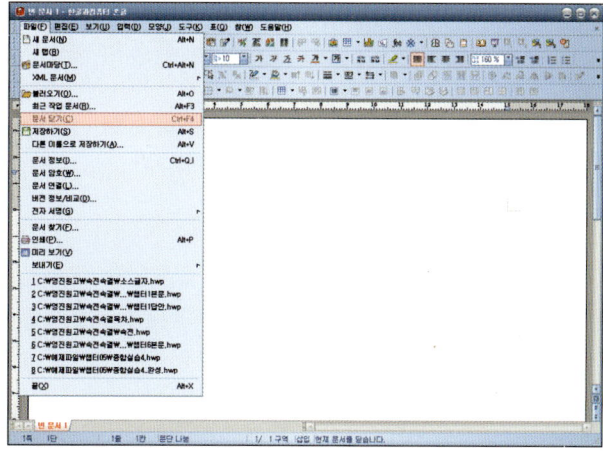

HINT | [파일] 메뉴의 [문서 닫기]를 클릭하면 프로그램은 종료되지 않은 채 현재 작업 중인 파일만 닫힌다.

제품 등록과 정품 인증

한글 2007을 설치하고 난 후 올바르게 사용하기 위해서는 제품 등록과 정품 인증 과정을 거쳐야 한다. 한글 2007 설치 CD를 넣은 후 [온라인 제품 등록]을 클릭하여 한글과컴퓨터 정품인증센터로 연결한다. 회원으로 로그인한 후 제품 번호를 입력하고 나머지 과정을 거쳐 제품 인증 과정을 마칠 수 있다.

문서 새로 만들고 저장하기

한글 2007에서 문서를 편집하기 위해서는 우선 새로운 문서를 만들어야 한다. 또한 새로운 문서를 만들어 내용을 입력한 후에는 파일로 저장해야 나중에 다시 수정하거나 인쇄할 수 있다. 여기서는 문서를 새로 만드는 방법과 만든 문서를 저장하는 방법에 대해 배워본다.

> ● 알아두기
>
> [파일] 메뉴의 [새 문서]를 클릭하거나 바로 가기 키인 **Alt**+**N**을 눌러 새로운 빈 문서를 만든다.
> [파일] 메뉴의 [저장하기]를 클릭하거나 바로 가기 키인 **Alt**+**S**를 눌러 작업 중인 문서를 저장한다.

따라하기

01 새로운 문서 만들기

아무런 내용이 입력되지 않은 빈 문서를 새로 만들어 보자.

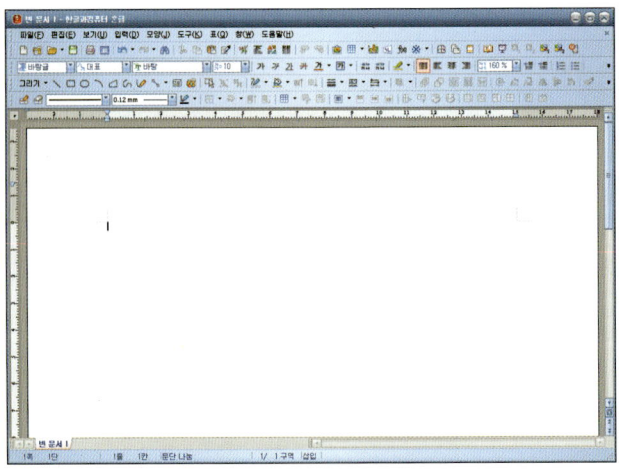

❶ [파일] 메뉴의 [새 문서]를 클릭한다.

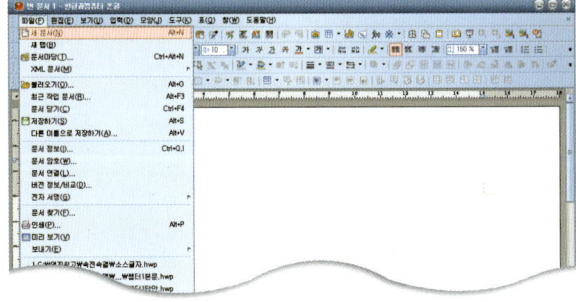

❷ 또는 바로 가기 키인 **Alt**+**N**을 누르면 새로운 빈 문서가 만들어진다.

01
혼자해보기

현재 창에 새로운 탭으로 빈 문서를 만들어 보자.

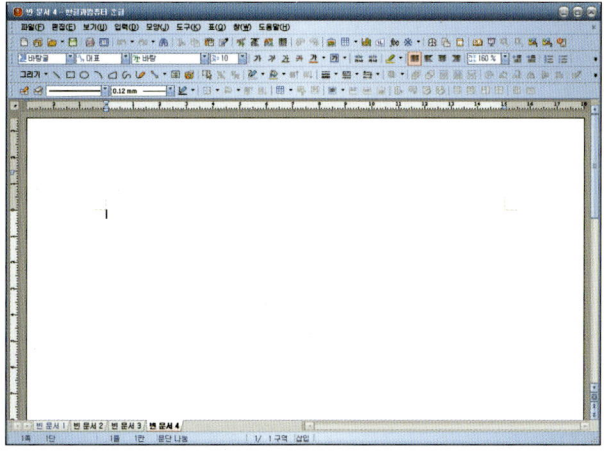

HINT | [파일] 메뉴의 [새 탭]을 클릭하면 현재 창에 새로운 탭으로 문서가 추가된다. 새 문서를 만들면 새로운 창에 나타나는 경우도 있고, 현재 창에 새로운 탭으로 만들어지는 경우도 있다. 이 옵션은 [도구] 메뉴의 [환경 설정]을 클릭한 후 [편집] 탭에서 설정할 수 있다.

따라하기
02 문서 저장하기

한글 2007에서 작업한 문서를 나중에 다시 수정하거나 사용하기 위해서는 파일로 저장해 두어야 한다. 새로 만든 문서를 '문서저장.hwp'라는 이름으로 저장해 보자.

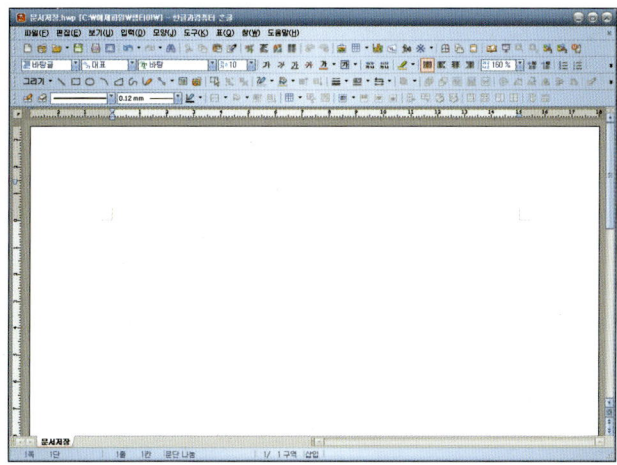

❶ 저장할 문서가 열린 상태에서 [파일] 메뉴의 [저장하기]를 클릭한다.

❷ [다른 이름으로 저장하기] 대화상자에서 저장할 폴더를 선택하고 [파일 이름]에 '문서저장' 을 입력한 후 [저장] 단추를 클릭한다.

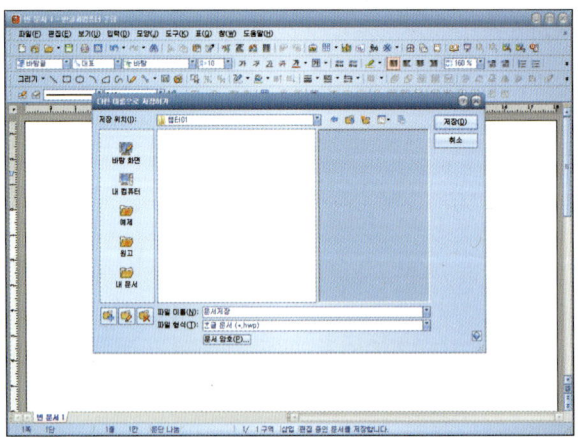

❸ 문서가 저장되고 제목 표시줄에는 저장할 때 입력한 파일 이름과 저장 경로가 나타난다.

❹ 저장한 파일은 윈도우 탐색기로 살펴보면 다음과 같은 모양의 아이콘으로 나타난다.

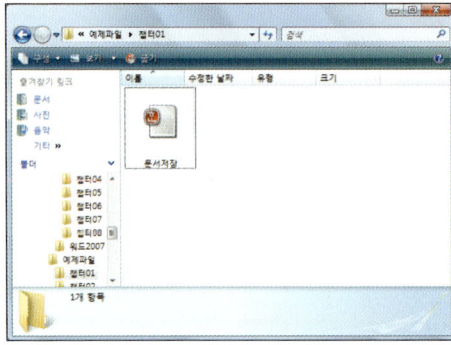

[저장하기]와 [다른 이름으로 저장하기]의 차이점   tip ➕

[저장하기]와 [다른 이름으로 저장하기] 명령 모두 현재 파일을 저장하는 기능이지만 이미 문서를 저장했을 경우에는 서로 다르다. [저장하기]는 이미 저장한 파일 이름 그대로 변경 내용을 적용한 상태로 저장하는 것이며, [다른 이름으로 저장하기]는 이전의 저장과는 상관없이 현재 상태의 문서를 전혀 다른 문서로 저장하는 기능이다.

02

혼자해보기

새 문서를 만든 후 숫자 '1'부터 '9'까지 입력하고 '숫자.txt'라는 이름의 텍스트 문서로 저장해 보자.

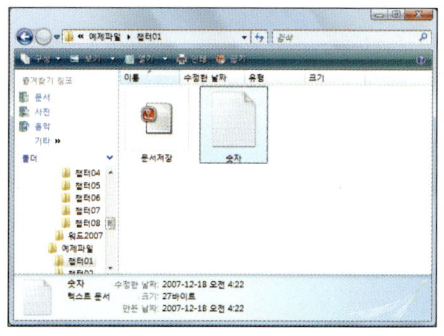

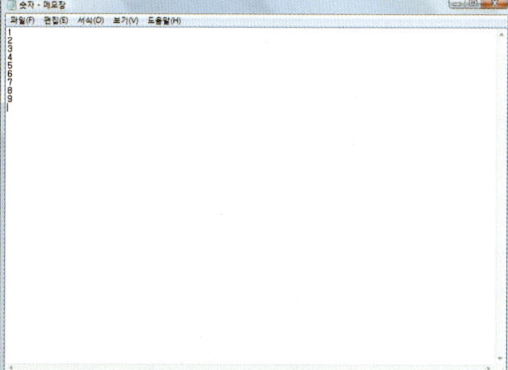

HINT | [다른 이름으로 저장하기] 대화상자에서 [파일 형식]을 [텍스트 문서]로 선택한다.

따라하기

03 문서에 암호를 걸어 저장하기

중요한 문서라면 문서에 암호를 걸어 저장해 둘 수도 있다. 새로 만든 문서에 암호를 걸어 저장해 보자.

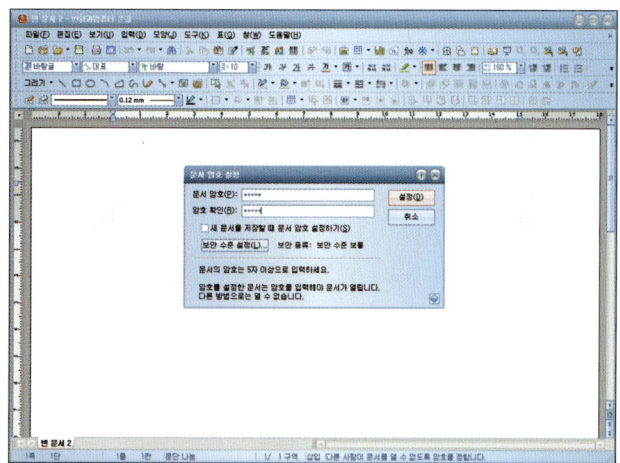

❶ [파일] 메뉴의 [문서 암호]를 클릭한다.

❷ 문서 암호를 두 번 같은 내용으로 입력하고 [설정] 단추를 클릭한다. 암호는 반드시 5글자 이상이어야 하며, 분실하면 문서를 열지 못하므로 반드시 기억해 두어야 한다.

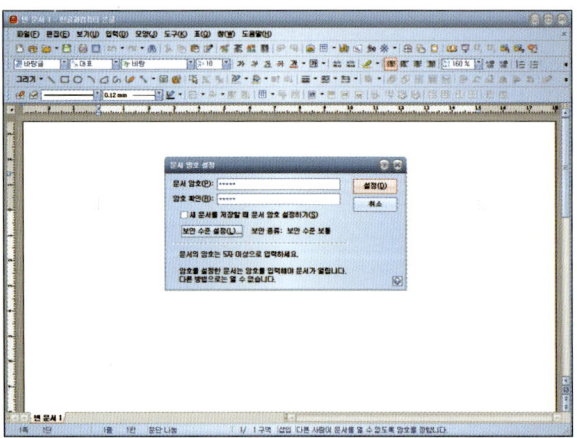

❸ [파일] 메뉴의 [저장하기]를 클릭하여 '암호문서.hwp' 이름으로 문서를 저장한다.

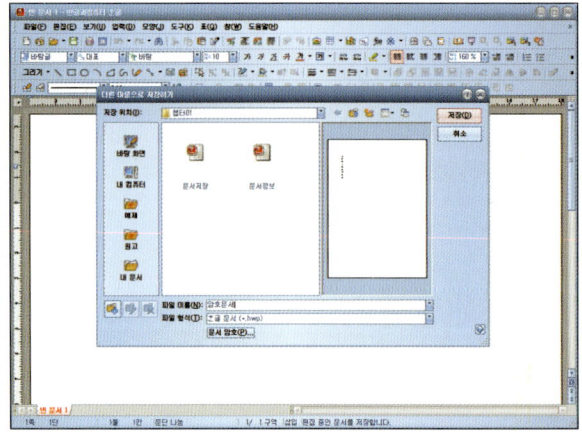

03 문서에 다음과 같은 정보를 입력한 후 저장해 보자.

혼자해보기

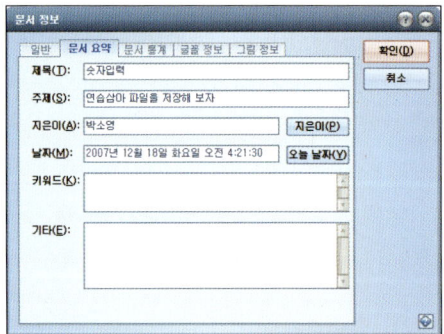

HINT | [파일] 메뉴의 [문서 정보]를 클릭한 후 내용을 입력한다.

문서마당 꾸러미로 새 문서 만들기

한글 2007에는 다양한 문서마당 꾸러미가 등록되어 있다. 여기서는 다양한 문서마당 꾸러미를 이용하여 문서를 만들고 저장하는 방법에 대해 배워본다.

◐ 알아두기

[파일] 메뉴의 [문서마당]을 클릭한 후 [문서마당 꾸러미] 탭에서 원하는 문서마당 문서를 선택할 수 있다.

따라하기 **01** **문서마당 꾸러미로 새 문서 만들기**

문서마당 꾸러미를 이용하여 다음과 같은 문서를 새로 만들어 보자.

❶ [파일] 메뉴의 [문서마당]을 클릭한다.

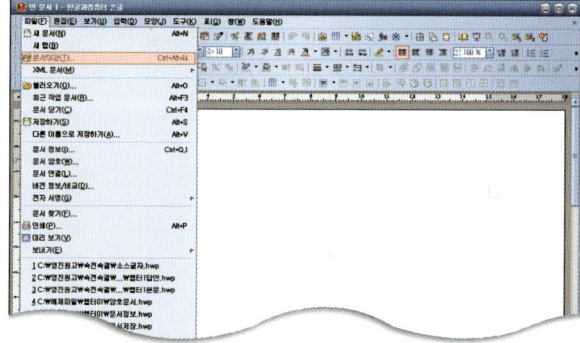

❷ [문서마당] 대화상자에서 [문서마당 꾸러미] 탭으로 이동한 후 [가족신문 문서] 그룹에서 [가족 신문 04]를 선택한다.

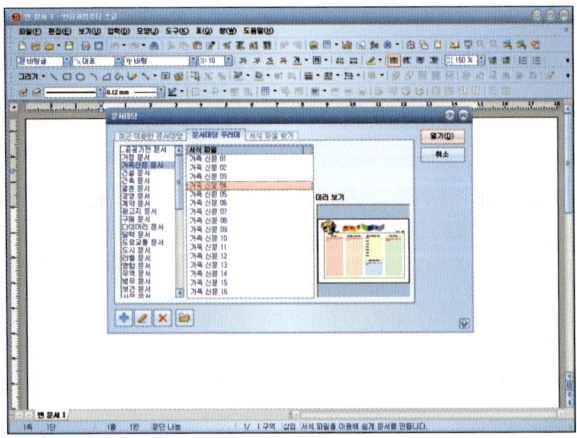

❸ [열기] 단추를 클릭하면 선택한 문서마당 모양의 새 문서가 만들어진다.

다음과 같은 문서마당 문서를 만든 후 '광고지.hwp'로 저장해 보자.

HINT | [광고지 문서] 그룹에서 [가격 인하 1]을 선택한다.

따라하기 02 누름틀 활용하기

누름틀을 이용하면 입력할 내용을 안내해 줄 수도 있고, 클릭하면 안내문이 사라지고 입력하는 내용이 안내문 대신 입력된다. 다음과 같은 내용의 누름틀을 만들어 보자.

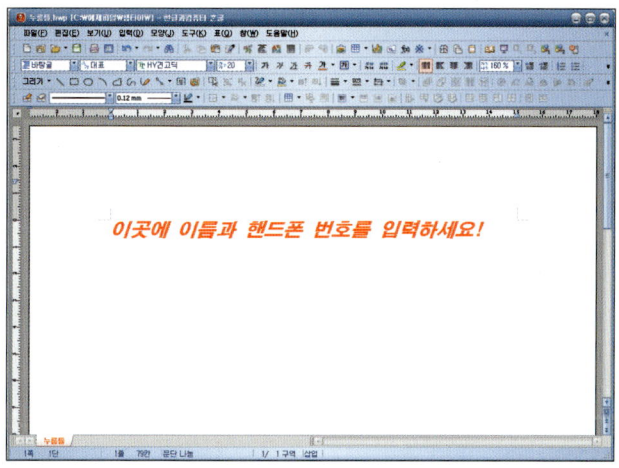

❶ [입력] 메뉴의 [문서마당 정보]를 클릭한다.

❷ [문서마당 정보] 대화상자의 [누름틀] 탭에서 [입력할 내용의 안내문] 부분에 '이곳에 이름과 핸드폰 번호를 입력하세요!'를 입력하고 [넣기] 단추를 클릭한다.

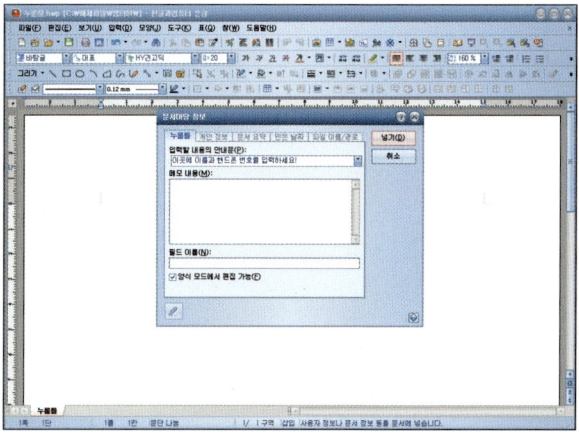

❸ 커서 위치에 누름틀이 만들어지고 마우스로 클릭하면 안내문이 사라지면서 입력하는 내용이 대신 나타난다.

누름틀은 현재 커서의 글자 모양과 문단 모양이 적용되어 나타난다. **tip** ➕

저장해둔 문서 불러오기

4

한글 2007에서 작업한 후 저장해둔 문서를 다시 수정하거나 작업하기 위해서는 문서를 불러와야 한다. 여기서는 문서를 현재 창에 불러오는 방법과 새로운 창에 불러오는 방법, 여러 개의 문서를 함께 불러오는 방법 등에 대해 알아본다.

◯ 알아두기

[파일] 메뉴의 [불러오기]를 클릭하거나 바로 가기 키인 [Alt]+[O]를 눌러 저장해둔 문서를 불러올 수 있다.

따라하기 **01** ## 문서 불러오기

저장해둔 문서를 다시 편집하기 위해서는 문서를 불러와야 한다. 예제로 제공하는 문서 중 한 문서를 불러와 보자. [Ch01\불러오기.hwp]

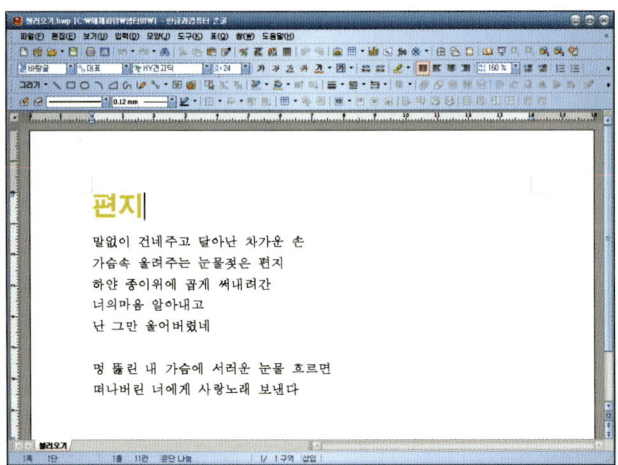

❶ [파일] 메뉴의 [불러오기]를 클릭하거나 바로 가기 키인 [Alt]+[O]를 누른다.

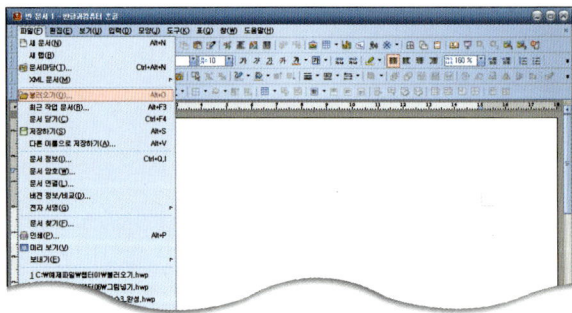

❷ [불러오기] 대화상자에서 파일이 저장된 폴더로 이동한 후 불러올 문서를 클릭하여 선택한다.

❸ [열기] 단추를 클릭하면 선택한 문서가 현재 창에 불러와진다.

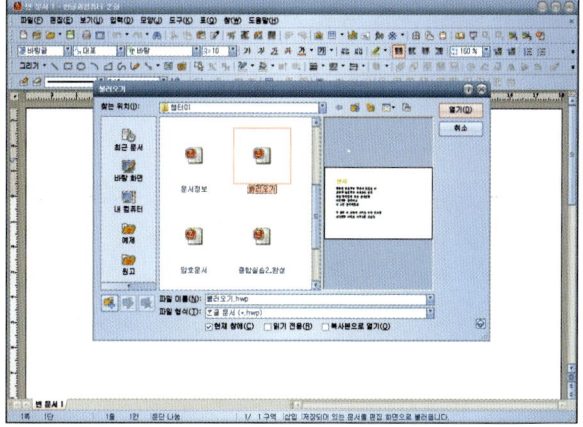

01

혼자해보기

문서를 현재 창에 새로운 탭으로 불러오자. [Ch01\탭추가.hwp]

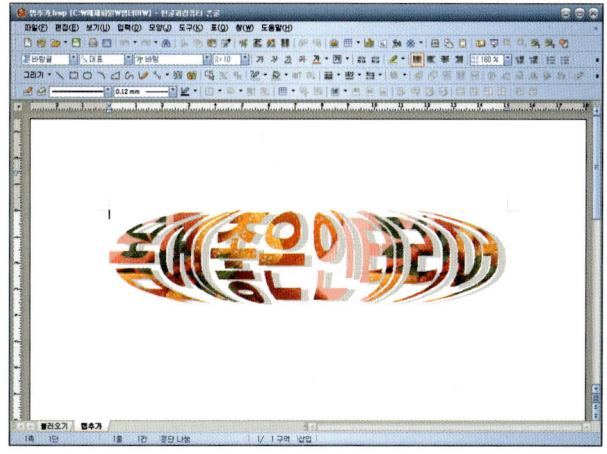

HINT | [불러오기] 대화상자에서 [현재 창에]를 체크하고 [열기] 단추를 클릭한다.

02
혼자해보기

앞의 문서를 닫은 다음 최근 사용한 문서 목록에서 두 개의 파일을 한 번에 열어보자.

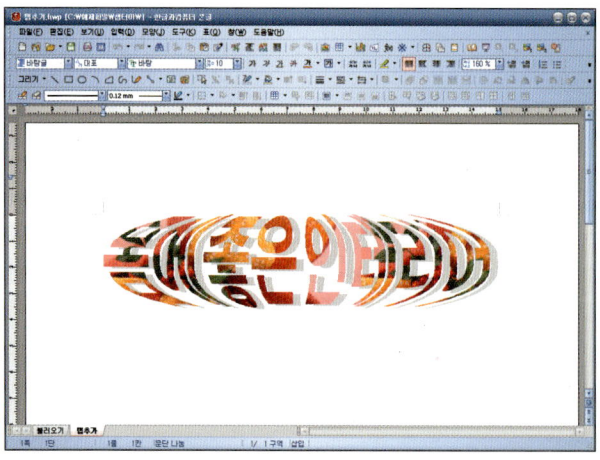

HINT | [파일] 메뉴의 [최근 작업 문서]를 실행하여 최근 문서를 다시 불러올 수 있다. [불러오기] 대화상자에서 Ctrl 을 누른 채 파일 이름을 선택하면 두 개 이상의 문서를 한 번에 불러올 수 있다.

03
혼자해보기

워드 2007에서 작업한 문서를 한글 2007에서 불러와 보자. [Ch01\달력.doc]

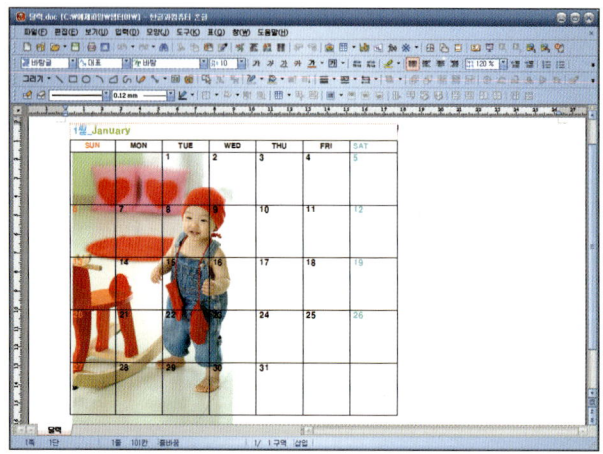

HINT | [불러오기] 대화상자에서 [파일 형식]을 'MS 워드 문서(97 이상)'으로 선택한 후 '달력.doc' 파일을 클릭한다.

최근 작업 문서 목록의 표시 개수 설정하기   tip +

[파일] 메뉴를 클릭하면 아래 부분에 최근 작업 문서 목록이 나타난다.

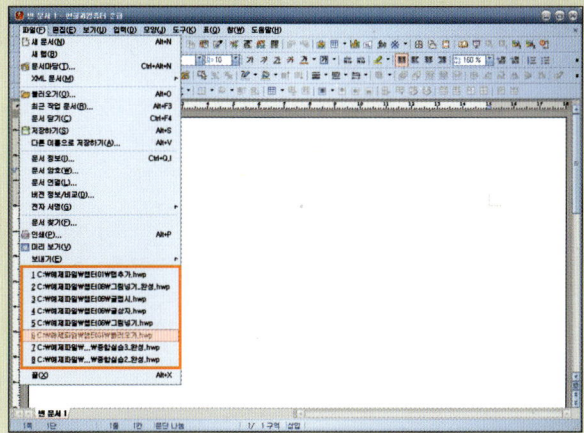

이렇게 나타나는 문서의 개수는 [도구] 메뉴의 [환경 설정]을 클릭해 사용자가 직접 설정할 수 있다. [편집] 탭의 [메뉴에 최근 문서 보이기]에서 문서 개수를 입력하고 [설정] 단추를 클릭한다. '0'으로 입력하면 최근 문서 목록이 나타나지 않는다.

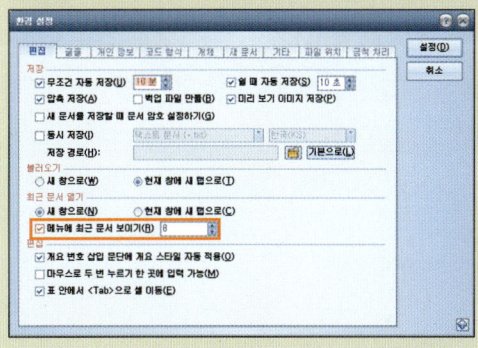

사용자 맞춤 작업 환경으로 설정하기

한글 2007을 이용하여 문서를 편집할 때 사용자마다 자주 사용하는 기능이 다를 수 있다. 여기서는 한글 2007의 눈금자, 화면 보기, 스킨, 작업 창, 색상 테마 등과 같은 다양한 작업 환경을 사용자에 맞춰 설정하는 방법에 대해 배워본다.

> ⊙ 알아두기
>
> [도구] 메뉴의 [사용자 설정]을 클릭하면 프로그램의 스킨이나 크기 등을 변경할 수 있으며, [환경 설정]을 실행하면 파일 저장이나 새로 만들기 등에 관한 내용을 설정할 수 있다.

따라하기 **01** 화면 보기 설정하기

두 페이지의 모습이 함께 보일 수 있도록 화면 확대 및 축소 비율을 설정해 보자.

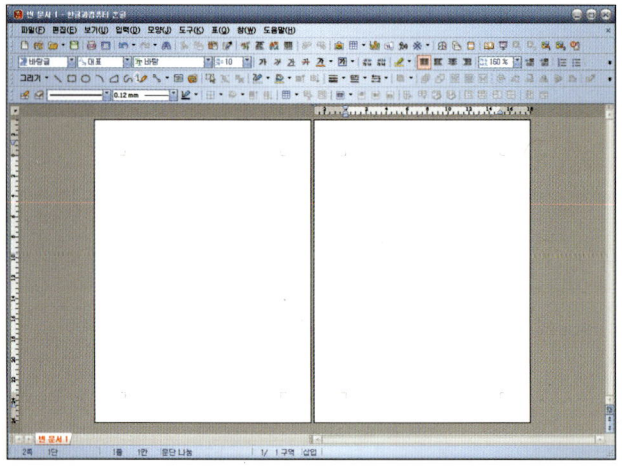

❶ [보기] 메뉴의 [화면 확대]를 클릭한다.

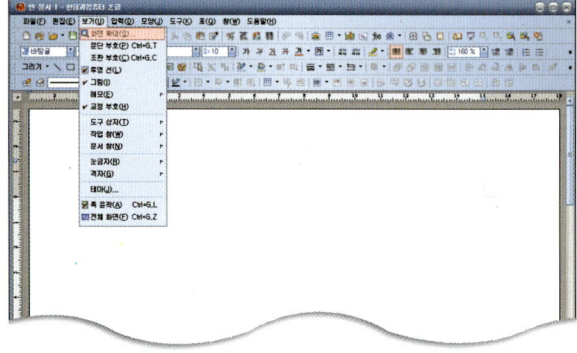

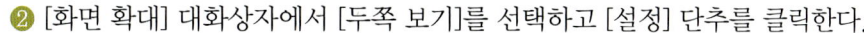

❷ [화면 확대] 대화상자에서 [두쪽 보기]를 선택하고 [설정] 단추를 클릭한다.

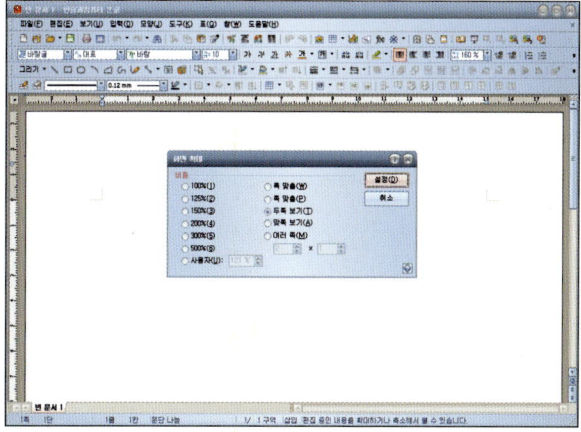

❸ 두 페이지의 모습이 한눈에 나타난다. 만일 한 페이지만 존재하는 문서일 경우 Ctrl + Enter 를 눌러 두 번째 페이지를 추가한 후 확인해 본다.

01
혼자해보기

다음과 같이 문서에 서식 기호와 문단 기호가 모두 표시되도록 설정해 보자.
[Ch01\불러오기.hwp]

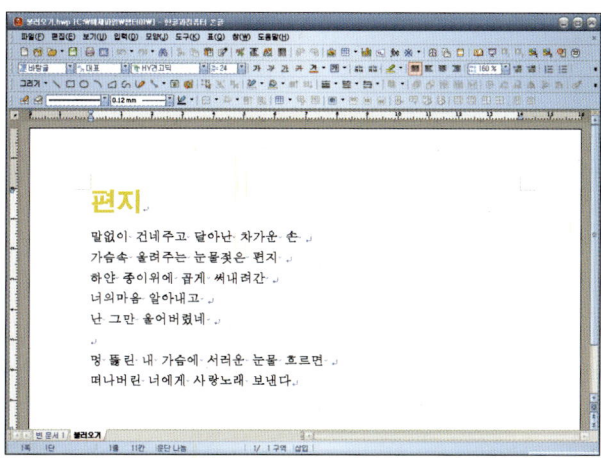

HINT | [보기] 메뉴에서 [문단 부호]와 [조판 부호]를 차례대로 클릭하여 나타나도록 한다.

도구 상자 직접 등록하기

자주 사용하는 명령의 도구는 도구 상자에 등록해 놓고 사용하면 편리하다. 다음과 같이 [기본] 도구 상자 모음에 [글자 겹치기] 도구를 직접 추가해 보자.

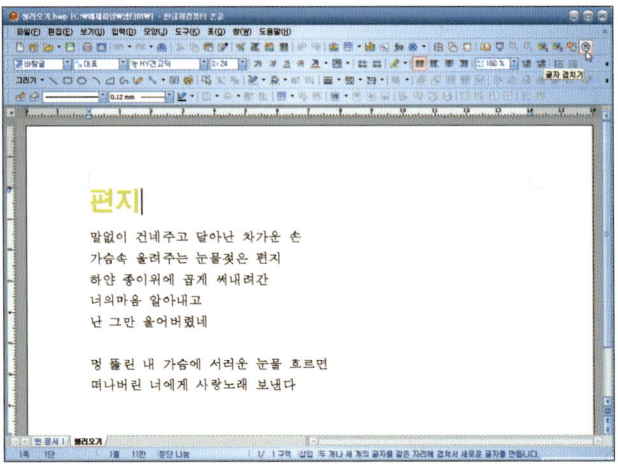

❶ [보기] 메뉴의 [도구 상자]-[사용자 설정]을 클릭한다.

❷ [사용자 설정] 대화상자의 [명령] 탭으로 이동하여 항목에서 [입력]을 선택한다. 오른쪽의 [기능] 창에서 [글자 겹치기] 도구를 클릭한 후 [기본] 도구 상자 쪽으로 드래그한다.

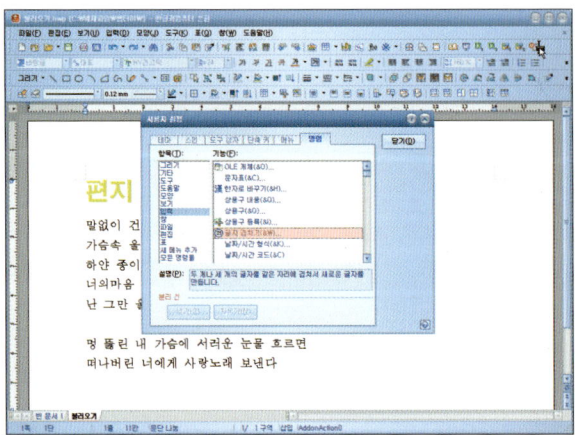

❸ 마우스에서 손을 떼면 글자 겹치기 도구가 추가된다.

02
혼자해보기

작업 창의 가로 방향과 세로 방향 모두에 눈금자가 보이도록 설정해 보자.

> **HINT** | [보기] 메뉴의 [눈금자]-[가로 눈금자], [세로 눈금자]를 모두 클릭하여 나타나도록 한다.

03
혼자해보기

문서에 다음과 같은 격자가 표시되도록 설정해 보자.

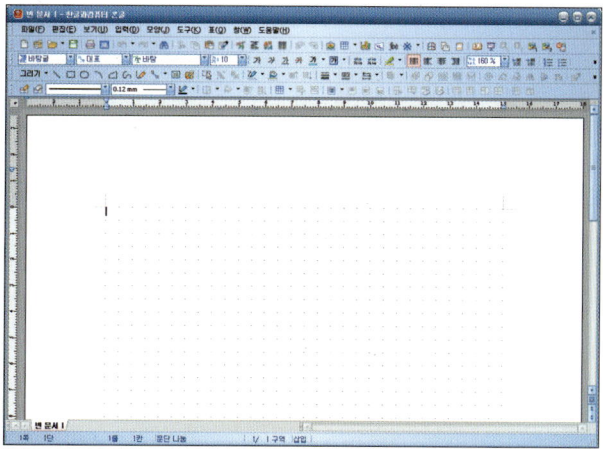

> **HINT** | [보기] 메뉴의 [격자]-[격자 보기]를 클릭한다.

다음과 같이 편집 화면을 나누고 왼쪽 작업 화면의 비율을 150%로 키워보자.
[Ch01\편집화면.hwp]

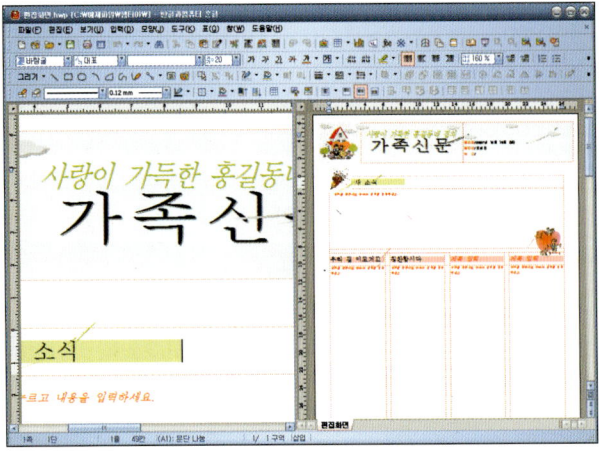

HINT | [창] 메뉴의 [편집 화면 나누기]–[세로로 나누기]를 클릭한다.

따라하기 **03** 색상 테마 활용하기

한글 2007에서는 모두 8가지의 색상 테마를 제공하고 있다. 다음과 같이 색상 테마
의 종류를 [파스텔] 테마로 변경해 보자.

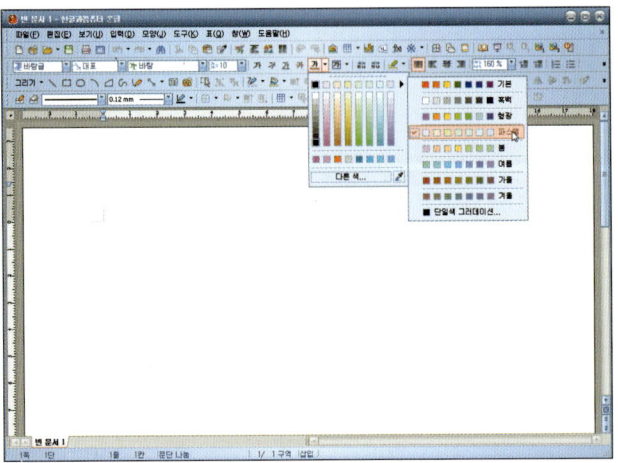

❶ 글자 색이나 채우기 색 등의 도구를 클릭한 후 [색상 테마](▶)를 클릭한다.

❷ 색상 테마 목록에서 [파스텔] 테마를 선택한다.

❸ 색상 팔레트가 선택한 파스텔 테마에 맞춰 변경된다.

05 혼자해보기

색상 테마를 다음과 같이 분홍색 톤의 단일색 그러데이션으로 설정해 보자.

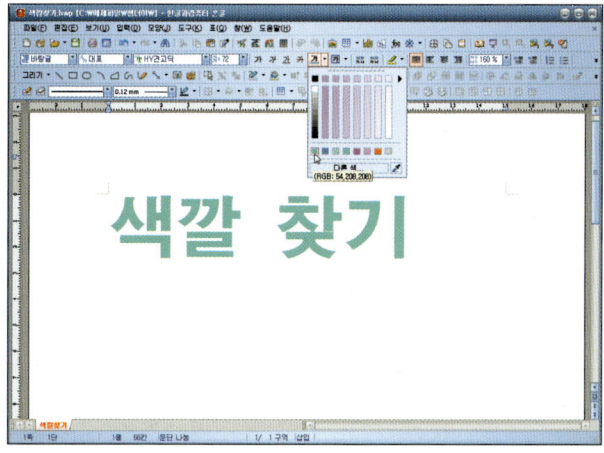

HINT | [색상 테마]에서 [단일색 그러데이션]을 선택한다.

06 혼자해보기

글자에 설정된 글자 색상을 골라내 보자. [Ch01\색깔찾기.hwp]

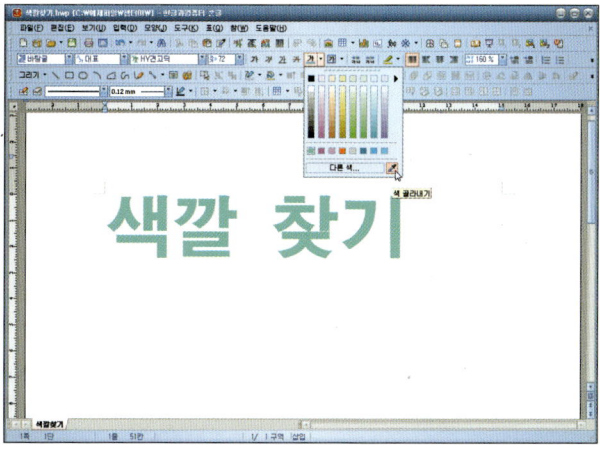

HINT | 색상 팔레트에서 [색 골라내기] 아이콘을 클릭한 후 글자 위로 마우스 포인터를 가져가 색을 추출할 수 있다.

1. 한글 2007 프로그램 실행하기

- 프로그램을 설치하고 등록된 바탕화면의 바로 가기를 더블클릭하여 프로그램을 실행할 수 있다.
- 빠른 실행 아이콘으로 등록하거나 [시작] 단추를 클릭하여 빠른 실행 메뉴 목록의 [한글과컴퓨터 한글 2007]을 클릭하여 프로그램을 실행할 수도 있다.

2. 한글 2007 프로그램 종료하기

- [파일] 메뉴의 [끝]을 클릭하거나 바로 가기 키인 Alt + X 를 눌러 프로그램을 종료할 수 있다.
- [도구] 메뉴의 [환경 설정]을 클릭하여 [기타] 탭의 [확인하고 끝내기]를 체크하면 프로그램을 종료하기 전 확인 과정을 거치도록 설정할 수 있다.
- [파일] 메뉴의 [문서 닫기]를 클릭하면 한글 프로그램을 종료되지 않고 작업 중인 문서 창만 닫을 수 있다.

3. 문서 새로 만들고 저장하기

- 문서를 새로 만들 때는 [파일] 메뉴의 [새 문서]를 클릭하거나 바로 가기 키인 Alt + N 을 누른다.
- [도구] 메뉴의 [환경 설정]을 클릭한 후 [편집] 탭에서 새로 만든 문서가 열릴 위치를 실정할 수 있다. [파일] 메뉴의 [새 탭]을 클릭하면 현재 창에 새로운 탭이 추가되면서 새 문서가 만들어진다.
- 문서를 저장할 때는 [파일] 메뉴의 [저장하기]를 클릭하거나 바로 가기 키인 Alt + S 를 누른다.
- 파일을 저장할 때에는 [다른 이름으로 저장] 대화상자에서 파일 저장 경로와 파일 이름, 파일 형식을 설정한 후 저장해야 한다.

4. 암호와 문서 정보 입력하여 저장하기

- [파일] 메뉴의 [문서 암호]를 클릭한 후 5글자 이상의 암호를 설정한다. 암호를 설정한 문서를 저장한 후 불러오려면 반드시 암호를 입력해야 한다.
- [파일] 메뉴의 [문서 정보]를 클릭하여 문서의 주제와 만든이 등의 정보를 입력할 수 있다.

5. 문서마당 꾸러미로 새문서 만들기

- 문서마당 꾸러미를 활용하면 가족 문서부터 회사 문서까지 다양한 문서를 손쉽게 만들어 사용할 수 있다.
- [파일] 메뉴의 [문서마당]을 클릭하여 원하는 문서를 선택한다.

6. 저장해둔 문서 불러오기

- [파일] 메뉴의 [불러오기]를 클릭하거나 바로 가기 키인 Alt + O 를 누른다.
- 파일이 저장된 경로로 찾아간 후 파일을 선택하고 [열기] 단추를 클릭한다.
- [열기] 대화상자에서 [현재 창에]를 체크하면 현재 창에 새로운 탭으로 문서가 열린다.
- [열기] 대화상자의 파일 목록에서 Ctrl 을 누른 채 파일을 선택하면 두 개 이상의 파일을 한번에 열 수 있다.

7. 최근 작업 문서 불러오기

- [파일] 메뉴의 [최근 작업 문서]를 클릭하면 최근에 작업한 문서를 손쉽게 다시 열 수 있다.
- [파일] 메뉴를 클릭하면 하단에 최근 작업 문서 목록이 나타난다.
- [도구] 메뉴의 [환경 설정]을 클릭한 후 [편집] 탭에서 최근 작업 문서 목록 개수를 설정할 수 있다.

8. 사용자 맞춤 작업 환경 설정하기

- [도구] 메뉴의 [사용자 설정]을 클릭하면 도구 상자와 스킨 등을 설정할 수 있다.
- [도구] 메뉴의 [환경 설정]을 클릭하면 새 문서 편집 용지의 크기, 개인 정보 등의 작업 환경을 설정할 수 있다.

1. 한글 2007 프로그램을 실행한 후 새로 만들어진 빈 문서를 '파일저장.hwp' 이름으로 저장해 보자.

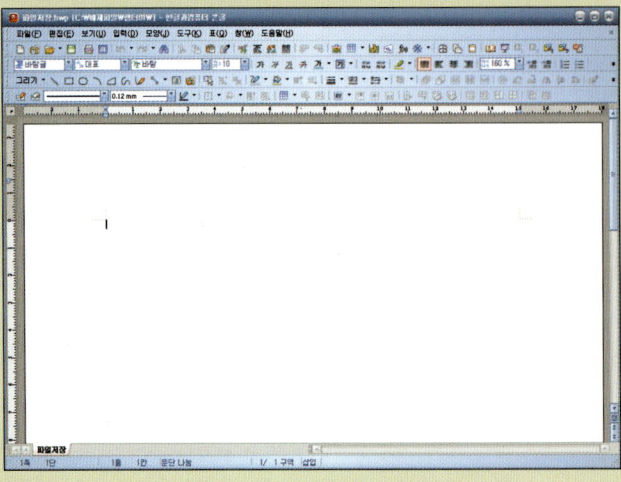

> **HINT** | 문서를 저장하기 위해서는 [파일] 메뉴의 [저장하기]를 클릭하거나 바로 가기 키인 Alt + S 를 누른다.

2. 문서마당 정보에서 사용자 이름을 홍길동으로 설정한 후 새로운 문서를 만들어 보자.

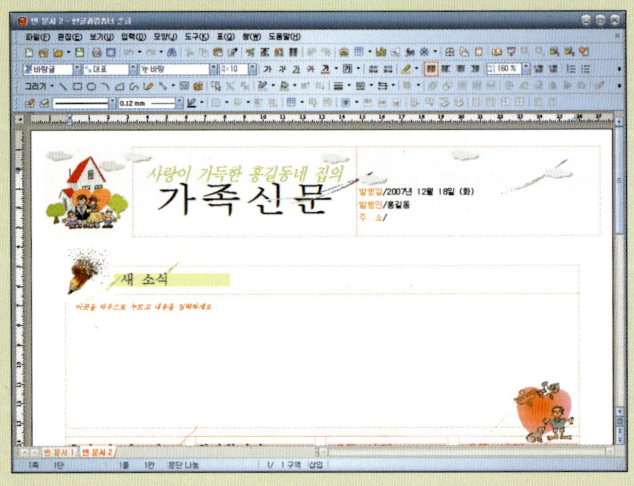

> **HINT** | [입력] 메뉴의 [문서마당 정보]를 클릭하여 [개인 정보] 탭에서 사용자 이름을 '홍길동' 으로 입력한다. [문서마당 꾸러미]에서 [가족신문 문서] 그룹의 [가족 신문 01]을 선택한다.

3. 문서마당 꾸러미에서 명함을 만든 후 누름틀을 이용해 전화번호와 핸드폰번호
를 입력할 부분을 만들어 보자.

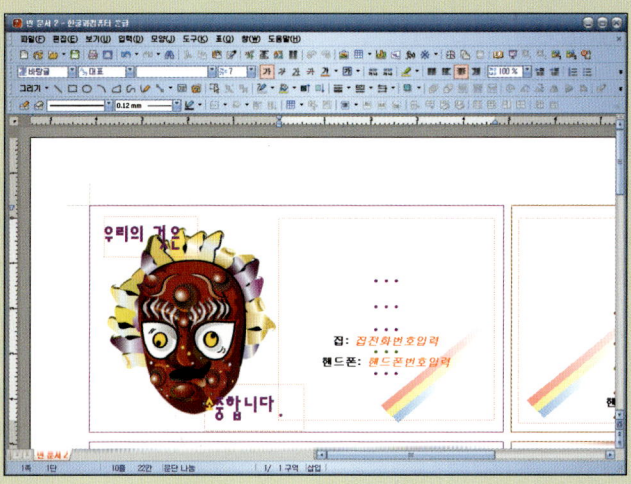

> **HINT** | [입력] 메뉴의 [문서마당 정보]를 클릭하여 누름틀을 문서에 넣을 수 있다.

4. 한글 2007의 스킨 색상을 다음과 같은 [시스템 스타일]로 변경해 보자.

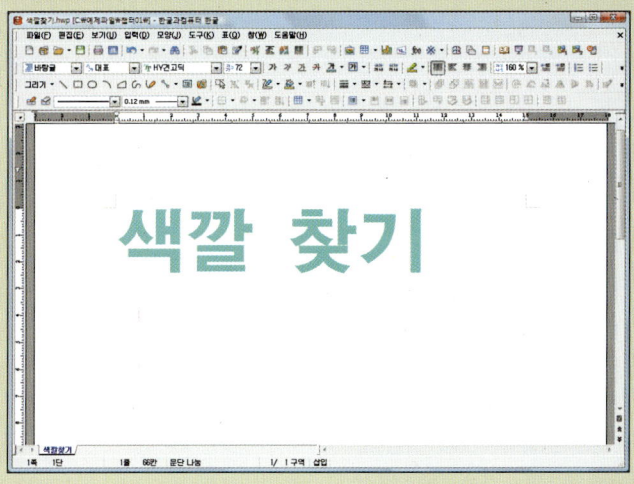

> **HINT** | [도구] 메뉴의 [사용자 설정]을 클릭하여 [시스템 스타일]로 설정한다.

CHAPTER

2

문서 편집을 위한
한글 2007의 기본 기능 익히기

한글 2007을 이용해 문서를 편집하기 위해서는 기본적인 기능을 먼저 익혀두어야 한다. 여기서는 문서에 글자를 입력하거나 영문, 한자, 특수 문자, 수식 등을 입력하는 방법에 대해 알아본다. 또한 문서의 기본 바탕이 될 편집 용지의 크기와 여백 등을 설정하는 방법과 문서의 일부분을 복사하거나 이동하는 방법에 대해서도 알아본다.

텍스트 입력과 편집의 기본기 다지기

2

Chapter

문서를 편집하기 위해서는 기본적으로 텍스트를 입력하고 원하는 부분을 선택한 후 복사하고 붙여 넣는 등의 기본 기능을 익혀두어야 한다. 여기에서는 한글 및 한자, 특수문자, 영문 등의 텍스트를 입력하는 방법과 문서의 선택, 복사, 붙여 넣기 등 문서 편집에 있어서 가장 기본이 되는 기능들을 살펴본다.

---

01 한자 입력하기

한자를 입력하기 위해서는 입력할 한자의 음을 한글로 우선 입력해야 한다. 한자를 입력하고 **F9**를 누르면 커서 바로 왼쪽의 한글에 해당하는 한자가 나타나고, 여러 글자의 경우 블록으로 선택한 후 **F9**를 눌러 한자로 한번에 입력할 수 있다. 한자는 한 글자씩 변환하거나 단어로 변환할 수도 있다. 또한 [한자로 바꾸기] 대화상자에서 한자 자전을 보이도록 설정하면 해당 한자의 음과 뜻을 확인할 수 있다.

02 모르는 한자 찾기

한글 2007에서는 한자 부수와 획수를 가지고 모르는 한자를 검색할 수 있다. [입력] 메뉴의 [한자 입력]-[한자 부수/총획수]를 클릭하거나 바로 가기 키인 **Ctrl**+**F9**를 눌러 [한자 부수/총획수 입력] 대화상자를 불러와 모르는 한자를 찾을 수도 있다.

03 한자 새김 입력

한자의 뜻과 음을 알고 있는 경우 한자 새김 입력을 이용해 곧바로 커서 위치에 한자를 입력할 수 있다. [입력] 메뉴의 [한자 입력]-[한자 새김 입력]을 클릭하고 뜻과 음을 입력한 후 [넣기] 단추를 클릭하면 커서 위치에 한자가 입력된다.

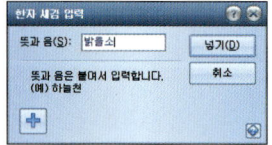

04 수식 입력하기

한글 2007에서는 수식 입력이 더욱 편리해졌다. [입력] 메뉴의 [개체]-[수식]을 클릭한 후 [수식 입력기]를 이용하여 다양한 수식을 문서에 입력할 수 있다.

05 [편집 용지] 대화상자

문서의 기본 배경이 되는 편집 용지의 크기와 여백, 방향 등을 설정할 수 있다.

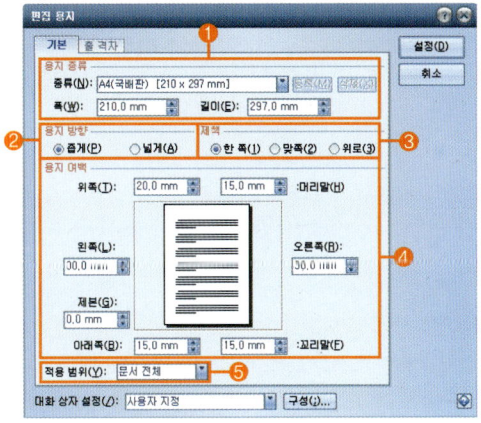

❶ **용지 종류** : 편집 용지의 크기를 설정할 수 있다. 한글 2007의 경우 20mm에서 1187.9mm 사이의 용지 크기를 설정할 수 있다.

❷ **용지 방향** : 용지의 폭과 길이의 방향을 바꾸어 가로 및 세로 방향을 전환할 수 있다.

❸ **제책** : 완성한 문서를 책으로 만들 때 묶이는 방향을 설정할 수 있다. 제책의 방향에 따라 여백을 다르게 설정할 수 있다.

❹ **용지 여백** : 용지에서 내용이 입력되는 부분을 제외한 상하좌우 여백을 설정할 수 있다.

❺ **적용 범위** : 한 문서가 여러 개의 구역으로 나누어져 있을 경우 구역이나 문서 전체 중에서 대화상자에 설정된 편집 용지를 적용할 범위를 설정할 수 있다.

06 블록으로 지정하는 여러 가지 방법

❶ 바로 가기 키인 F3을 눌러 블록으로 지정할 수 있는 준비 상태가 되면 키보드의 방향키로 원하는 범위를 선택한다. 다시 F3을 누르거나 Esc를 누르면 지정한 블록이 해제된다.

❷ 바로 가기 키인 F4를 누르면 칸 단위로 블록을 설정할 수 있다. F4를 눌러 블록 지정을 시작하고 방향키를 이용하여 원하는 부분을 선택할 수 있다.

❸ **마우스로 선택하기** : 마우스로 원하는 부분을 드래그하여 선택할 수 있다. 또한 문서의 왼쪽 여백 부분에서 한 번 클릭하면 해당 줄이, 두 번 클릭하면 해당 문단이, 세 번 클릭하면 문서 전체가 블록으로 지정된다.

07 내용 복사하기와 오려 두기

블록으로 선택한 부분을 복사하거나 오려 둔 다음 다른 위치에 반복적으로 붙여 넣을 수 있다. 복사하기와 오려 두기의 차이점은 현재 위치에 내용을 남기느냐 아니면 현재 위치의 내용을 삭제하느냐이다. 복사하기와 오려 두기 모두 클립보드에 저장되므로 [클립보드] 작업 창을 열고 작업하면 순서에 상관없이 선택하여 붙여 넣을 수 있다.

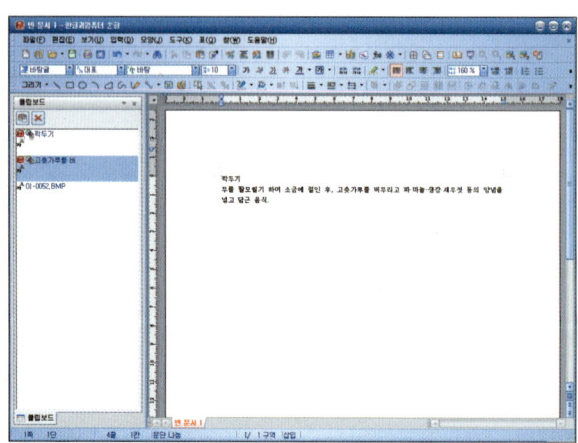

텍스트와 기호 입력하기

한글 2007에서 문서를 만들기 위해서는 한글, 영문 등의 텍스트와 특수문자, 한자 등의 문서 내용을 입력해야 한다. 여기서는 문서에 텍스트를 입력하는 방법과 입력한 텍스트를 수정하거나 삭제하는 방법에 대해 알아본다. 또한 이 외에도 특수문자와 한자, 수식을 입력하는 방법에 대해서도 배워본다.

● 알아두기

– 한글과 영문 등의 텍스트는 키보드를 이용해 입력할 수 있다.
– 키보드로 입력할 수 없는 기호와 한자, 수식 등은 한글 2007의 메뉴를 이용해 입력할 수 있다.

따라하기 01 글자 입력하기

새로운 빈 문서를 만든 후 다음과 같은 내용을 문서에 입력해 보자.

육아
어린아이의 신체적 발육과 지적 교육, 정서의 건전한 발달을 위하여 노력하는 일을 말한다. 어린아이는 심신의 발육이라는 큰 특징을 갖는다. 어린아이의 몸과 마음의 성장을 장애하는 요인을 없애 주고, 순조로운 성장을 촉진하는 일이 육아의 가장 중요한 과제이다.

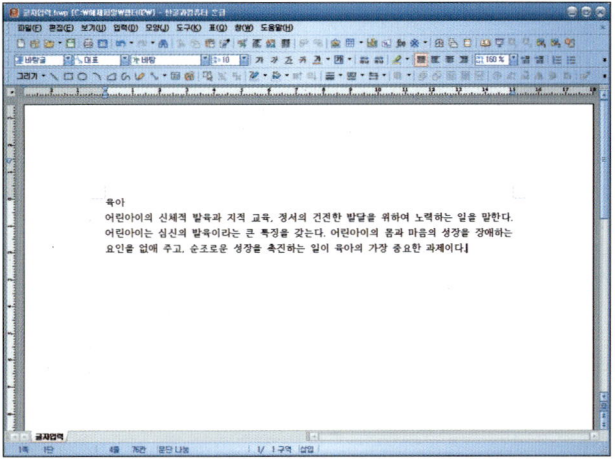

❶ [파일] 메뉴의 [새 문서]를 실행하여 빈 문서를 만든다.

❷ '육아'를 키보드를 이용해 입력하고 **Enter**를 눌러 줄을 추가하여 새로운 문단을 만든다.

❸ '어린아이의' 를 입력한 후 [Spacebar] 를 눌러 빈 칸을 추가하여 띄어쓰기를 한다.

❹ 나머지 내용도 키보드의 글자판과 [Spacebar] 를 사용해 모두 입력한다.

글자 겹치기 tip ➕

[문자표 입력] 대화상자에서 원문자를 입력할 수 있지만 높은 숫자의 원문자는 문자표에 등록되어 있지 않다. 높은 숫자의 원문자를 입력하기 위해서는 [입력] 메뉴의 [글자 겹치기]를 실행한 후 [겹쳐 쓸 모양]을 선택하고 [겹쳐 쓸 글자]를 입력한 후 [넣기] 단추를 클릭하여 문서에 입력할 수 있다.

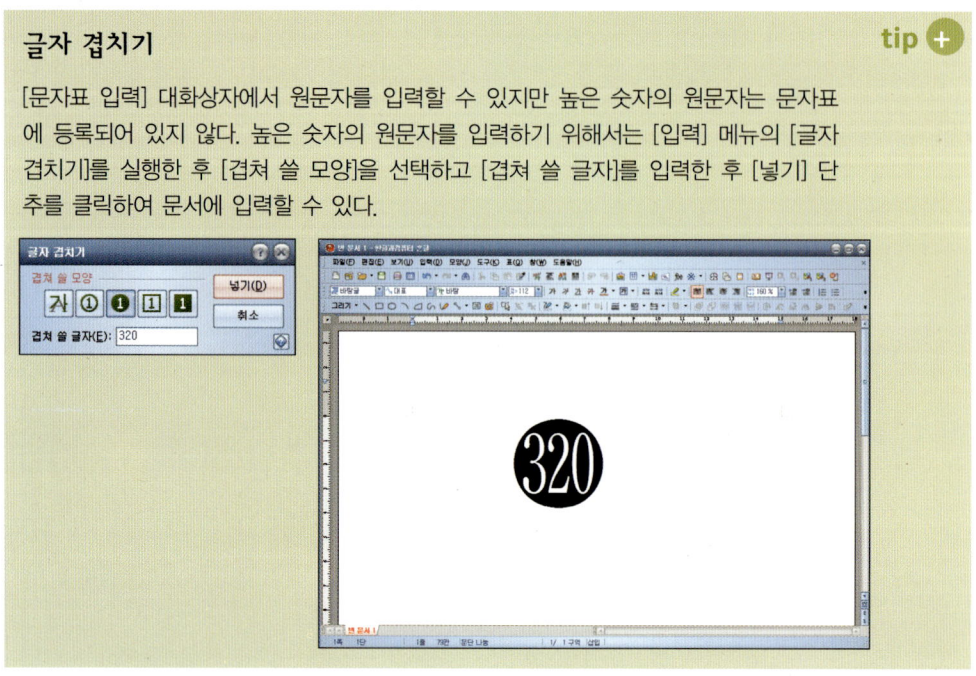

따라하기

02 한자 입력하기

한글로 입력된 내용 오른쪽에 한글 내용에 해당하는 한자를 입력해 보자.
[Ch02\글자입력.hwp]

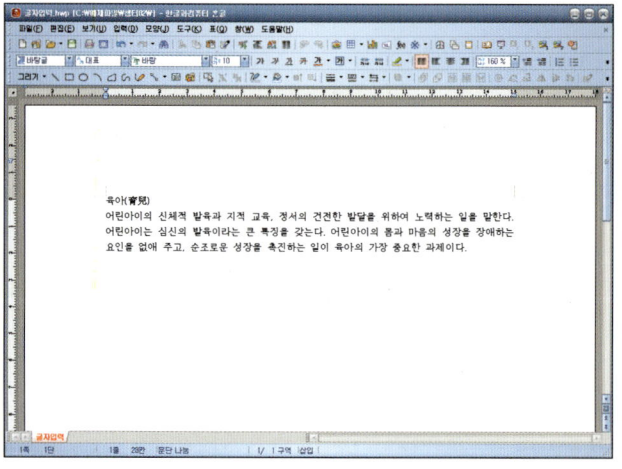

❶ '육아' 오른쪽에 Shift 를 누른 채 9 를 눌러 왼쪽 괄호를 입력한 후 한글로 '육아'
를 입력한다.

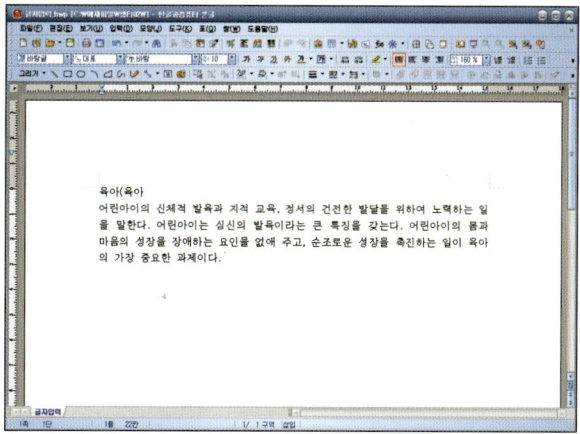

❷ [입력] 메뉴의 [한자 입력]–[한자로 바꾸기]를 클릭하거나 F9 를 눌러 [한자로 바꾸
기] 대화상자를 불러온 다음 [입력 형식]을 [漢字]로 선택한다.

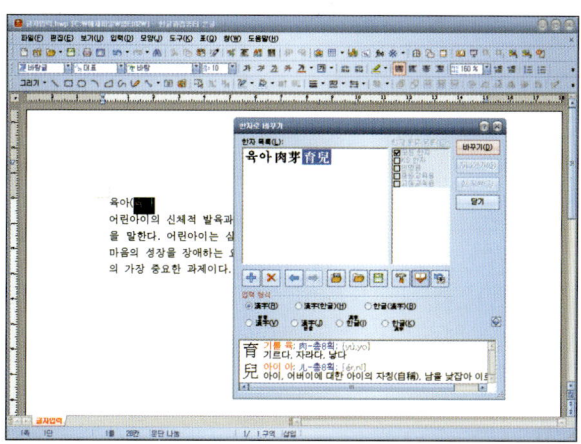

❸ [바꾸기] 단추를 클릭하면 한글로 입력했던 '육아' 글자가 한자로 변환된다. 변환된
한자 왼쪽 옆에 Shift 를 누른 채 0 을 눌러 오른쪽 괄호를 입력한다.

한자 입력 형식   tip +

한글을 한자로 변환할 때 변환할 수 있는 입력 형식은 다음과 같이 여러 가지이다. 입
력 형식에서 변환되는 모습을 미리 확인한 후 선택하고 [바꾸기] 단추를 클릭한다.

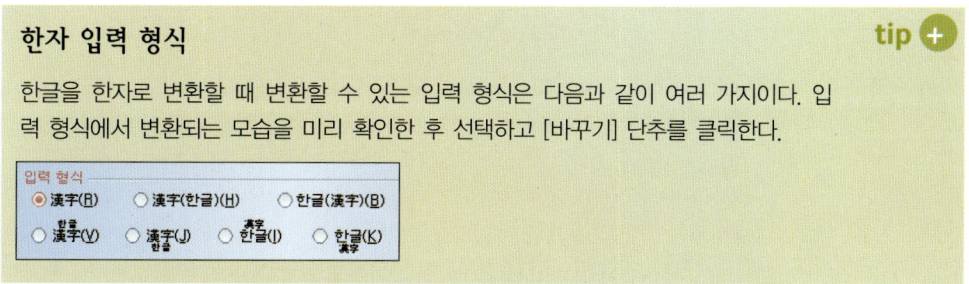

01
혼자해보기

다음과 같이 한자 오른쪽에 영문자를 입력해 보자.

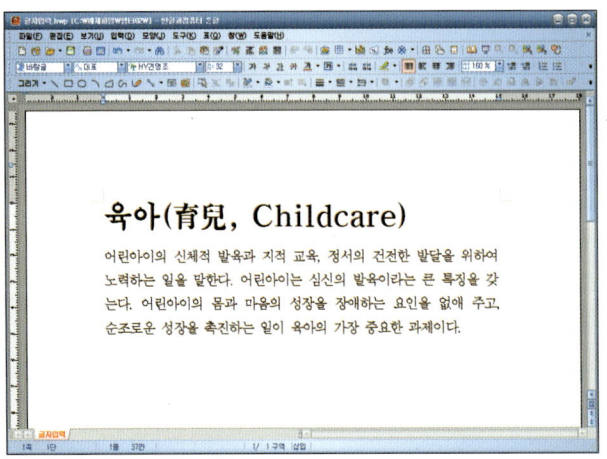

> **HINT** | 한영을 누르면 영문 입력 상태로 전환할 수 있다. Shift 를 누른 채 입력하면 대문자를 입력할 수 있다.

02
혼자해보기

다음과 같이 커서 위치보다 뒤에 입력된 내용을 모두 삭제해 보자.

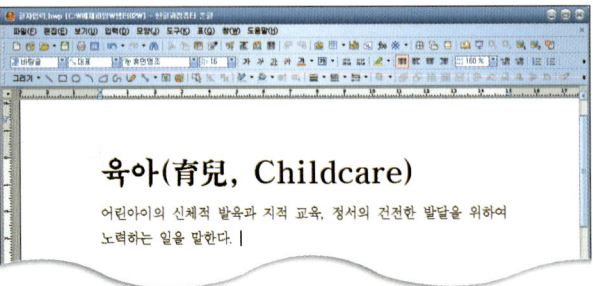

> **HINT** | Alt + Y 를 누르면 커서 뒤에 위치한 줄의 내용이 삭제된다. 반복하여 누르면 삭제된 내용의 위치로 당겨진 부분이 삭제된다.

삭제할 때 사용하는 바로 가기 키   tip +

❶ Delete : 커서 위치의 오른쪽에 위치한 글자 하나를 삭제한다.

❷ Back Space : 커서 위치의 왼쪽에 위치한 글자 하나를 삭제한다.

❸ Ctrl + T : 커서 위치의 오른쪽에 위치한 단어 하나를 삭제한다.

❹ Ctrl + Y : 커서가 위치한 해당 줄을 모두 삭제한다. 삭제되면 다음 줄이 당겨진다.

❺ Alt + Y : 커서 위치보다 오른쪽에 위치한 모든 내용이 삭제된다. 다음 줄로 내용
  이 이어질 경우 삭제된 부분으로 다음 줄의 내용이 당겨진다.

❻ Ctrl + Back Space : 커서 위치의 왼쪽에 위치한 단어 하나를 삭제한다.

03
혼자해보기

다음과 같이 문자표를 이용해 별 모양의 기호와 텍스트를 입력해 보자.

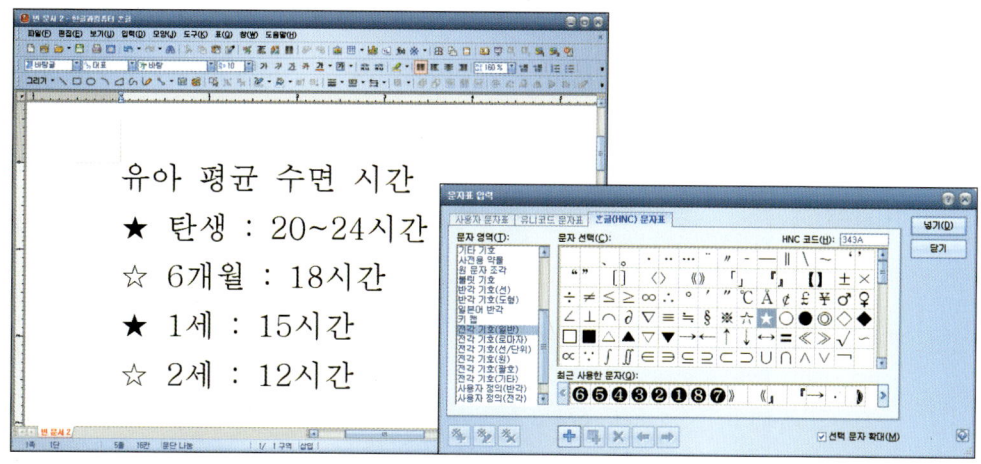

HINT | Ctrl + F10 을 눌러 [문자표 입력] 대화상자가 나타나면 [한글(HNC) 문자표] 탭을 클릭한 후 [전각 기호(일반)] 그룹에서 별 모양의 기호를 선택한다.

04
혼자해보기

다음과 같이 한자 위에 한글이 윗주 형식으로 표시되도록 내용을 입력해 보자.

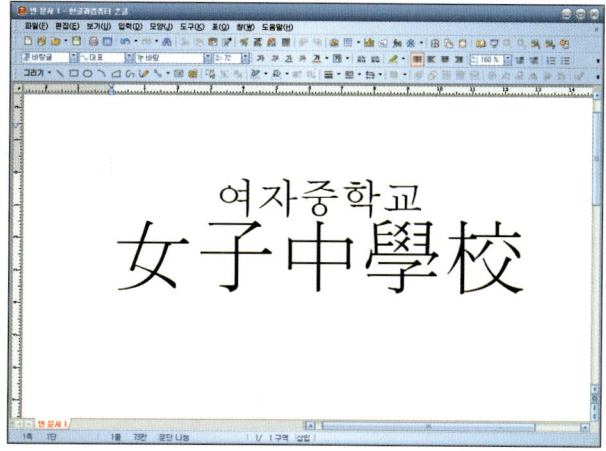

HINT | 입력 형식을 [윗주(W)]로 설정하여 한자로 변환한다.

다음 한자의 부수와 획수를 이용하여 뜻과 음을 찾아보자. [Ch02\한자찾기.hwp]

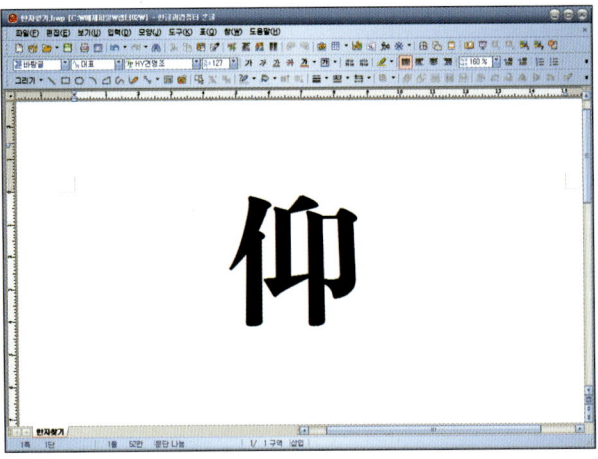

HINT | Ctrl+F9를 눌러 부수와 획수로 한자를 검색할 수 있다.

입력한 한자를 다시 한글로 바꾸기   tip +

❶ 입력한 한자를 드래그하여 한글로 바꿀 부분을 블록으로 지정한다.
❷ [편집] 메뉴의 [한글로 바꾸기]를 클릭하거나 Alt+F9를 누른다.
❸ 선택한 부분의 한자가 모두 한글로 변경된다.

따라하기 **03** 수식 입력하기

다음과 같은 내용의 수식을 입력해 보자.

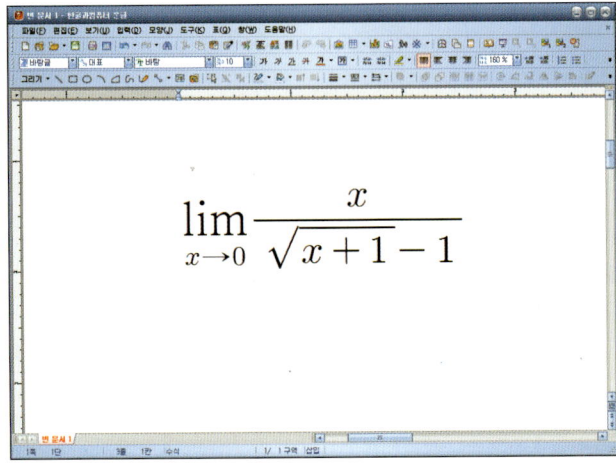

❶ [입력] 메뉴의 [개체]-[수식]을 클릭하여 [수식 편집기]를 실행한다.

❷ [극한](lim ▼)을 클릭한 후 lim를 선택한다.

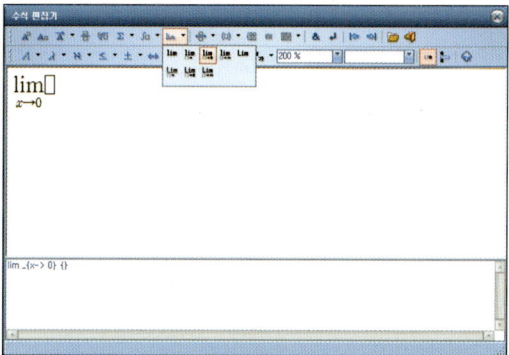

❸ 선택한 극한이 입력되면 네모 안에 'x'를 입력한다.

❹ 극한 오른쪽에 커서를 두고 [분수](▦)를 클릭한다.

❺ 분자 입력 부분에 'x'를 입력하고 분모 입력 부분에서 [근호](▦)를 클릭한다.

❻ 마우스로 클릭하여 수식의 내용을 모두 입력한다.

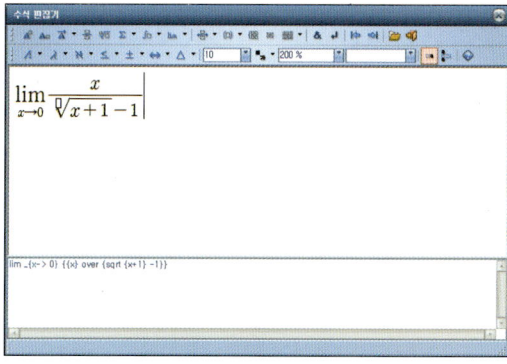

❼ 모든 수식을 완성한 후 [넣기](▦)를 클릭하면 커서 위치에 수식이 입력된다.

06
혼자해보기

다음과 같은 내용의 수식을 입력해 보자.

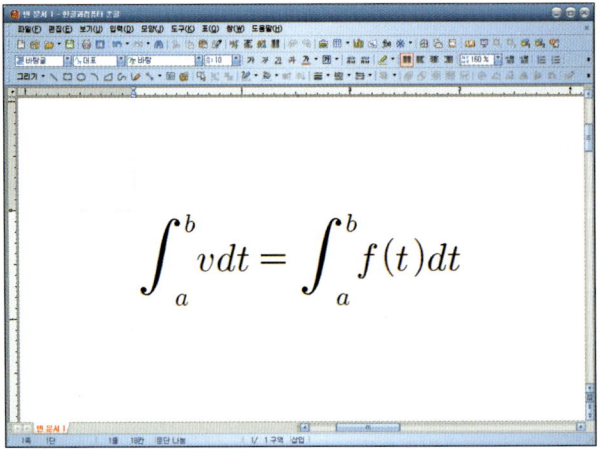

$$\int_a^b v\,dt = \int_a^b f(t)\,dt$$

HINT | [수식 입력기]에서 [적분]( )을 클릭하여 $\int$ 를 선택한다. 마우스로 클릭하여 붉은 색으로 표시되면 해당 내용을 입력한다.

현재 작업 문서 정보 자동으로 입력하기   tip ➕

한글 2007에서는 현재 작업 중인 문서의 파일 경로와 파일 이름, 작성한 날짜 등을 자동으로 입력할 수 있다. [입력] 메뉴의 [날짜/시간]을 실행하면 파일 이름과 저장 경로, 날짜 및 시간이 문서에 자동으로 입력된다.

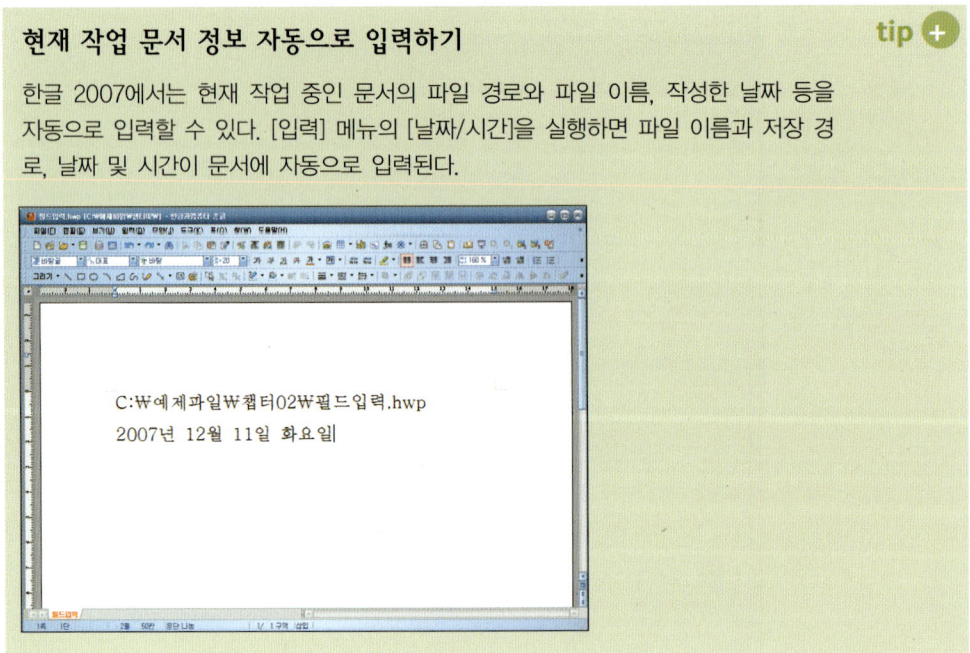

Section 2

편집 용지 크기와 여백 설정하기

한글 2007에서 문서를 편집할 때에는 문서의 바탕이 되는 편집 용지의 크기와 여백, 방향 등을 설정해야 한다. 편집 용지에 관한 내용을 설정하기 위해서는 [모양] 메뉴의 [편집 용지]를 실행하거나 바로 가기 키인 F7을 눌러 [편집 용지] 대화상자를 불러와야 한다. 여기서는 편집 용지의 크기와 여백, 방향 등을 설정하는 방법에 대해 알아본다.

> ⊙ 알아두기
>
> 편집 용지의 크기와 여백을 설정하기 위해서는 [모양] 메뉴의 [편집 용지]를 클릭하거나 바로 가기 키인 F7을 눌러 [편집 용지] 대화상자를 불러와야 한다.

따라하기 ─ 01 **편집 용지 크기와 방향 설정하기**

다음과 같이 편집 용지의 크기를 신국판으로 변경하고 방향을 넓게 설정해 보자.

❶ [모양] 메뉴의 [편집 용지]를 실행하거나 바로 가기 키인 F7을 눌러 [편집 용지] 대화상자를 불러온다.

❷ [기본] 탭에서 [용지 종류]를 [신국판(148×225 mm)]으로 선택하고 [용지 방향]을
[넓게]로 선택한 후 [설정] 단추를 클릭한다.

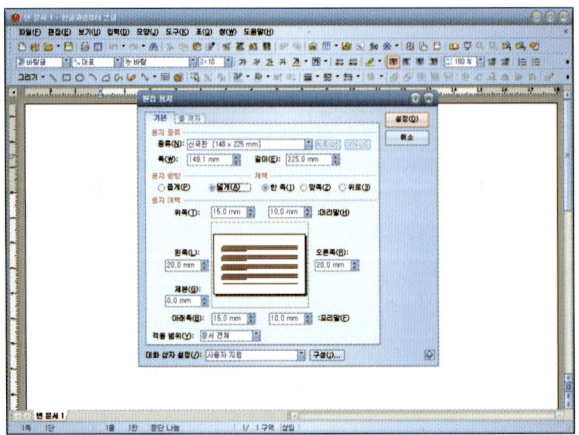

❸ 편집 용지의 크기와 방향이 변경된다.

01

혼자해보기

다음과 같이 가로와 세로가 모두 100mm인 편집 용지를 설정해 보자.

HINT | [편집 용지] 대화상자에서 용지 크기를 가로와 세로 모두 '100mm'로 설정한다.

02

혼자해보기

크기가 변경된 편집 용지의 여백을 상하좌우 모두 10mm로 설정해 보자.

HINT | [위쪽]과 [왼쪽], [아래쪽], [오른쪽]의 여백을 '10mm'로, [머리말]과 [꼬리말]은 '0'으로 설정한다.

03

혼자해보기

다음과 같이 설정한 편집 용지의 옵션 대화상자를 등록해 보자.

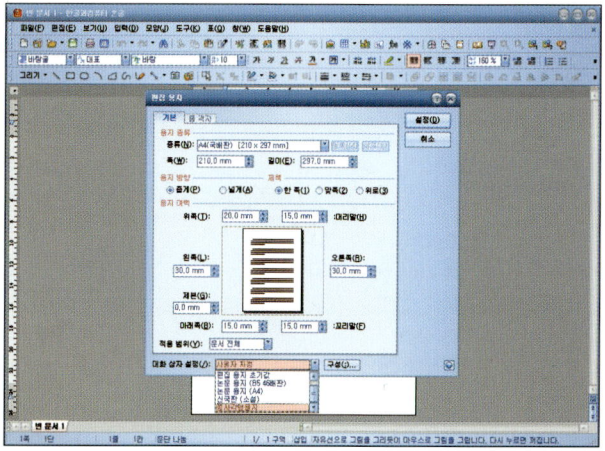

HINT | [편집 용지] 대화상자의 [대화 상자 설정] 옆의 [구성] 단추를 클릭하면 [대화 상자 설정 구성] 대화상자가 나타난다. 여기에서 [대화 상자 설정 추가하기]를 클릭하여 '정사각형 용지'라는 이름으로 새로운 편집 용지 대화상자 설정을 등록한다.

텍스트 복사하고 이동하기

문서에 입력된 텍스트는 동일한 내용을 복사하여 다른 곳에 사용할 수 있으며, 원래 있던 위치에서는 삭제하고 다른 곳으로 이동시킬 수도 있다. 텍스트를 복사하거나 이동하기 위해서는 먼저 변경할 부분을 블록으로 지정해야 한다. 여기서는 블록으로 지정하는 방법과 복사 및 이동, 붙여넣기에 대해 배워본다.

⬇ 알아두기

블록으로 지정한 부분을 복사하려면 Ctrl + C, 오려 두려면 Ctrl + X, 복사하거나 오려둔 내용을 붙여 넣으려면 Ctrl + V 를 누른다.

따라하기 **01** 원하는 내용을 복사하고 붙여 넣기

다음과 같이 위의 세 줄을 복사하여 아래에 동일한 내용을 붙여 넣어보자.
[Ch02\복사이동.hwp]

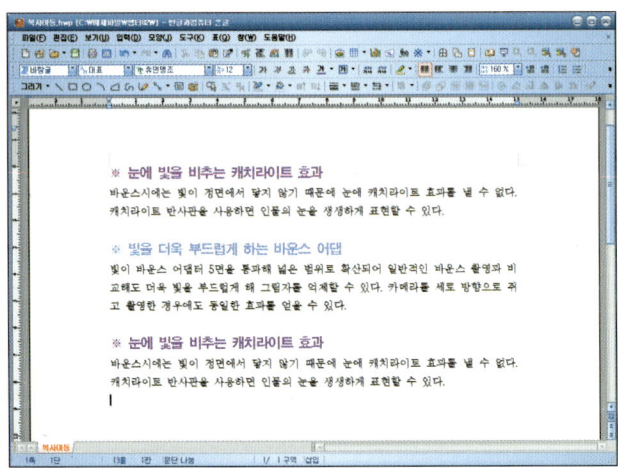

❶ 복사할 부분을 마우스로 드래그하여 블록으로 지정한다.

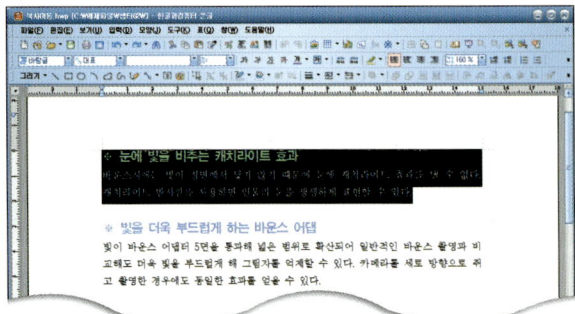

❷ [편집] 메뉴의 [복사하기]를 클릭하거나 바로 가기 키인 Ctrl + C 를 누른다.

❸ 붙여 넣을 위치에 커서를 두고 [편집] 메뉴의 [붙여 넣기]를 클릭하거나 바로 가기 키인 Ctrl + V 를 누른다.

❹ 커서 위치에 복사해 두었던 내용이 그대로 붙여넣기 된다.

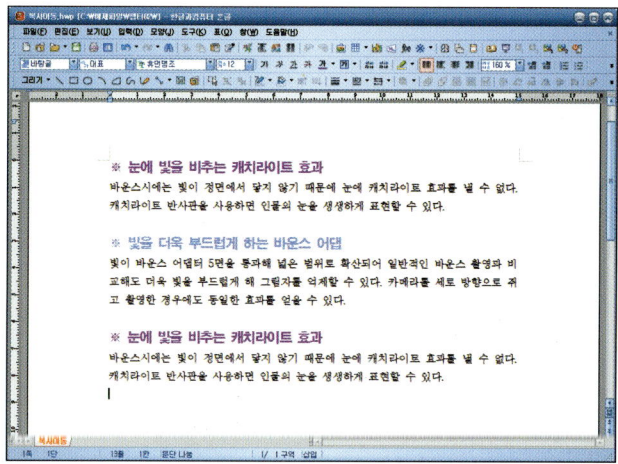

01
혼자해보기

오려두기를 이용해 다음과 같이 위아래 내용의 위치를 바꿔보자.
[Ch02\복사이동.hwp]

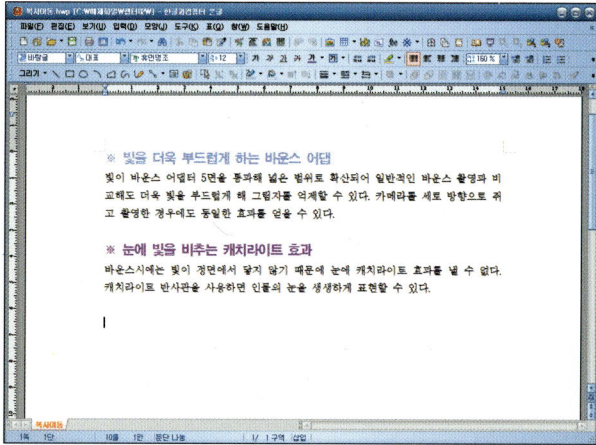

HINT | 오려 두기의 바로 가기 키는 Ctrl + X 이다.

네이버 백과사전에서 '깍두기'를 검색하여 검색된 내용을 한글 문서로 복사해 보자.

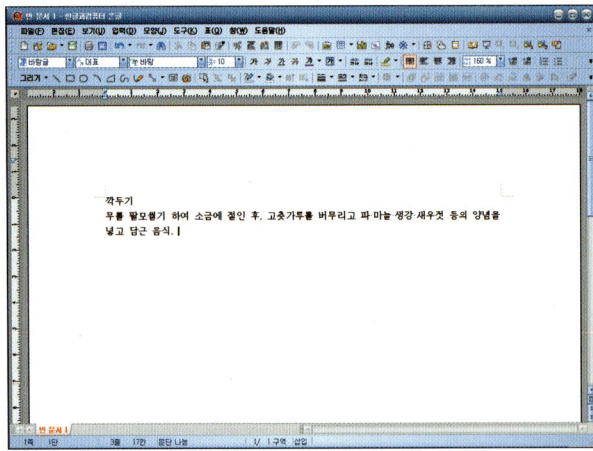

HINT | 인터넷 사이트에서 내용을 드래그하여 복사(Ctrl+C)한 후 한글 문서에 붙여넣기(Ctrl+V)
한다.

인터넷 문서 붙이기 형식 지정하기 tip +

[도구] 메뉴의 [환경 설정]을 클
릭하여 [환경 설정] 대화상자를
불러온 후 [코드 형식] 탭으로 이
동하면 HTML 문서 붙이기 형식
을 선택할 수 있다.

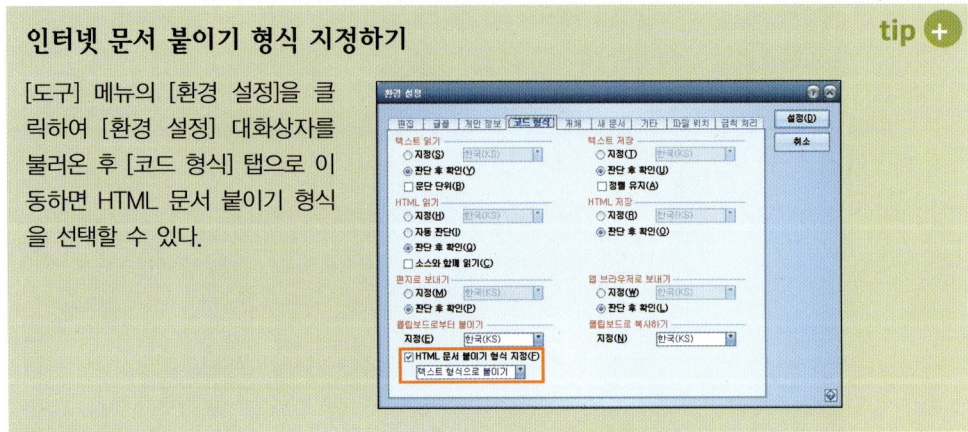

Section 4 되돌리기와 다시 실행하기

문서를 편집하다 보면 잘못 명령을 적용하여 명령 실행 이전의 상태로 되돌려야 하는 경우가 생긴다. 반대로 되돌린 작업을 다시 적용해야 하는 일이 생길 수도 있다. 여기서는 실행한 명령을 취소하고 이전 상태로 되돌리거나 취소한 명령을 다시 실행하는 방법에 대해 배워본다.

> ◉ 알아두기
>
> 실행한 명령을 취소하고 이전 상태로 되돌리기 하려면 Ctrl+X 를, 되돌린 문서에 명령을 다시 실행하려면 Ctrl+Shift+Z 를 누른다.

따라하기 01 **되돌리기 기능 실행하기**

삽입된 그림을 삭제했다가 되돌리기 기능을 실행하여 다시 되살려 보자.
[Ch02\되돌리기.hwp]

❶ 오른쪽 그림을 클릭하여 선택하고 Delete 를 눌러 삭제한다.

❷ [편집] 메뉴의 [되돌리기]를 클릭하거나 바로 가기 키인 Ctrl+Z 를 누른다.

❸ 그림이 선택된 상태로 원래의 자리에 되살아난다.

다시 실행을 적용하여 되살아난 그림을 다시 실행을 이용하여 삭제해 보자.

HINT | `Ctrl`+`Shift`+`Z`를 눌러 다시 실행한다.

되돌리기를 실행할 수 없는 경우 tip ➕

문서를 저장하였다가 다시 열었을 경우에는 저장되어 있던 되돌리기 과정이 저장되어 있지 않으므로 다시 되돌리기를 실행할 수 없다. 또한 문서의 내용 편집에 관한 내용이 아닌 저장이나 화면 확대, 사용자 설정 등의 명령은 되돌리거나 다시 실행할 수 없다.

🗑 **Check Point**

1. 키보드의 `한/영`을 누르면 키보드를 이용하여 한글과 영문을 입력할 수 있다.
2. [입력] 메뉴의 [한자 입력]–[한자로 바꾸기]를 클릭하거나 바로 가기 키인 `F9`를 누르면 한자를 입력할 수 있다.
3. 키보드로 입력할 수 없는 특수문자를 입력하기 위해서는 [입력]–[문자표]를 클릭하거나 바로 가기 키인 `Ctrl`+`F10`을 눌러 [문자표] 대화상자를 이용한다.
4. [모양] 메뉴의 [편집 용지]를 실행하거나 바로 가기 키인 `F7`을 누르면 용지의 크기나 여백, 방향 등을 설정할 수 있다.
5. 내용을 불록으로 지정한 후 `Ctrl`+`C`를 눌러 복사하거나 `Ctrl`+`X`를 눌러 오려 두기 한 후 `Ctrl`+`V`를 누르면 복사하거나 오려 둔 내용을 붙여 넣을 수 있다.
6. 작업 중 실수를 했을 때 `Ctrl`+`Z`를 누르면 명령을 취소하여 이전 상태로 되돌릴 수 있고, 취소한 명령을 다시 적용하고 싶으면 `Ctrl`+`Shift`+`Z`를 눌러 다시 실행할 수 있다.

1. 글자 입력하기

- 키보드를 이용하여 글자를 입력할 수 있으며, 한글과 영문 전환은 키보드의 한/영 을 눌러 전환할 수 있다.
- 입력할 때 빈 칸은 Spacebar 를 눌러 입력할 수 있으며, 입력하는 내용이 한 줄을 넘어서면 자동으로 다음 줄로 밀려난다.
- 문단은 나누지 않고 줄만 강제로 바꾸기 위해서는 Shift + Enter 를 눌러 줄 바꿈을 할 수 있으며, 문단을 강제로 나눌 때에는 Enter 를 누른다.
- 페이지를 강제로 나눌 때에는 Ctrl + Enter 를 누른다.

2. 한자 입력하기

- 한자는 직접 입력할 수 없으며, 한글로 한자의 음을 입력한 후 한자로 변환할 수 있다.
- 한자로 변환할 내용을 한글로 입력한 후 [입력] 메뉴의 [한자 입력]-[한자로 바꾸기]를 클릭하거나 바로 가기 키인 F9 를 누른다. 이때 변환할 글자가 많은 경우 블록으로 선택한 상태에서 바로 가기 키인 F9 를 누른다.
- 입력한 글자에 해당하는 한자 목록이 나타나면 원하는 한자를 선택하고 입력 형식을 선택한다.
- [바꾸기] 단추를 클릭하면 한글이 한자로 변환된다.
- 한자를 다시 한글로 바꾸기 위해서는 바꿀 부분을 드래그하여 블록으로 지정하고 [편집] 메뉴의 [한글로 바꾸기]를 클릭한다.

3. 외국어 입력하기

- [도구] 메뉴의 [글자판]-[글자판 바꾸기]를 클릭한다.
- 원하는 글자판을 선택하고 [설정] 단추를 클릭하면 외국어를 입력할 수 있다.

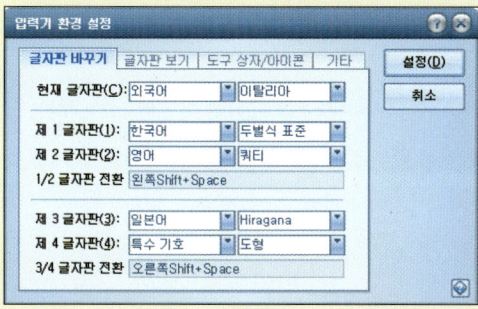

- [도구] 메뉴의 [글자판]-[글자판 보기]를 클릭하여 글자판을 확인하면서 입력할 수 있다.

4. 특수문자 입력하기

- 키보드로 입력할 수 없는 특수문자를 입력하기 위해서는 [입력]-[문자표]를 클릭하거나 바로 가기 키인 Ctrl + F10 을 누른다.
- [문자표 입력] 대화상자에서 원하는 탭으로 이동한 후 문자 영역과 문자를 선택하고 [넣기] 단추를 클릭한다.
- 커서 위치에 선택한 특수문자가 입력된다.

5. 글자 겹치기

- 두 개 이상의 글자를 겹쳐 쓰기 위해서는 [입력] 메뉴의 [글자 겹치기]를 클릭한다.
- 겹쳐 쓸 모양을 선택하고 겹쳐 쓸 내용을 입력한 후 [넣기] 단추를 클릭한다.
- 커서 위치에 겹친 글자가 입력되고 글자 겹치기는 세 글자까지 가능하다.

6. 편집 용지 설정하기

- [모양] 메뉴의 [편집 용지]를 실행하거나 바로 가기 키인 F7 을 누른다.
- 용지의 크기나 여백, 방향 등을 선택하고 [설정] 단추를 클릭한다.
- 편집 용지의 모양은 한 문서 내에서도 구역으로 나누어 다양하게 설정할 수 있다.

7. 문서 내용을 블록으로 지정하기

- 마우스로 드래그하여 원하는 부분을 선택할 수 있다.
- 마우스로 왼쪽 여백 부분을 클릭하거나 드래그하여 선택할 수 있다. 한 번 클릭하면 해당 줄이, 두 번 클릭하면 해당 문단이, 세 번 클릭하면 문서 전체가 선택된다.
- F3 을 눌러 블록 지정을 시작하고 화살표 키를 이용하여 원하는 부분을 선택할 수 있다.
- F4 를 누르면 칸 단위로 블록을 지정할 수 있다.

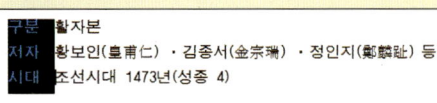

구분 활자본
저자 황보인(皇甫仁) · 김종서(金宗瑞) · 정인지(鄭麟趾) 등
시대 조선시대 1473년(성종 4)

8. **내용 복사하기와 오려 두기**

- 마우스나 바로 가기 키를 이용하여 블록으로 선택한 후 Ctrl + C 를 눌러 복사하거나 Ctrl + X 를 눌러 오려 두기 한다.
- 원하는 위치에 커서를 두고 Ctrl + V 를 눌러 복사하거나 오려 둔 내용을 붙여 넣을 수 있다.
- [보기] 메뉴의 [작업 창]-[클립보드]를 클릭하여 [클립보드] 작업 창을 표시해 두면 복사하거나 오려 둔 내용을 반복하여 사용할 수 있다.

9. **작업 되살리기와 다시 실행하기**

- 작업 중 실수를 했을 때 Ctrl + Z 를 누르면 명령을 취소하고 이전 상태로 되돌릴 수 있다.
- 취소한 명령을 다시 적용하고 싶으면 Ctrl + Shift + Z 를 눌러 다시 실행할 수 있다.

1. 다음과 같은 수학 문제를 입력해 보자. [ChO2\종합실습1.hwp]

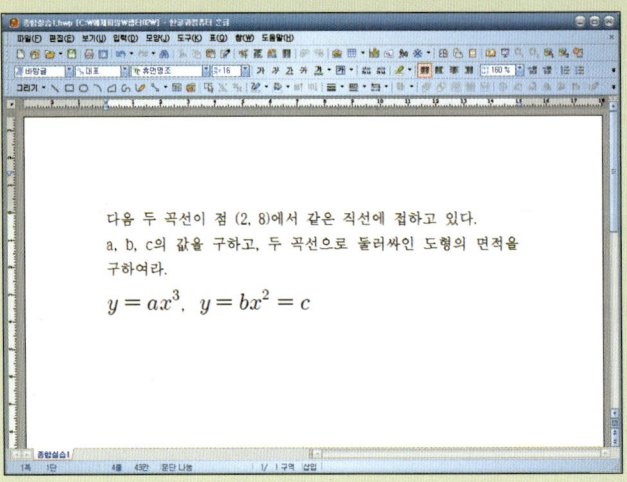

> **HINT** | 문단은 Enter 를 눌러 나눌 수 있으며, 한/영 을 이용하여 한글과 영문을 입력할 수 있다. 수식의 크기를 [수식 입력기]에서 '24pt' 로 확대한다.

2. '세종실록' 오른쪽에 한자를 입력하고 아래에 다음과 같은 모양의 기호를 입력해 보자. [ChO2\종합실습2.hwp]

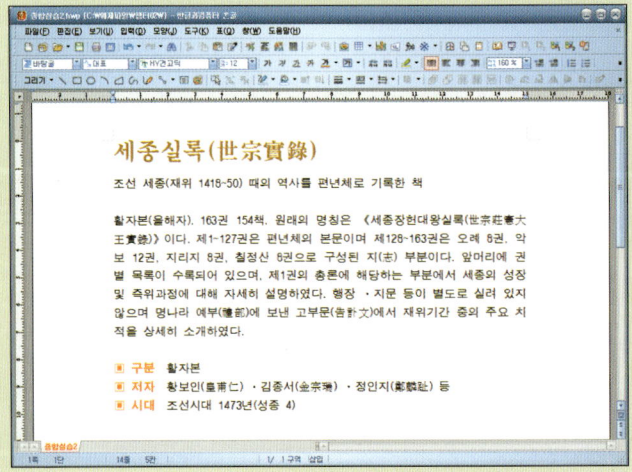

> **HINT** | 한글로 입력한 후 F9 를 눌러 한자로 변환할 수 있다. [한글(HNC) 문자표] 탭의 [전각 기호(일반)]에서 이중 사각형 기호를 찾아 입력한다.

3. 문서의 맨 아래에 위치해 있던 '구분, 저자, 시대' 내용을 다음과 같이 중간 위치로 이동시켜 보자. [Ch02\종합실습3.hwp]

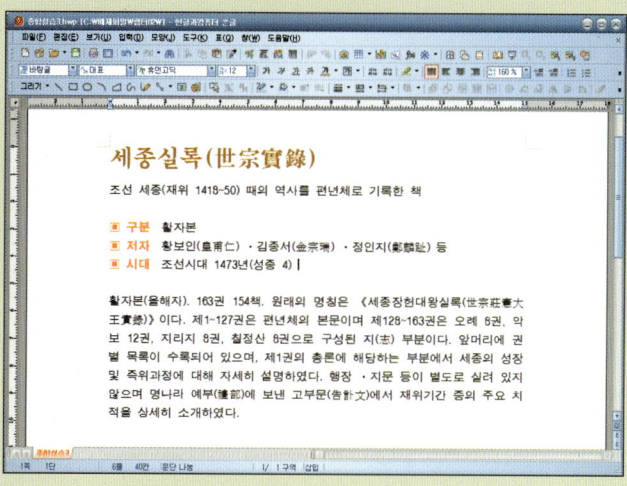

HINT ｜ 오려 두기의 바로 가기 키는 Ctrl + X, 붙여넣기의 바로 가기 키는 Ctrl + V 이다.

4. 한글 2007에서는 한 문서 내에서도 여러 종류의 편집 용지를 설정할 수 있다. 새로운 문서를 만든 후 다음과 같이 두 페이지의 용지 방향을 서로 다르게 설정해 보자.

HINT ｜ [모양] 메뉴의 [나누기]-[구역 나누기]를 클릭하여 문서를 두 개의 구역으로 나눈다. 두 번째 구역의 편집 용지 방향을 [넓게]로 설정한다. 이때 [적용 범위]는 [현재 구역]으로 설정한다.

CHAPTER

3

보기 좋고 세련된 문서를 위한
텍스트 꾸미기

문서를 보기 좋게 꾸미기 위해서는 입력된 텍스트의 글자 모양과 문단 모양을 읽기 편하게 설정해야 한다. 이렇게 설정한 글자 모양과 문단 모양은 스타일이라는 기능을 이용하여 많은 양의 문서에 일괄적으로 적용할 수 있다. 또한 내용이 완성된 문서의 페이지에 테두리와 배경 색, 배경 그림을 넣어 문서를 보다 멋지게 완성할 수도 있다. 여기서는 글자 모양부터 페이지 모양까지 더욱 세련된 문서로 탈바꿈시킬 수 있는 기능에 대해 알아본다.

문서를 멋지게 만드는
다양한 방법 살펴보기

Chapter 3

문서를 편집할 때 글자나 문단의 모양을 어떻게 변경하느냐에 따라 문서의 전체적인 느낌이 달라진다. 여기에서는 문서를 멋지게 변화시킬 수 있는 다양한 기능에 대해서 알아본다. 글자나 문단의 모양을 변경하는 방법, 페이지에 테두리나 색상을 적용하는 방법 등을 통해 세련된 문서로 만들어보자.

---

01 [글자 모양] 대화상자

[글자 모양] 대화상자는 [모양] 메뉴의 [글자 모양]을 클릭하여 실행할 수 있다. [글자 모양] 대화상자는 세 개의 탭으로 구성되어 있으며, 글꼴, 글자 크기, 글자 색, 그림자, 밑줄, 배경, 테두리 등을 설정할 수 있다. 각 탭에서 설정할 수 있는 내용에 대해 살펴보자.

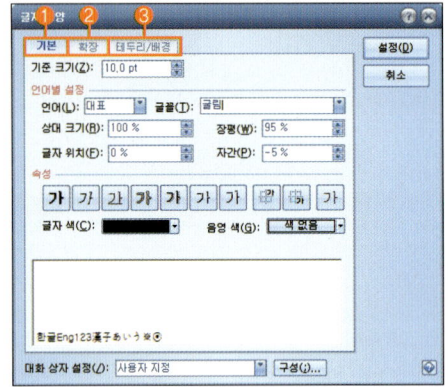

❶ [기본] 탭 : 글자의 크기나 글꼴, 상형, 자산을 설정할 수 있으며, 글자를 기울이거나 외곽선 글자 등을 만들 수 있는 속성을 설정할 수 있다. 또한 글자 색과 음영색을 설정할 수 있으며, 설정한 글자의 모양을 미리 보기 영역에서 확인할 수 있다.

❷ [확장] 탭 : 글자에 그림자 효과를 적용할 수 있으며, 그림자의 색깔, 모양, 위치 등을 직접 설정할 수 있다. 또한 글자에 다양한 모양의 밑줄을 설정할 수 있으며, 외곽선의 모양과 강조점을 설정할 수 있다.

❸ [테두리/배경] 탭 : 선택한 글자의 가장자리에 다양한 모양의 테두리를 넣을 수 있으며, 배경 색이나 무늬를 이용해 글자를 꾸밀 수 있다.

---

02 [문단 모양] 대화상자

[문단 모양] 대화상자는 [모양] 메뉴의 [문단 모양]을 클릭하여 불러올 수 있다. [문단 모양] 대화상자는 네 개의 탭으로 구성되어 있으며, 문단의 정렬 방식이나 줄 간격, 개요 번호, 글머리표, 탭, 테두리와 배경을 설정할 수 있다. 각 탭에서 설정할 수 있는 내용에 대해 살펴보자.

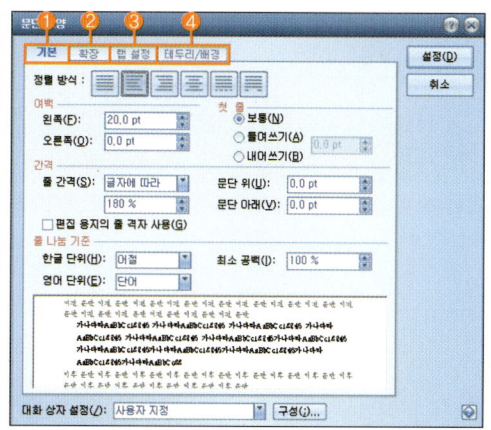

❶ **[기본] 탭** : 문단의 정렬 방식을 왼쪽이나 오른쪽, 가운데 등에서 선택할 수 있으며, 왼쪽이나 오른쪽, 위나 아래에 간격을 설정할 수 있다. 또한 문단을 구성하는 줄 사이의 간격을 설정할 수 있으며, 설정된 문단 모양을 미리 보기에서 확인할 수 있다.

❷ **[확장] 탭** : 문단 종류를 선택하여 문단에 자동으로 번호를 매기거나 글머리표를 넣을 수 있다.

❸ **[탭 설정] 탭** : 문서에 입력한 탭이 정렬될 위치와 정렬 방식, 채울 모양 등을 설정할 수 있다.

❹ **[테두리/배경] 탭** : 선택한 문단의 가장자리나 위, 아래, 왼쪽, 오른쪽 원하는 위치에 다양한 모양의 테두리를 설정할 수 있다. 또한 문단에 배경색을 설정할 수 있으며 문단과의 간격을 직접 설정할 수도 있다.

03 [스타일] 대화상자

[스타일] 대화상자는 [모양] 메뉴의 [스타일]을 클릭하거나 바로 가기 키인 F6 을 눌러 불러올 수 있다. [스타일 목록]에서 스타일을 선택하면 설정된 글자 모양과 문단 모양 등에 대한 정보를 확인할 수 있다. 스타일 이름을 목록에서 선택한 후 내용을 수정하거나 스타일을 삭제할 수 있다.

04 [쪽 테두리/배경] 대화상자

[쪽 테두리/배경] 대화상자는 [모양] 메뉴의 [쪽 테두리/배경]을 클릭하여 불러올 수 있으며 두 개의 탭으로 구성되어 있다. [쪽 테두리/배경] 대화상자에서는 페이지의 가장자리에 다양한 모양의 테두리와 배경색, 배경 그림을 설정할 수 있다.

글자 모양 꾸미기

문서를 구성하는 텍스트의 모양과 크기를 변경하여 문서를 보기 좋게 꾸밀 수 있다. 글자의 모양을 꾸미기 위해서는 먼저 영역을 선택하고 [모양] 메뉴의 [글자 모양]을 클릭하여 [글자 모양] 대화상자를 불러와야 한다. 여기서는 문서에 입력한 글자의 글꼴과 모양, 크기, 색깔 등을 변경하는 방법에 대해 알아본다.

◉ 알아두기

블록으로 지정한 글자의 모양을 변경하기 위해서는 [모양] 메뉴의 [글자 모양]을 클릭하거나 바로 가기 키인 [Alt]+[L]을 눌러 [글자 모양] 대화상자를 불러온다.

따라하기 **01** **글자 모양 바꾸기**

제목 부분의 텍스트를 다음과 같은 모양으로 바꿔보자. [Ch03\글자모양.hwp]

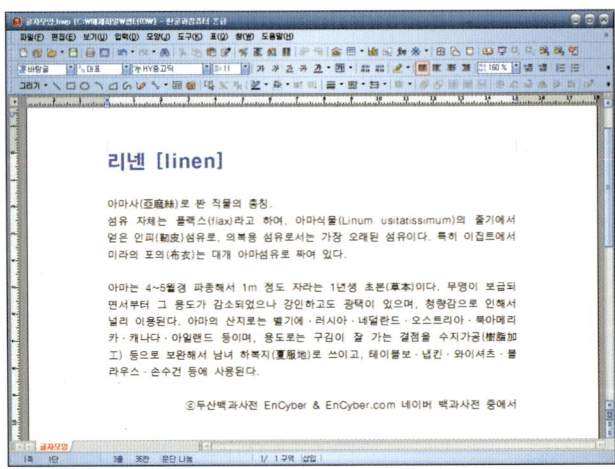

❶ 글자 모양을 바꿀 부분을 드래그하여 블록으로 지정한 후 [모양] 메뉴에서 [글자 모양]을 클릭하거나 바로 가기 키인 [Alt]+[L]을 누른다.

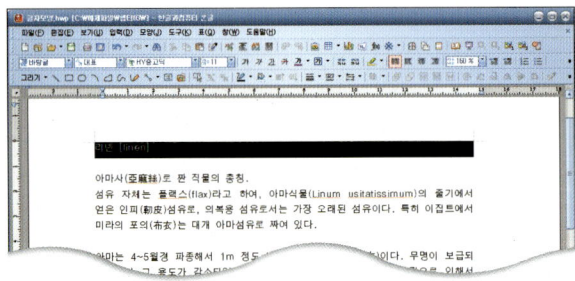

❷ [글자 모양] 대화상자에서 글자 크기와 글꼴 등을 다음과 같이 선택하고 [설정] 단추를 클릭한다. (기준 크기 : 20pt, 글꼴 : HY견고딕, 글자 색 : RGB:69,98,195)

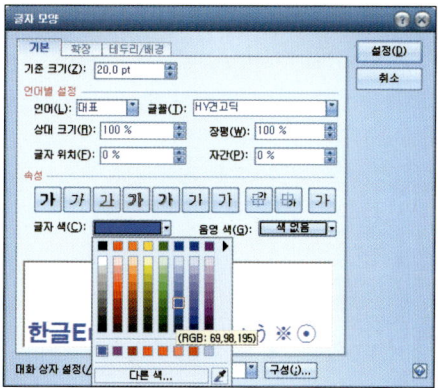

❸ 블록으로 지정한 부분의 바깥 부분을 클릭하여 선택을 해제하면 제목 부분의 글자 모양이 [글자 모양] 대화상자에서 설정한 모양으로 변경된다.

01
혼자해보기

제목 부분의 글자에 음영색을 넣어 다음과 같은 모양으로 바꿔보자.

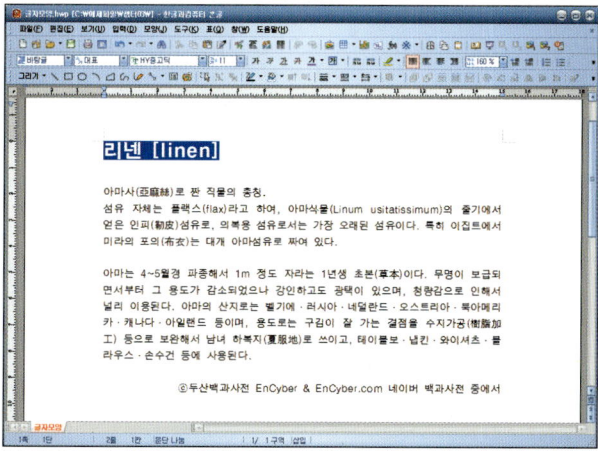

HINT | [글자 모양] 대화상자에서 글자 색을 흰색으로, 음영색을 파랑색으로 설정한다.

문서 전체 글자의 글꼴을 다음과 같은 명조체로 바꿔보자.

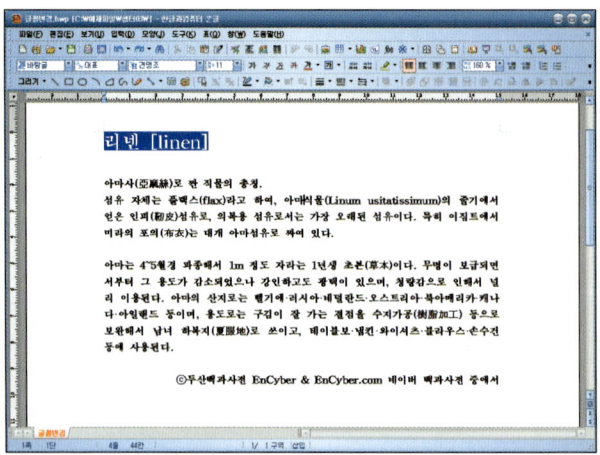

> **HINT** | 문서 전체를 선택하기 위해서는 Ctrl + A 를 누른다. [글자 모양] 대화상자에서 글꼴의 종류를 [견명조]로 설정한다.

다음과 같이 제목과 본문의 글자 모양을 각각 설정해 보자.
[Ch03\그림자.hwp]

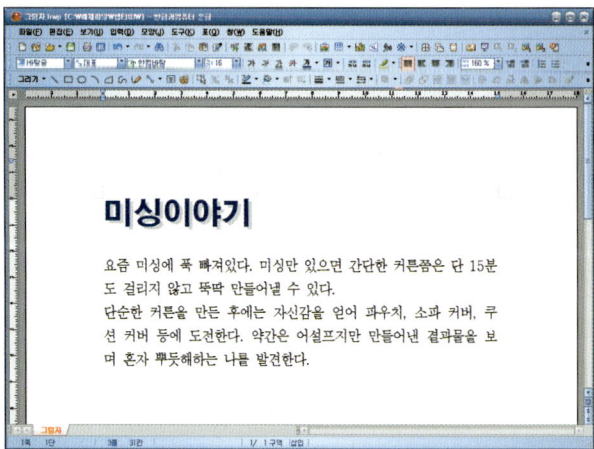

> **HINT** | • 미싱이야기 : [HY견고딕], [32pt], [RGB : 27,23,96]
> • 미싱이야기 그림자 : [비연속], [RGB : 214,214,214]
> • 본문 : [한컴바탕], [16pt], [장평]-[95%], [자간]-[-10]

04
혼자해보기

도구 상자를 이용하여 글꼴 모두를 진한 이탤릭체로 설정해 보자.

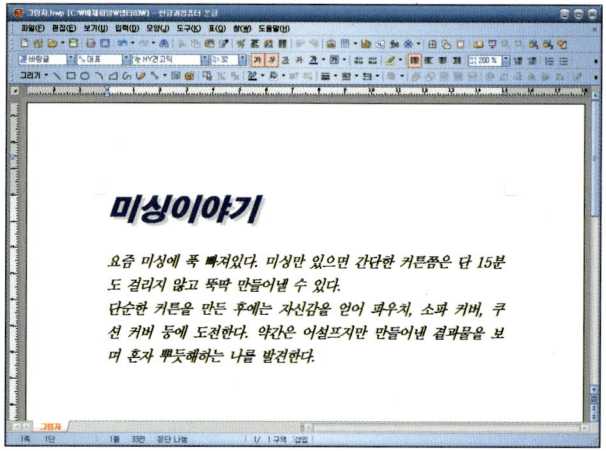

HINT | Ctrl + A 를 눌러 문서 전체를 선택한 후 도구 상자에서 [진하게](가)와 [기울임](가)을 차례로 클릭한다.

05
혼자해보기

다음과 같이 텍스트 일부분에 점선 모양의 테두리를 만들어 보자.
[Ch03\글자테두리.hwp]

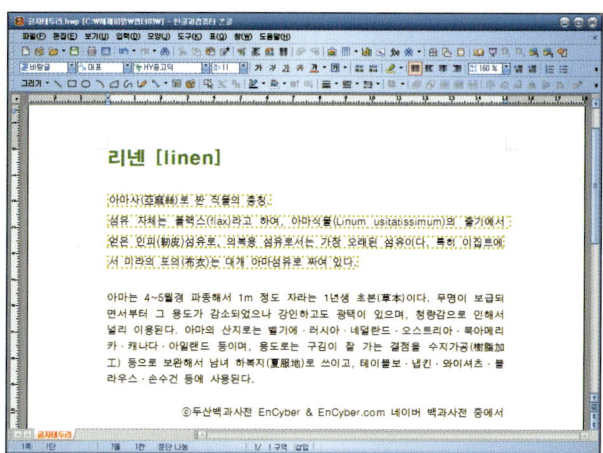

HINT | [모양] 메뉴의 [글자 모양] 대화상자의 [테두리/배경] 탭에서 테두리 종류를 점선으로 선택하고 굵기를 [0.5mm]로 지정한 후 색상을 [RGB : 204, 208, 0]으로 설정한다.

테두리가 만들어진 문단에 다음과 같이 회색 배경색을 적용해 보자.

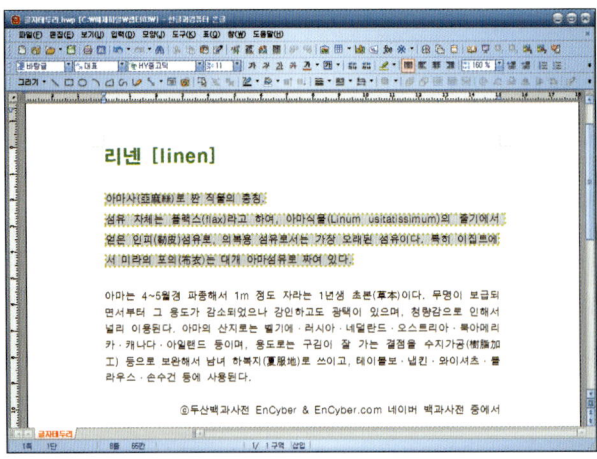

HINT | 배경색을 적용할 부분을 드래그하여 블록으로 지정한 후 [글자 모양] 대화상자의 [테두리/배경] 탭에서 배경의 [면 색]을 [RGB : 214, 214, 214]로 설정한다.

언어별로 다른 글꼴 지정하기   tip +

한글 2007에서는 한글과 영문 등과 같이 서로 다른 언어에 따라 다른 글꼴을 설정할 수 있다. [글자 모양] 대화상자의 [기본] 탭의 [언어별 설정]에서 언어를 선택하고 글꼴을 지정하면 블록으로 선택한 텍스트 중에서 해당 언어만 글꼴이 변경된다.

문단 모양 꾸미기

문서에 내용을 입력할 때 Enter를 눌러 줄이 바뀐 부분을 하나의 문단이라고 한다. 문단의 모양을 변경하려면 [모양] 메뉴의 [문단 모양]을 클릭하거나 바로 가기 키인 Alt+T를 눌러 [문단 모양] 대화상자를 불러와야 한다. 여기서는 문단의 정렬 방식과 줄 간격, 앞 뒤 여백 등을 변경하는 방법을 알아본다.

○ 알아두기

블록으로 선택한 문단의 모양을 변경하기 위해서는 [모양] 메뉴의 [문단 모양]을 클릭하거나 바로 가기 키인 Alt+T를 눌러 [문단 모양] 대화상자를 불러와야 한다. 문단을 선택하지 않은 경우에는 커서가 위치한 문단의 모양에 설정한 내용이 적용된다.

따라하기 01 **문단 모양 바꾸기**

제목 부분을 문단의 기운데에 정렬시키고 전체 줄 간격을 '160%'로 설정해 보사.
[Ch03\문단모양.hwp]

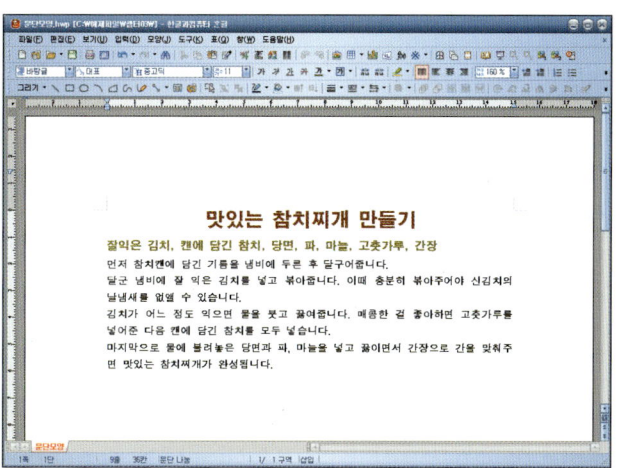

❶ 문단 모양을 바꿀 제목 부분을 드래그하여 블록으로 지정하거나 문단에 커서를 위치시킨다.

❷ [서식] 도구 상자의 [가운데 정렬]을 클릭한다. 제목이 문단의 가운데로 정렬된다.

❸ Ctrl+A를 눌러 문서 전체를 선택하고 [모양] 메뉴의 [문단 모양]을 클릭하거나 바로 가기 키인 Alt+T를 누른다.

❹ [문단 모양] 대화상자의 [기본] 탭에서 [줄 간격]을 [글자에 따라]로 설정한 후 간격을 '160%'로 입력하고 [설정] 단추를 클릭한다.

❺ 블록으로 선택한 문서 전체의 줄 간격이 '160%'로 설정된 것을 확인할 수 있다.

01

혼자해보기

다음과 같이 제목 아래 위치에 간격을 넓혀보자. [Ch03\문단간격.hwp]

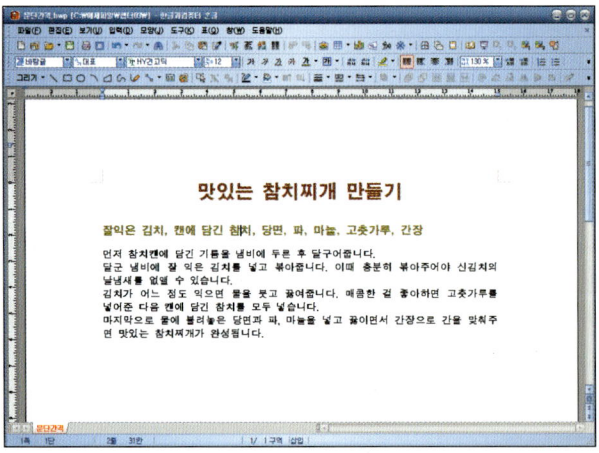

HINT | 제목 부분에 커서를 두고 [문단 모양] 대화상자에서 [문단 아래] 간격을 '20pt'로 입력한다. 재료 부분의 [문단 아래] 간격은 '10pt'로 입력한다.

02

혼자해보기

다음과 같이 만드는 과정이 입력된 문단에 내어쓰기를 적용해 보자. [Ch03\내어쓰기.hwp]

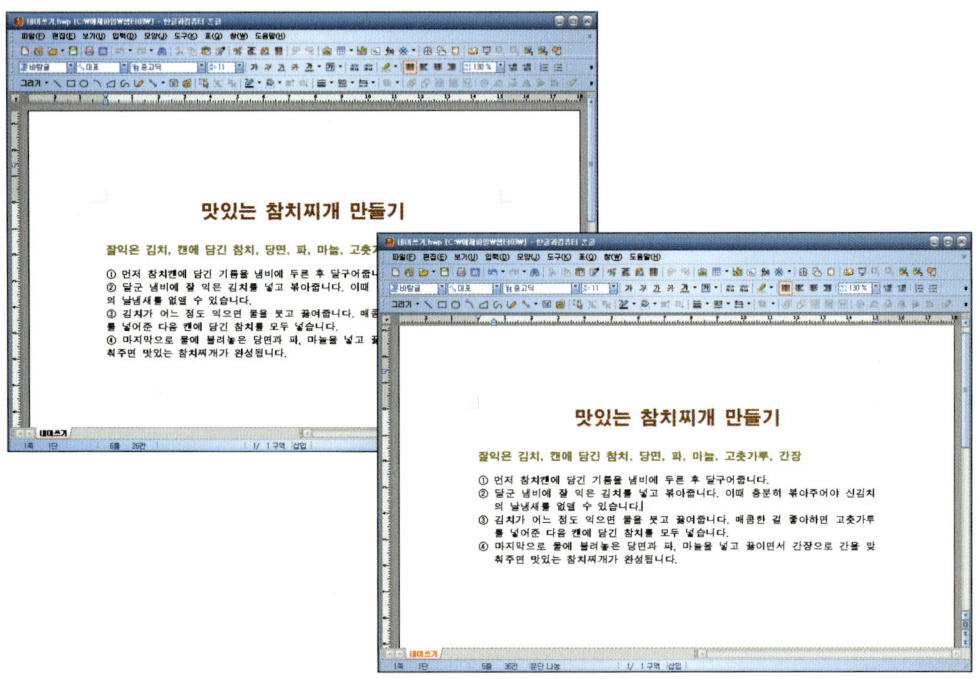

HINT | [문단 모양] 대화상자에서 첫 줄 내어쓰기를 '17'로 설정한다.

03 혼자해보기

다음과 같이 아래 줄에 위치한 글자와 그림의 상단 부분을 기준으로 정렬해 보자.
[Ch03\세로정렬.hwp]

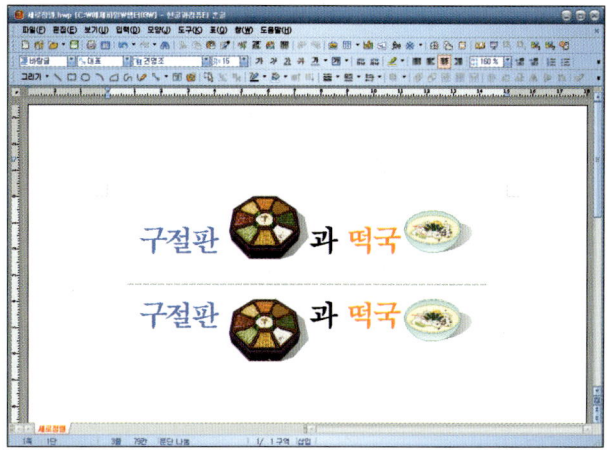

HINT | [문단 모양] 대화상자의 [확장] 탭에서 [세로 정렬]을 [위]로 설정한다.

04 혼자해보기

다음과 같이 문단을 시작하는 첫 글자의 크기와 글꼴 및 색상을 바꿔보자.
[Ch03\첫글자장식.hwp]

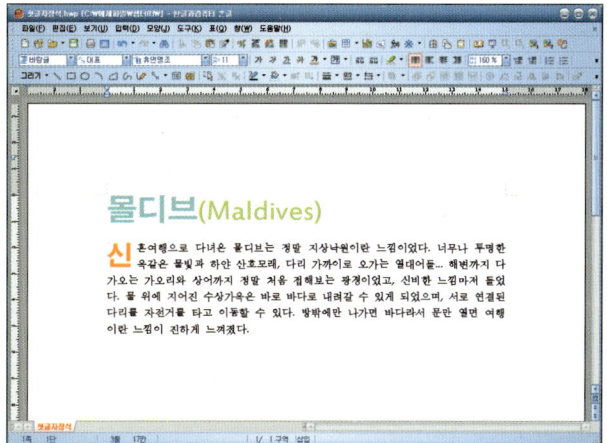

HINT | [모양] 메뉴의 [문단 첫 글자 장식]을 클릭한 후 [모양]을 두 줄 크기로 선택하고 글꼴을 [HY 견고딕]으로 설정한 다음 본문과의 간격을 [1mm]로 설정한다. 문단을 블록으로 선택한 경우 [모양] 메뉴의 [문단 첫 글자 장식] 명령은 실행할 수 없다. 반드시 블록으로 선택하지 않고 커서를 위치한 후 명령을 실행해야 한다.

다음과 같이 점선으로 연결된 탭을 설정하여 페이지 번호를 문단의 오른쪽에 정렬시켜 보자. [Ch03\탭설정.hwp]

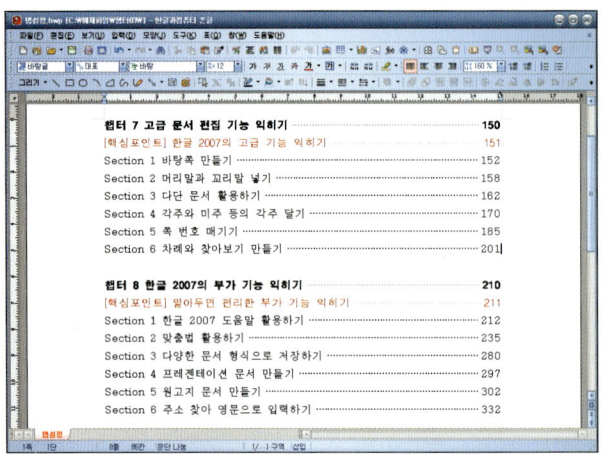

HINT | [문단 모양] 대화상자의 [탭 설정] 탭에서 [탭 위치]에 '425'를 입력하고 종류를 [오른쪽]으로 선택한다. [채울 모양]을 가운데 점으로 선택하고 [설정] 단추를 클릭한다.

탭의 오른쪽 위치 설정하기   tip +

문단의 맨 오른쪽 끝에 탭을 설정할 경우 [문단 모양]의 탭 위치 입력란에 입력할 수 치의 한계를 모른다면 경우 '3000' 등의 아주 큰 숫자를 입력하고 [설정] 단추를 클릭하면 다음과 같은 메시지가 나타난다. 메시지에서 현재 문단의 맨 오른쪽 위치를 확인한 후 탭 위치에 입력하면 문단의 맨 오른쪽 위치를 쉽게 설정할 수 있다.

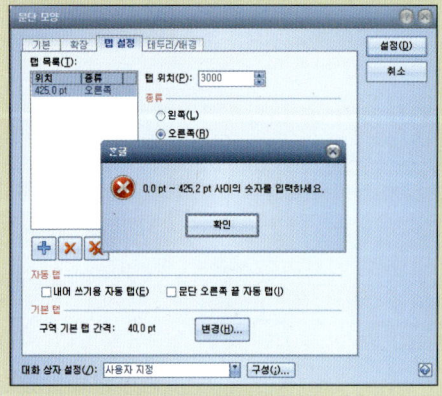

Section 3

모양 복사 활용하기

모양 복사 기능은 문서 내용 중에서 현재 커서 위치에 설정된 글자 모양이나 문단 모양, 표 모양 등을 그대로 복사한 후 블록으로 지정한 다른 곳에 복사한 모양을 그대로 적용할 수 있는 편리한 기능이다. 여기서는 모양 복사 기능에 대해 알아본다.

> ● 알아두기
>
> 복사할 모양이 설정된 위치에 커서를 두고 [모양] 메뉴의 [모양 복사]를 클릭하거나 바로 가기 키인 Alt + C 를 누른다. 복사한 모양을 적용할 텍스트를 드래그하여 블록으로 지정하고 [모양] 메뉴의 [모양 복사]를 클릭하거나 바로 가기 키인 Alt + C 를 누르면 복사해 놓은 모양이 선택된 부분에 그대로 적용된다.

따라하기 **01** ▌ **모양 복사하기**

모양 복사를 이용해 첫 번째 제목의 글자 모양과 문단 모양을 두 번째 제목에 복사해 보자. [Ch03\모양복사.hwp]

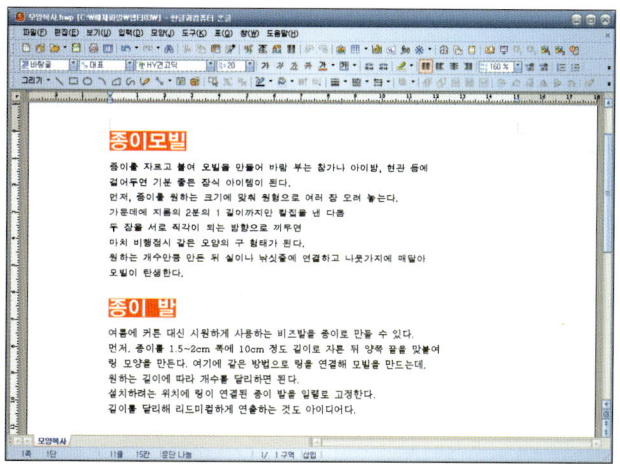

❶ 복사할 첫 번째 제목 글자 가운데 커서를 두고 [모양] 메뉴의 [모양 복사]를 클릭하거나 바로 가기 키인 Alt + C 를 누른다.

❷ [모양 복사] 대화상자에서 [글자 모양]을 체크하고 [복사] 단추를 클릭한다.

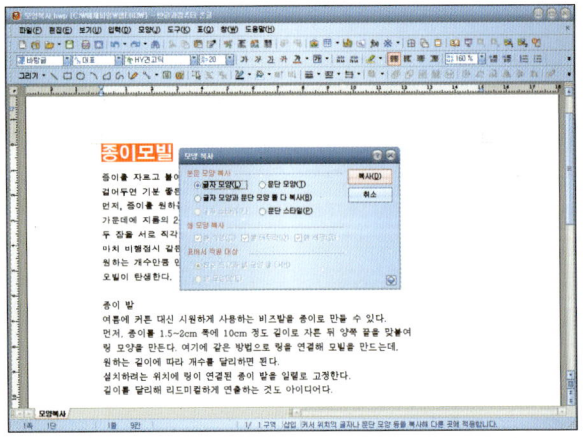

❸ 복사해 놓은 모양을 적용할 두 번째 제목을 드래그하여 블록으로 지정하고 [모양] 메뉴의 [모양 복사]를 클릭한다.

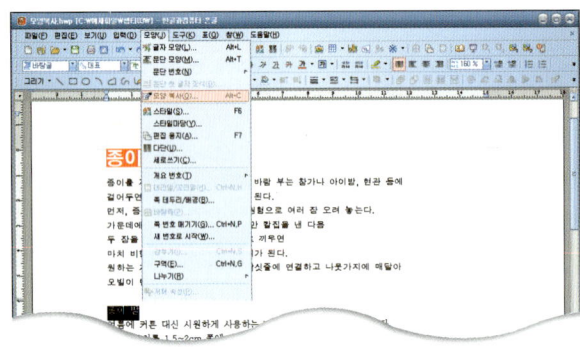

❹ 블록으로 선택되어 있는 두 번째 제목에 복사해 놓은 글자 모양이 복사되어 첫 번째 제목과 같은 모양으로 변경된다.

표 안에서의 모양 복사하기   tip ➕

글자의 모양이나 문단의 모양을 그대로 복사할 수 있는 [모양 복사] 기능은 표 안에서도 활용할 수 있다. 표 안에 입력한 내용에 커서를 두고 Alt + C 를 누른 후 다른 셀을 선택하고 Alt + C 를 누르면 [모양 복사] 대화상자가 나타난다. 복사할 내용을 선택하고 [복사] 단추를 클릭하면 복사해 놓은 셀 모양과 글자 모양 등이 그대로 복사된다.

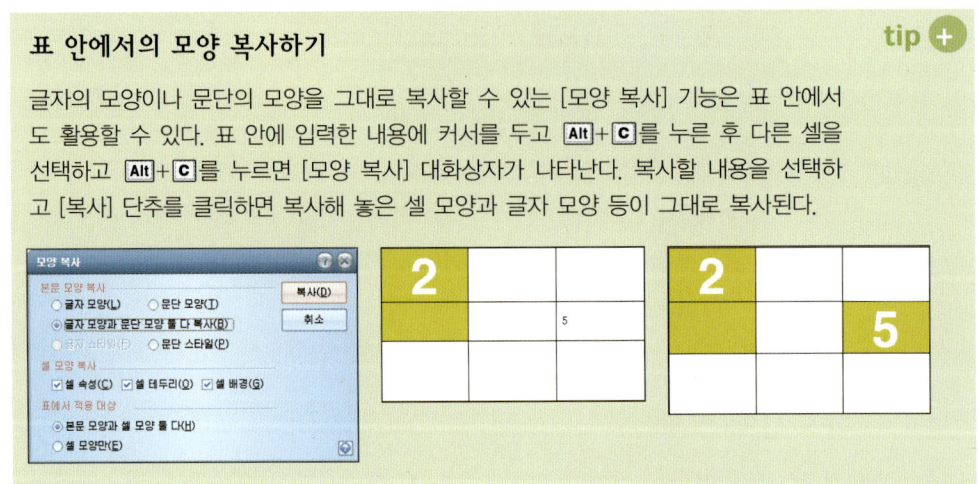

01
혼자해보기

검정 음영색이 설정된 글자 모양을 복사하여 아래의 '링을 연결해'에 적용해 보자.
[Ch03\모양복사2.hwp]

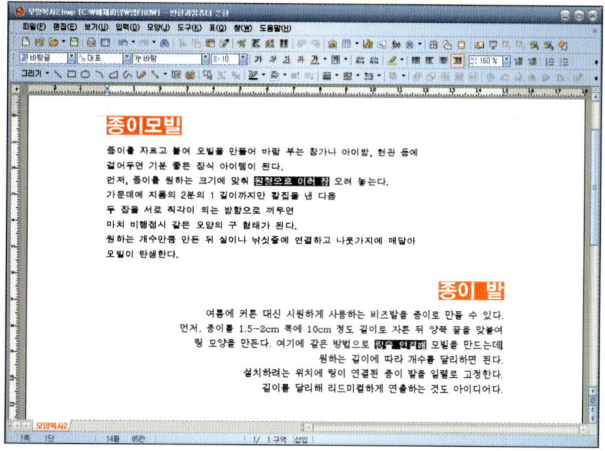

HINT | [모양 복사] 대화상자에서 [글자 모양]을 선택한다.

02
혼자해보기

모양 복사 기능을 이용해 '링이 연결된 종이 발'의 글자 모양과 문단 모양을 '원형으로 여러 장'과 같은 모양으로 바꿔보자.

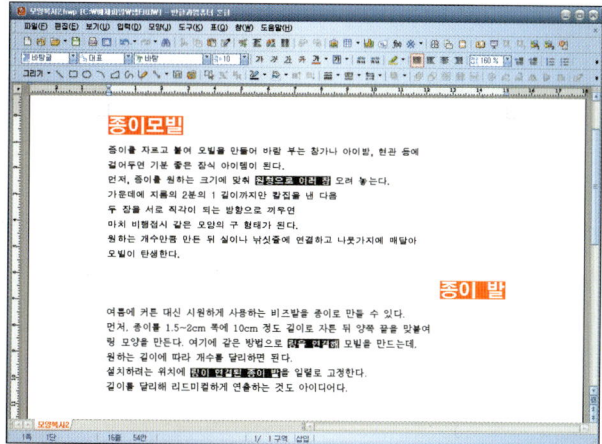

HINT | [모양 복사] 대화상자에서 [글자 모양과 문단 모양 둘 다 복사]를 선택한다.

4

스타일 활용하기

[스타일] 기능은 글자 모양이나 문단 모양을 [스타일]로 등록해 놓은 후 선택한 부분에 반복적으로 빠르게 적용할 수 있는 기능이다. 또한 스타일을 수정하면 문서에 적용된 모든 부분의 모양이 일괄적으로 변경된다. 여기서는 스타일을 만들고 적용하는 방법에 대해 알아본다.

> ◉ 알아두기
>
> [모양] 메뉴의 [스타일]을 클릭하거나 바로 가기 키인 F6을 눌러 [스타일] 대화상자를 표시해야 한다. 스타일을 새로 등록하거나 등록한 스타일을 수정하거나 삭제할 수 있다.

따라하기 ── 01 ── **스 타 일 적 용 하 기**

바탕체로 입력된 문서의 모든 글자 모양을 스타일 기능을 이용하여 휴먼명조체로 바꿔보자. [Ch03\스타일.hwp]

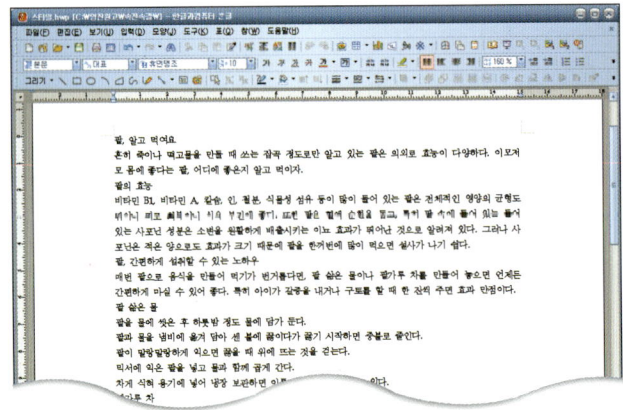

❶ [모양] 메뉴의 [스타일]을 클릭하여 불필요한 스타일을 모두 삭제한다. 삭제할 때는 스타일을 선택하고 [스타일 삭제하기] 단추를 클릭하여 삭제한다. [바탕글] 스타일 외의 모든 스타일을 삭제하고 [새 스타일 만들기]를 클릭한다.

> **스타일 삭제하기**   tip ➕
>
> 한글 2007에서는 새로운 문서를 만들면 기본적으로 스타일이 등록되어 있다. 기본적으로 설정되어 있는 스타일을 그대로 사용하거나 수정하여 사용할 수 있으며, 삭제한 후 새로운 스타일을 직접 등록하여 사용할 수도 있다. [모양] 메뉴의 [스타일]을 클릭한 후 삭제할 스타일을 선택하고 [스타일 삭제하기]를 클릭하면 해당 스타일을 목록에서 삭제할 수 있다. 다만, [바탕글] 스타일은 삭제할 수 없다.

❷ [스타일 추가하기] 대화상자에서 [글자 모양] 단추를 클릭한다.

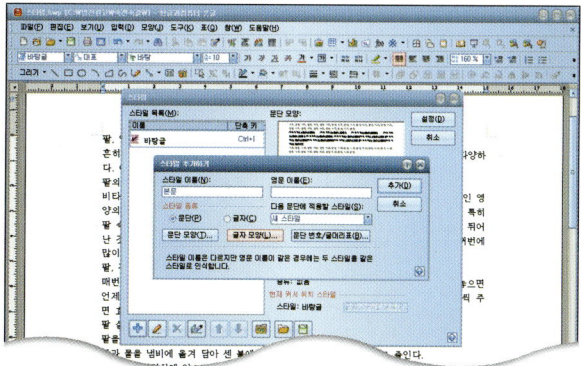

❸ [글자 모양] 대화상자에서 글꼴을 [휴먼명조]로 선택하고 [자간]을 '-10%'로 입력한 후 [설정] 단추를 클릭한다.

❹ [스타일 추가하기] 대화상자가 나타나면 [추가] 단추를 클릭한다. [스타일] 대화상자의 [취소] 단추를 클릭하여 [스타일] 대화상자를 닫는다.

❺ Ctrl + A 를 눌러 문서 전체를 블록으로 지정한 후 [스타일] 대화상자에서 [본문] 스타일을 선택하고 [설정] 단추를 클릭하여 등록한 스타일을 선택 영역에 적용한다.

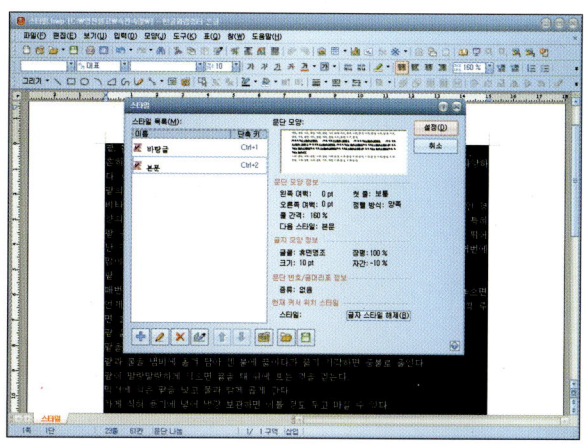

스타일의 [단축 키] 지정과 스타일 위치 바꾸기   tip +

[스타일 목록]에 표시된 [단축 키]를 클릭하면 곧바로 해당 스타일을 적용할 수 있다. 두 개 이상의 문단에 스타일을 적용할 경우에는 블록으로 선택해야 하지만 하나의 문단에만 적용할 경우에는 커서만 위치시킨 후 스타일을 적용하면 해당 문단에 스타일이 설정된다. 또한 열 개 이상의 스타일이 등록되면 Alt + O 이후의 스타일은 [단축 키]로 설정할 수 없으며, [스타일] 대화상자나 도구 상자에서 설정해야 한다. 이런 경우 자주 사용하는 스타일을 목록에서 [단축 키]를 사용할 수 있는 위치로 이동할 수 있다. 이동할 스타일을 목록에서 선택하고 [한 칸 위로 이동하기]와 [한 칸 아래로 이동하기]를 클릭하여 원하는 [단축 키] 위치에 놓을 수 있다.

01

혼자해보기

[소제목] 스타일을 수정하여 문단 위에 간격을 만들어 보자. [Ch03\스타일2.hwp]

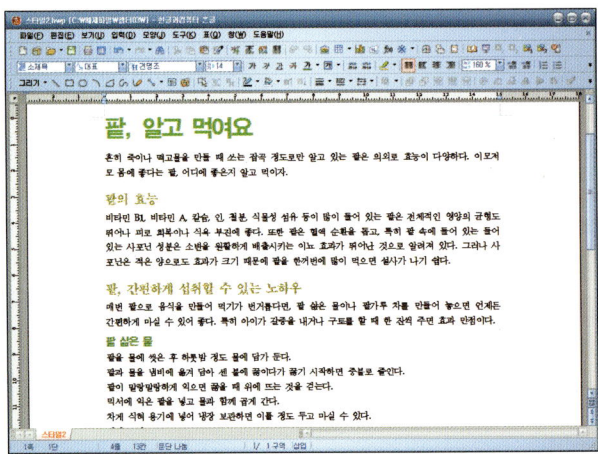

HINT | [스타일] 대화상자에서 [소제목] 스타일의 문단 모양의 문단 위 간격을 '10pt'로 수정한다.

02

혼자해보기

'팥 삶은 물'의 글자 모양과 문단 모양을 [종류] 스타일 모양으로 등록한 후 '팥 가루 차'에도 적용해 보자.

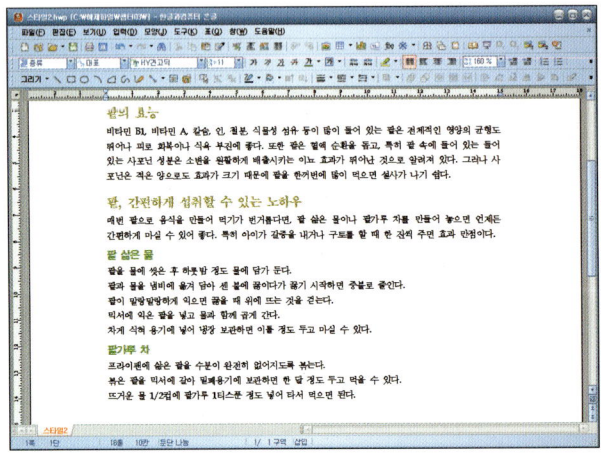

HINT | [종류] 스타일을 선택하고 [현재모양으로 바꾸기]를 클릭하여 스타일 모양을 변경한다.

03

혼자해보기

글자 스타일을 만들어 다음과 같이 '사포닌 성분', '설사가 나기 쉽다', '구토를 할 때 한 잔씩'의 텍스트를 붉은 색으로 강조해 보자.

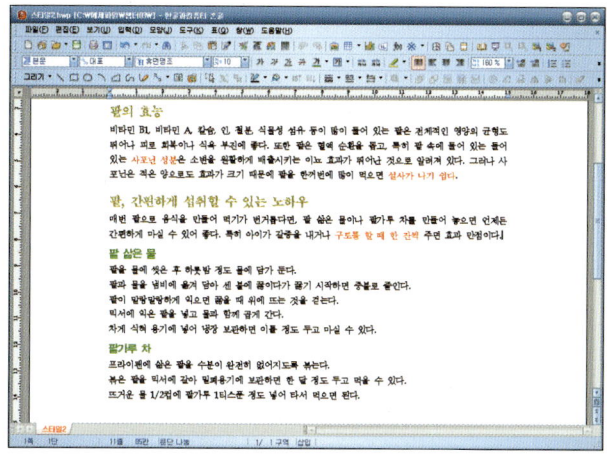

HINT | [스타일 편집하기] 대화상자에서 [스타일 종류]를 [글자]로 선택하고 글자 모양에서 글꼴을 견명조로 설정하고 색상을 빨간색으로 설정한다. 다른 강조할 텍스트를 드래그하여 선택하고 [단축 키]인 Ctrl + 5 를 눌러 글자 스타일을 적용한다.

[스타일마당] 살펴보기

tip +

한글 2007에는 기본적으로 제공하는 스타일을 모아놓은 [스타일마당]이 있다. [스타일마당]은 논문, 단행본, 보고서, 신문 등의 스타일로 구성되어 있으며, 각 [스타일마당]에는 여러 개의 다양한 스타일이 등록되어 있다. 별도로 스타일을 만들지 않고도 [스타일마당]을 활용해 멋진 문서를 쉽게 완성할 수 있다. 스타일 이름을 클릭하면 [미리 보기]에서 개요 모습을 확인할 수 있다.

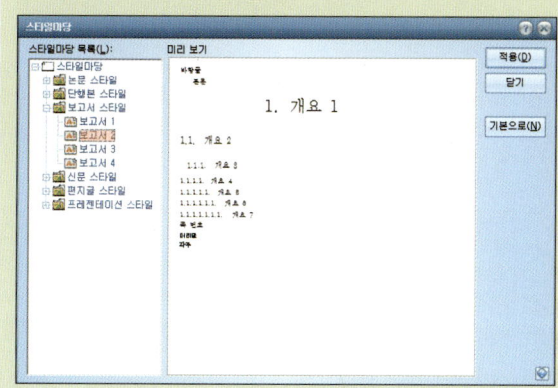

문단을 정리하는
문단 번호 및 글머리표 넣기

5

한글 2007에는 문단이 시작하는 맨 앞에 번호나 그림, 기호 등을 자동으로 넣을 수 있다. 개요 번호는 수준별로 구분하여 이어진 번호나 새로운 번호로 설정할 수 있으며, 글머리 그림은 사용자가 직접 만들어 넣을 수도 있다. 문서에 다양한 문단 번호나 글머리표를 입력하는 방법에 대해 알아본다.

> ● 알아두기
>
> [모양] 메뉴의 [문단 번호]를 클릭한 후 [문단 번호 모양]을 클릭하면 [문단 번호/글머리표] 대화상자가 나타난다. 이곳에서 문단의 번호 모양이나 글머리표 모양 등을 설정할 수 있다.

따라하기 01 그림 글머리표 넣기

다음과 같이 제목 부분의 앞머리에 노란 별 모양 그림 글머리표를 넣어보자.
[Ch03\문서번호.hwp]

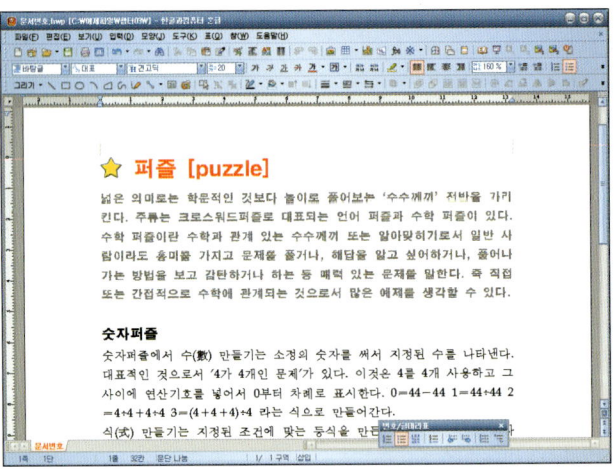

❶ 글머리표를 넣을 위치에 커서를 둔다.

❷ [모양] 메뉴의 [문단 번호]–[문단 번호 모양]을 클릭한다.

❸ [그림 글머리표] 탭으로 이동한 후 노란색 별 모양을 선택하고 [설정] 단추를 클릭한다.

❹ 커서가 위치한 문단의 맨 앞에 선택한 모양의 글머리표가 자동으로 나타난다.

01 혼자해보기

다음과 같이 [번호/글머리표] 도구 상자를 열어 '숫자퍼즐' 앞에 번호 1을 넣어보자.

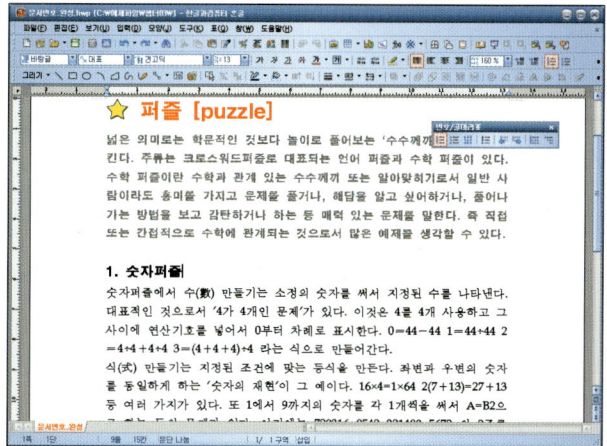

02 혼자해보기

다음과 같이 '숫자퍼즐'에 이어 '도형퍼즐' 앞에 번호 2를 넣어보자.

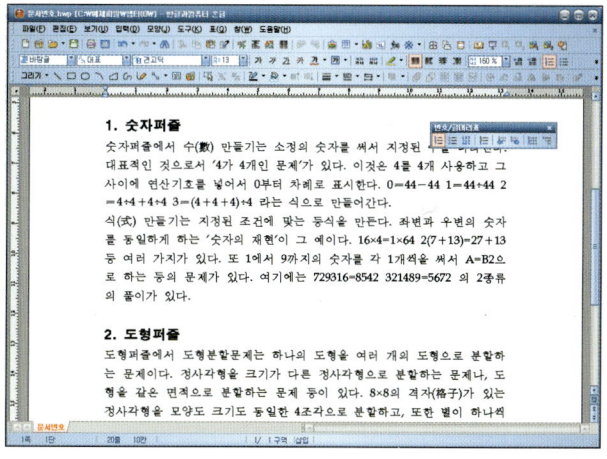

쪽 테두리와 배경으로 문서 꾸미기

한글 2007에서 문서를 만들 때 문서의 바탕이 되는 쪽에 테두리나 배경을 적용하여 꾸밀 수 있다. 배경으로는 한 가지 색상이나 그러데이션, 무늬, 그림 등을 이용할 수 있다. 쪽 테두리와 배경을 적용하는 다양한 방법에 대해 배워본다.

> ● 알아두기
>
> 문서에 테두리와 배경을 적용하기 위해서는 [모양] 메뉴의 [쪽 테두리/배경]을 클릭한다. [테두리] 탭과 [배경] 탭에서 다양한 모양으로 페이지를 꾸밀 수 있다.

따라하기 **01** 페이지에 테두리 적용하기

다음과 같이 페이지의 가장자리에 회색의 테두리를 만들어 보자.
[Ch03\페이지꾸미기.hwp]

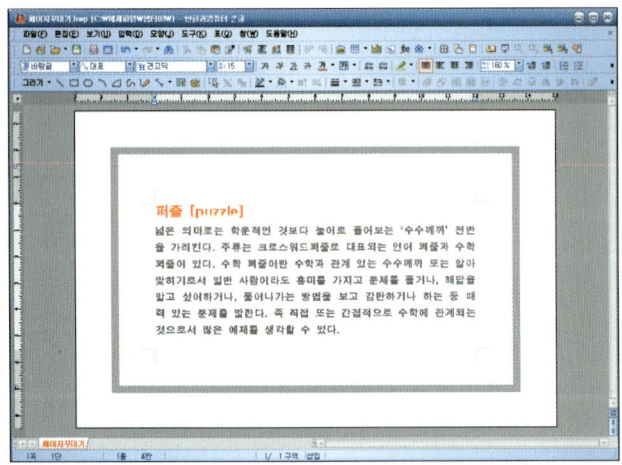

❶ [모양] 메뉴의 [쪽 테두리/배경]을 클릭한다.

❷ [쪽 테두리/배경] 대화상자의 [테두리] 탭에서 상하좌우 테두리 모두를 체크한다. 테두리의 [종류]를 [실선]으로 선택하고, [굵기]를 '3mm'로 선택한 후 [색]을 [회색]으로 설정한다.

❸ 테두리의 [위치]를 [종이 기준]으로 체크하고 상하좌우 모든 간격을 '15mm'로 설정한다.

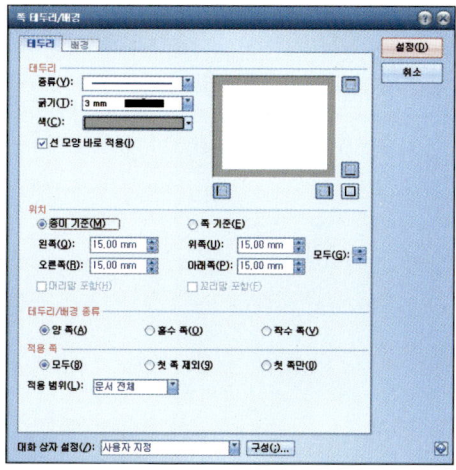

❹ [설정] 단추를 클릭하여 대화상자를 닫으면 페이지의 가장자리에 테두리가 만들어진 것을 확인할 수 있다.

01
혼자해보기

테두리가 설정된 문서에 쪽 배경 색을 연한 파란색으로 넣어보자.
[Ch03\페이지배경.hwp]

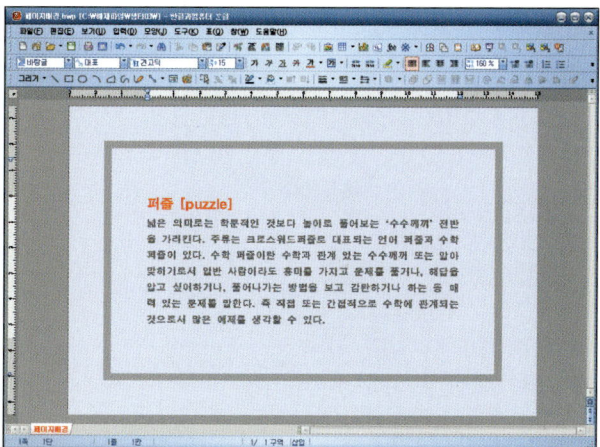

HINT | [배경] 탭에서 [면 색]을 [RGB:224,229,250]로 설정한다.

02

혼자해보기

한 가지 색으로 설정된 페이지 배경 색을 다음과 같이 그러데이션으로 바꿔보자.

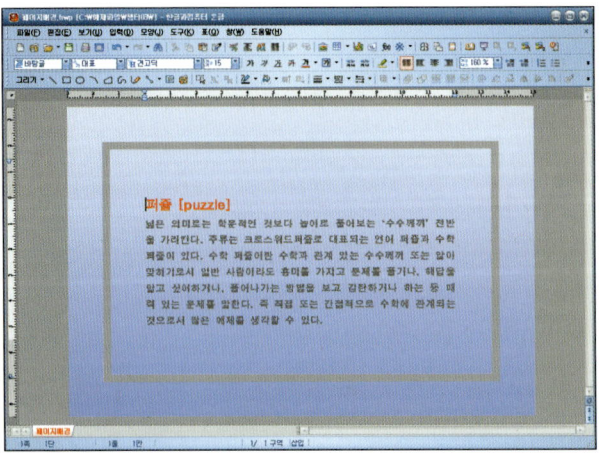

HINT | [배경] 탭에서 [그러데이션]을 선택하고 [시작 색]을 [RGB : 224,229,250]로, [끝 색]은 [RGB : 136,161,235]로 설정한다.

03

혼자해보기

다음과 같이 페이지의 배경 색을 없애고 배경 그림을 넣어보자.
[Ch03\퍼즐.bmp]

HINT | [색 채우기 없음]으로 설정하여 배경색을 없앤 다음 [그림]을 체크하여 '퍼즐.bmp'를 배경 그림으로 적용한다. 이때 [채우기 유형]을 [오른쪽 아래로]로 설정한다.

배경 색상과 배경 그림 적용하기 tip +

페이지에 배경 색상과 배경 그림을 동시에 적용할 수 있다. 두 가지를 함께 설정했을 경우 우선순위는 다음 그림과 같이 배경 그림이 된다.

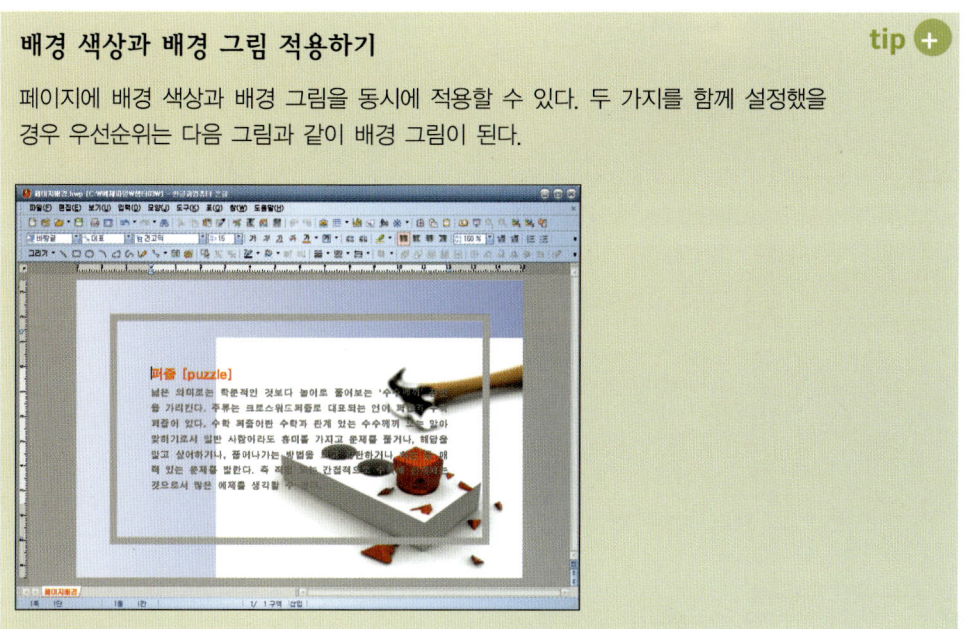

04
혼자해보기

다음과 같이 문서의 쪽 배경으로 넣은 그림을 투명하게 조절해 보자.

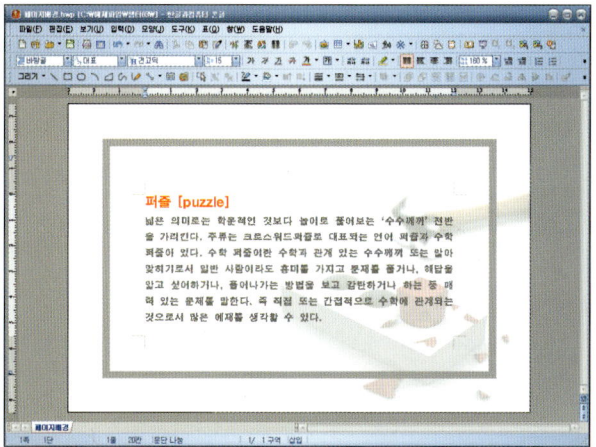

HINT | [쪽 테두리/배경] 대화상자의 [배경] 탭에서 [투명도 설정]을 '80%'로 설정한다.

배경 그림이 설정되어 있을 때에도 간혹 [투명도 설정]이 비활성화될 경우가 있다. 이런 경우 [그림] 체크 박스를 클릭하여 체크를 해제했다가 다시 체크하면 활성화되어 투명도 수치를 입력할 수 있다.

1. 글자 모양 꾸미기

- 글자 모양을 변경할 부분을 드래그하여 선택하고 [모양] 메뉴의 [글자 모양]을 클릭하거나 바로 가기 키인 Alt + L 을 누른다. 또는 기본 도구 상자에서 [글자 모양]을 클릭한다.
- [글자 모양] 대화상자는 [기본], [확장], [테두리/배경] 탭으로 구성되어 있다. 글꼴이나 색상, 글자 크기, 자간 등은 [기본] 탭에서, 그림자나 밑줄 등은 [확장] 탭에서, 선택한 글자에 테두리나 배경색은 [테두리/배경] 탭에서 설정할 수 있다.

2. 문단 모양 꾸미기

- 문단 모양을 변경할 부분의 문단을 드래그하여 블록으로 지정하고 [모양] 메뉴의 [문단 모양]을 클릭하거나 바로 가기 키인 Alt + T 를 누른다.
- [문단 모양] 대화상자는 [기본], [확장], [탭 설정], [테두리/배경]의 네 가지 탭으로 구성되어 있다.
- 문단 정렬 방식이나 줄 간격, 앞 뒤 간격 등은 [기본] 탭에서, 개요 번호나 글머리표 등은 [확장] 탭에서, 탭에 관한 내용을 [탭 설정] 탭에서, 선택한 문단에 배경이나 테두리를 넣을 때는 [테두리/배경] 탭에서 각각 내용을 설정할 수 있다.

3. 모양 복사 활용하기

- 모양을 복사할 부분에 커서를 두고 [모양] 메뉴의 [모양 복사]를 클릭하거나 바로 가기 키인 Alt + C 를 누른다.
- 본문의 글자 모양이나 문단 모양 등의 복사할 내용을 선택하고 [복사] 단추를 클릭한다. 커서가 표 안에 위치한 경우에는 [셀 모양 복사]도 설정할 수 있다.
- 복사한 모양을 적용할 부분을 드래그하여 블록으로 지정하고 바로 가기 키인 Alt + C 를 누르면 복사한 모양과 동일한 모양으로 변경된다.

4. 스타일 활용하기

- [모양] 메뉴의 [스타일]을 클릭하거나 바로 가기 키인 F6 을 눌러 [스타일] 대화상자를 불러온다.
- [스타일] 대화상자에서 새로운 스타일을 추가하거나 수정할 수 있으며 삭제할 수도 있다.

- 적용할 스타일을 선택하고 [설정] 단추를 클릭하면 커서가 위치한 문단이나 선택되어 있는 문단에 스타일이 적용된다.
- 완성한 스타일은 다른 문서로 보내 사용하거나 다른 문서의 스타일을 가져와 사용할 수도 있다.

5. 문서에 자동 번호 매기기

- [모양] 메뉴의 [문단 번호]를 클릭하면 문단의 맨 앞에 자동으로 번호를 매기거나 글머리표를 넣을 수 있다.
- 자신이 직접 만든 그림도 문단의 그림 글머리표로 삽입할 수 있다.

6. 쪽 테두리와 배경으로 문서 꾸미기

- [모양] 메뉴의 [쪽 테두리/배경]을 클릭하면 두 개의 탭으로 구성되어 있는 [쪽 테두리/배경] 대화상자가 나타난다.
- 테두리의 종류와 위치는 [테두리] 탭에서, 배경 색이나 배경 그림 등은 [배경] 탭에서 각각 설정할 수 있다.

1. 다음과 같이 '팥'글자에는 배경색을 넣고 '알고 먹여요'는 글자 색상을 바꿔 보자. [Ch03\종합실습1.hwp]

> **HINT** | '팥' 글자의 배경색을 설정한 후 자간을 '0%'로 적용한다.

2. 다음과 같이 제목 부분은 문단의 가운데로 정렬하고 만드는 과정은 문단 아래 간격으로 설정해 보자. [Ch03\종합실습2.hwp]

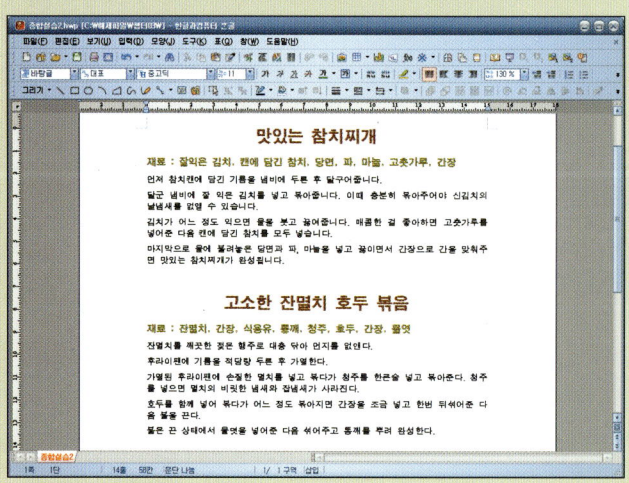

> **HINT** | 제목 부분은 [가운데 정렬], [문단 모양]에서 문단 뒤 간격을 '5pt'로 설정한다.

3. 제목 부분과 만드는 과정을 각각 새로운 스타일로 추가하고, 만드는 과정에는 문단 앞에 자동으로 번호를 매겨보자.

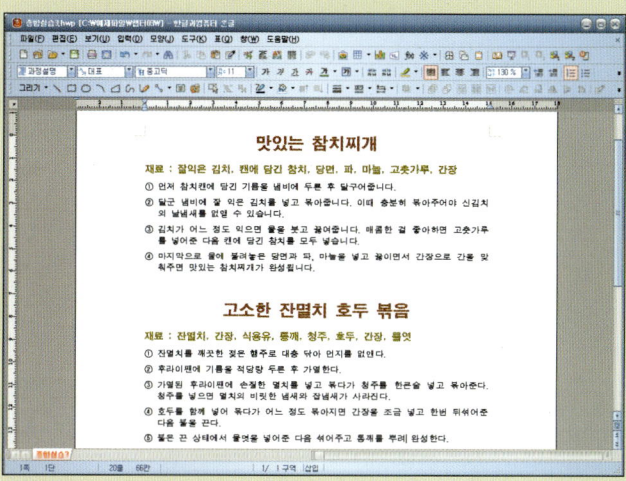

HINT | [스타일] 대화상자에서 [새 스타일 추가하기]를 클릭하여 각각 [음식이름]과 [과정설명]으로 추가한다. [과정설명] 스타일에 [문단 번호/글머리 표]를 추가하고 멸치 호두 볶음 부분은 새로운 번호로 시작하도록 설정한다.

4. 다음과 같이 완성된 문서에 쪽 테두리와 배경 그림을 넣어보자.
[Ch03\종합실습4.hwp, 배경.jpg]

HINT | '배경.jpg' 그림을 [크기에 맞추어]로 설정한다. 파선 모양의 테두리를 검은색으로 설정한다.

CHAPTER

4

편집에 속도를 붙여주는
편리한 기능 활용하기

한글 2007에서 문서를 입력할 때 상용구나 매크로 등의 기능을 활용하면 반복되는 작업이나 내용을 쉽게 입력할
수 있다. 여기서는 이와 같은 편리한 기능과 책갈피, 하이퍼링크, 인쇄 방법 등에 대해 배워본다.

편집 작업을 좀더 빠르게
도와주는 기능 익히기

4

문서를 작성하다 보면 반복해서 입력하거나 반복해서 명령을 적용해야 하는 경우가 있다. 또한 원하는 쪽이나 스타일로 커서를 이동하여 살펴봐야 하는 경우도 생긴다. 여기서는 이처럼 문서 편집을 위해 필요한 편리한 기능을 소개하고 완성된 문서를 인쇄하는 방법도 함께 알아본다.

Chapter

01 [상용구]대화상자 살펴보기

상용구는 자주 반복되는 긴 단어나 긴 문장 등을 준말로 등록해 놓고 사용할 수 있는 기능이다. [입력] 메뉴의 [상용구]-[상용구 내용]을 실행한 후 [글자 상용구]를 직접 등록하여 사용할 수 있다. 단, [본문 상용구]는 문서에서 우선 등록할 문단을 블록으로 지정한 후 [입력] 메뉴의 [상용구]-[상용구 내용]을 실행해야 상용구로 등록할 수 있다.

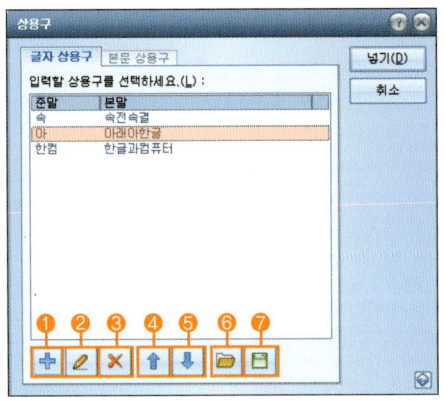

❶ **상용구 추가하기** : '준말'과 '본말'을 입력하여 새로운 상용구를 추가한다.

❷ **상용구 편집하기** : 선택한 상용구의 내용을 수정한다.

❸ **상용구 지우기** : 선택한 상용구를 목록에서 삭제한다.

❹ **한 줄 위로 이동하기** : 선택한 상용구의 위치를 상용구 목록에서 한 줄 위로 이동한다.

❺ **한 줄 아래로 이동하기** : 선택한 상용구의 위치를 상용구 목록에서 한 줄 아래로 이동한다.

❻ **글자 상용구 불러오기** : 저장해 놓은 상용구를 불러온다.

❼ **글자 상용구 저장하기** : 등록해 놓은 상용구 목록을 파일로 저장한다.

02 [찾아 바꾸기] 대화상자 살펴보기

찾아 바꾸기 기능으로는 문서의 내용 중 단어를 찾아 지정한 단어로 자소 단위까지 검색이 가능하며, 같은 음을 가진 한글과 한자를 동시에 검색할 수도 있다. 검색한 단어를 일괄적으로 다른 단어로 변환할 수도 있다.

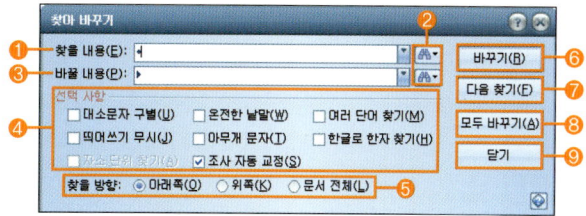

❶ **찾을 내용** : 문서에 입력된 내용 중 찾을 내용을 입력한다.

❷ **서식 찾기** : 글꼴이나 글자 색상 등의 특정 서식을 설정하여 서식이 적용된 내용만 검색한다.

❸ **바꿀 내용** : [찾을 내용]에 입력한 내용이 검색된 후 변경하고자 하는 내용을 입력한다.

❹ **선택 사항** : 특정 단어를 찾을 때 적용할 여러 가지 선택 사항을 설정한다.

❺ **찾을 방향** : 커서 위치를 기준으로 찾을 위치를 설정한다.

❻ **바꾸기** : [찾을 내용]에 입력한 내용을 [바꿀 내용]에 입력한 내용으로 변경한다.

❼ **다음 찾기** : 현재 찾은 단어 이후의 단어를 다시 찾는다.

❽ **모두 바꾸기** : 문서에 입력된 [찾을 내용]에 입력한 내용 모두를 [바꿀 내용]으로 모두 변경한다.

❾ **닫기** : [찾아 바꾸기] 대화상자를 닫는다.

03 [인쇄] 대화상자 살펴보기

작업이 완료된 문서를 종이에 인쇄하기 위해서는 [파일] 메뉴의 [인쇄]를 클릭한 후 [인쇄] 대화상자에서 다양한 속성을 설정한 후 인쇄하면 된다. [인쇄] 대화상자에서는 인쇄 영역과 매수, 방식 등을 설정할 수 있으며 바인더 구멍 모양을 설정하거나 누름틀, 형광펜 등의 기호도 선택하여 인쇄할 수 있다.

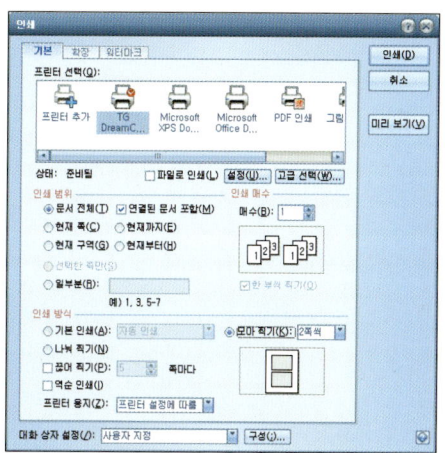

간편한 입력을 위한 상용구 활용하기

상용구는 하나의 글자나 짧은 단어를 입력한 후 특수문자나 긴 문장으로 자동 변환할 수 있는 기능이다. 상용구 기능을 이용하면 자주 사용하는 단어나 문장을 쉽게 반복해서 사용할 수 있다. 여기서는 상용구를 만들고 사용하는 방법에 대해 배워본다.

> ◉ 알아두기
>
> [입력] 메뉴의 [상용구]-[상용구 내용]을 클릭한 후 준말과 본말을 입력하여 등록한다. 준말을 입력하고 **Alt**+**I**를 누르면 본말로 자동 변환된다.

따라하기 **01** 상용구 등록하기

다음과 같이 '한컴' 두 글자를 입력한 후 자동으로 '한글과컴퓨터'로 변환할 수 있도록 상용구를 등록해 보자.

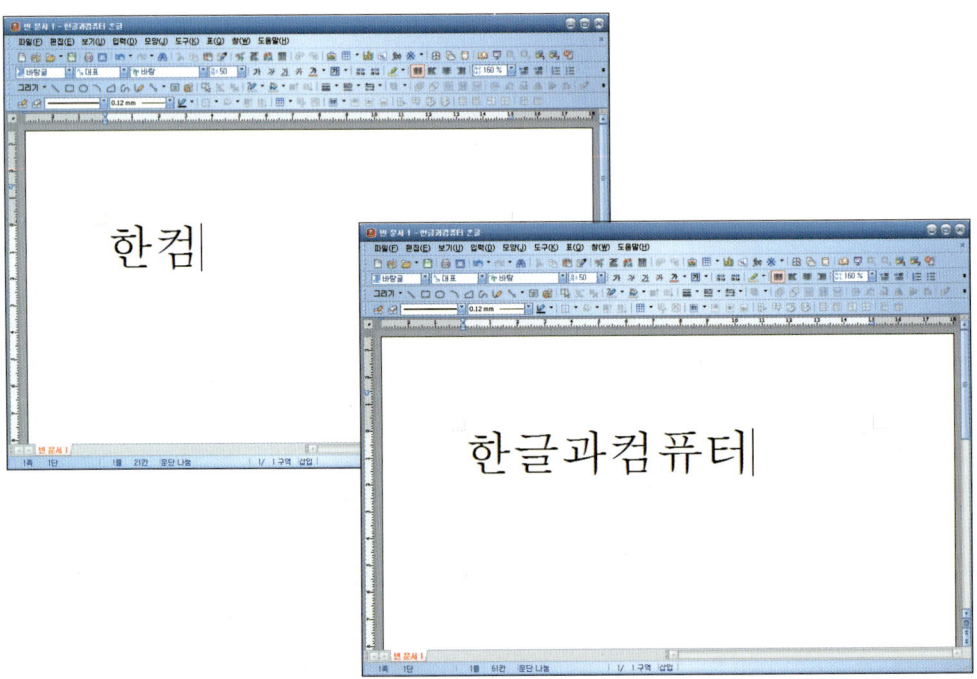

❶ '한컴' 두 글자를 입력하고 **Ctrl**+**A**를 눌러 입력한 두 글자를 블록으로 지정한다.

❷ [입력] 메뉴의 [상용구 등록]을 클릭하거나 바로 가기 키인 **Alt**+**I**를 눌러 [상용구 등록] 대화상자를 불러온다.

❸ 블록으로 지정한 '한컴' 두 글자가 [준말] 입력란에 나타난다. [본말]에 '한글과컴퓨터'를 입력한 후 [등록] 단추를 클릭한다.

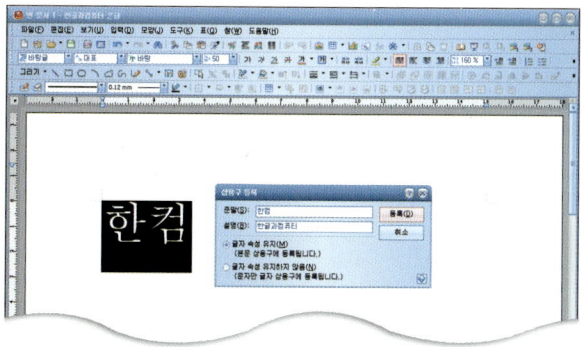

❹ '컴' 자 오른쪽에 커서를 두고 Alt + I 를 누르면 '한컴' 글자 대신 '한글과컴퓨터'가 입력된다.

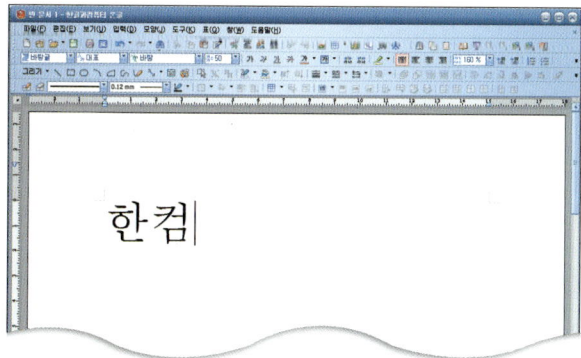

[상용구] 대화상자에서 상용구 등록하기 tip ➕

문서에 입력된 내용을 블록으로 지정하여 상용구로 등록할 수도 있지만, [상용구] 대화상자에서 직접 상용구를 등록할 수도 있다. [입력] 메뉴의 [상용구]-[상용구 내용]을 클릭한 후 [상용구 추가하기]를 클릭한다. [상용구 추가하기] 대화상자에서 [준말]과 [본말]을 입력하고 [설정] 단추를 클릭하면 상용구가 목록에 추가된다.

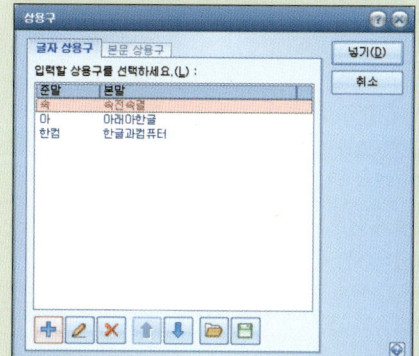
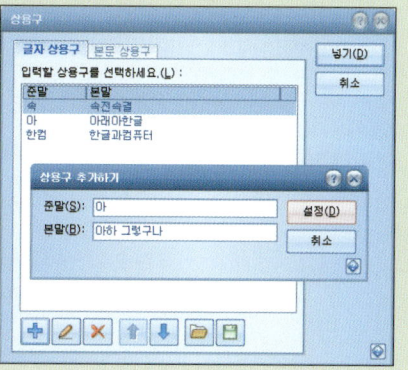

01

혼자해보기

다음과 같이 '속'이란 글자를 입력한 후 상용구로 등록하여 한자 '速戰速決'로 자동 변환해 보자.

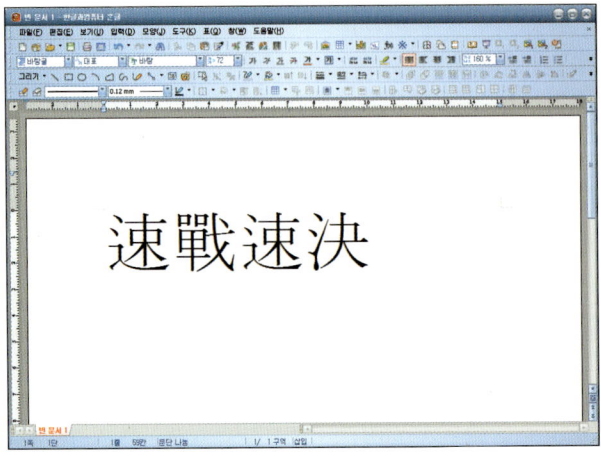

> **HINT** | [상용구] 대화상자에서 상용구의 [본말]을 입력할 때 한자로 입력한다. 한자 변환은 한글을 입력하고 [F9]를 눌러 변환할 수 있다.

02

혼자해보기

다음과 같이 상용구를 활용하여 특수문자로 한글과컴퓨터를 입력해 보자.

> **HINT** | [Ctrl]+[F10]을 눌러 [본말] 입력란에 특수문자를 넣을 수 있다. 사용한 특수문자는 [한글(HNC) 문자표] 탭의 [전각 기호(기타)]에 등록되어 있다.

03
혼자해보기

글자 모양이 그대로 유지한 채 상용구로 등록하고 적용해 보자.
[Ch04\속성상용구.hwp]

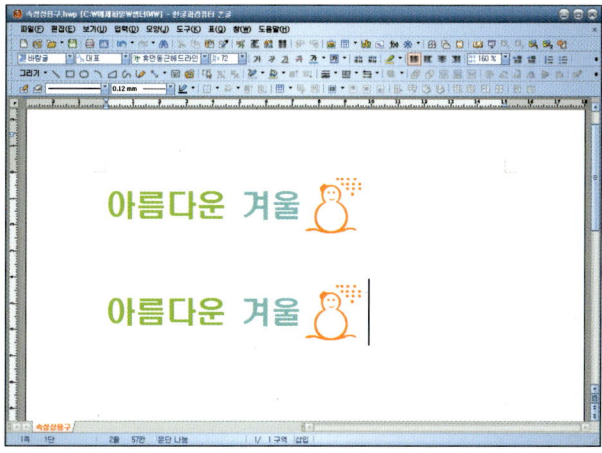

HINT | [상용구 등록] 대화상자에서 [글자 속성 유지]를 체크하고 [등록] 단추를 클릭한다

04
혼자해보기

다음과 같이 긴 문장을 글자 속성이 유지되지 않는 상용구로 등록하고 적용해 보자.
[Ch04\문단상용구.hwp]

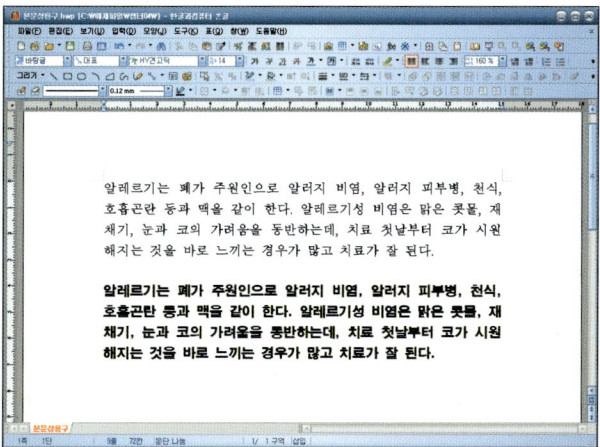

HINT | [상용구 등록] 대화상자에서 [글자 속성 유지하지 않음]을 체크하고 등록한다.

한글 2007에서는 상용구로 파일 이름이나 사용자 정보 등을 자동으로 입력할 수 있다. 다음과 같이 문서에 만든 사람과 현재 쪽, 만든 날짜 등을 입력해 보자.

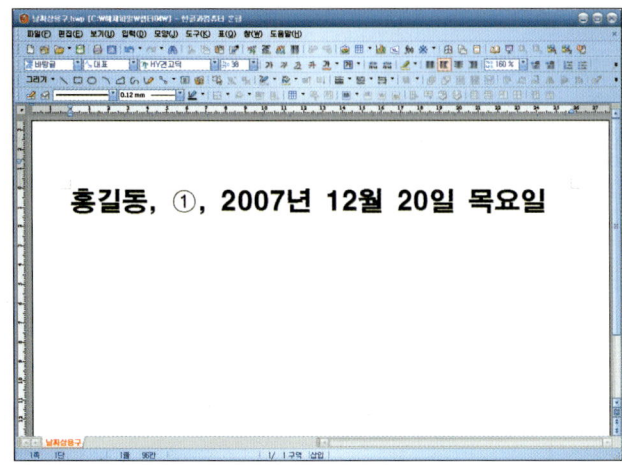

❶ 입력할 위치에 커서를 두고 [입력] 메뉴의 [상용구]-[만든 사람, 현재 쪽, 만든 날짜]를 클릭한다.

❷ 커서 위치에 선택한 내용의 문서 정보가 입력된다. 입력된 내용은 커서 위치에 설정된 글자 모양과 문단 모양이 적용된다.

❸ [입력] 메뉴의 [상용구]-[쪽 번호 모양]을 클릭하면 자동으로 입력되는 현재 쪽의 모양을 다른 모양으로 설정할 수 있다.

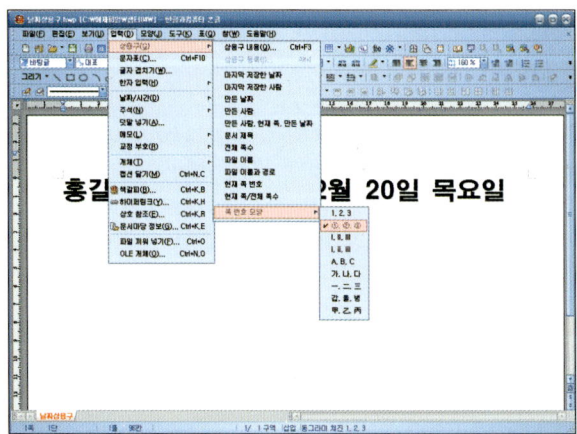

Section 2

특정 내용을 찾아 바꾸기

찾아 바꾸기 기능은 문서에 입력된 단어나 문장 등의 특정 내용을 자동으로 검색할 수 있는 기능이다. 이 기능은 찾는 기능 외에도 찾은 내용을 일괄적으로 다른 내용으로 빠르게 변경할 수도 있다. 여기서는 찾아 바꾸기 기능을 이용하여 단어를 검색하고 다른 내용으로 바꾸는 방법에 대해 배워본다.

> ● 알아두기
>
> [편집] 메뉴의 [찾아 바꾸기]를 클릭한 후 검색할 내용을 입력하면 빠르게 찾을 수 있다. [편집] 메뉴의 [찾기]를 클릭하고 [바꾸기] 단추를 클릭하면 [찾아 바꾸기] 대화상자가 나타난다.

따라하기 `01` **문서에 입력된 특정 단어 찾기**

문서에 입력된 내용 중 10번째 줄에 입력된 '뜨개질'을 찾아 블록으로 지정해 보자.
[Ch04\찾아바꾸기.hwp]

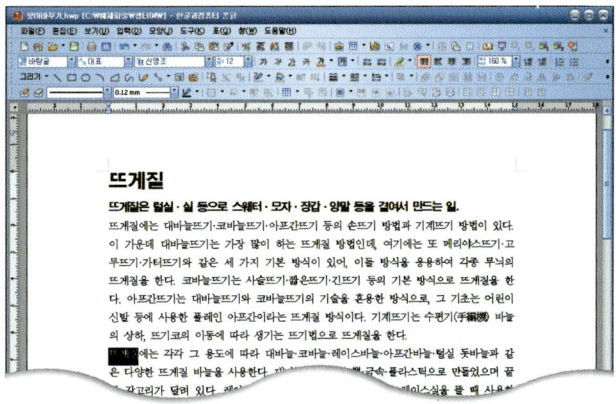

❶ [편집] 메뉴의 [찾아 바꾸기]를 클릭한다. [찾아 바꾸기] 대화상자의 [찾을 내용] 입력란에 '뜨개질'을 입력하고 [다음 찾기] 단추를 클릭한다.

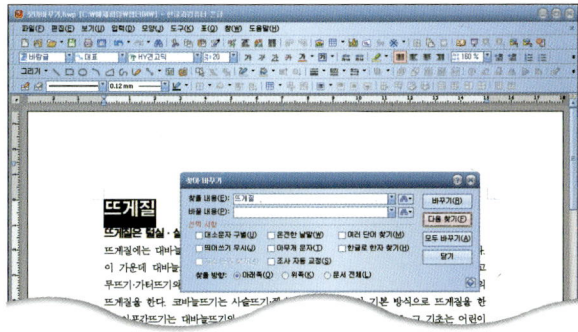

❷ 10번째 줄에 입력된 '뜨게질'이 선택될 때까지 [다음 찾기] 단추를 반복하여 클릭한다.

01
혼자해보기

'뜨게질'을 검색하여 모두 '뜨개질'로 바꿔보자.

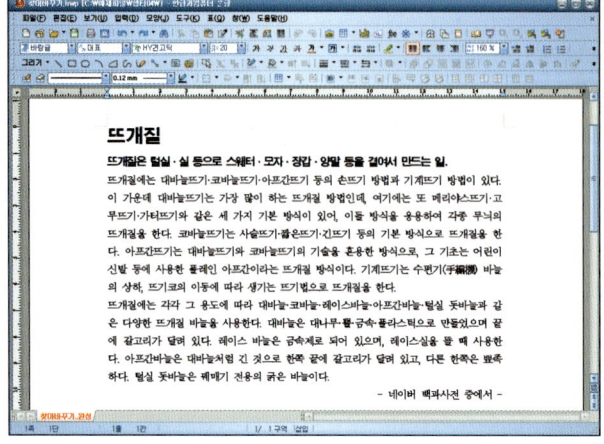

> **HINT** | [찾을 내용] 입력란에는 '뜨게질'을, [바꿀 내용] 입력란에는 '뜨개질'을 입력하고 [모두 바꾸기] 단추를 클릭한다.

02
혼자해보기

본문에 입력된 '뜨개질' 중에서 글자 모양이 견고딕으로 설정된 단어만 찾아보자.

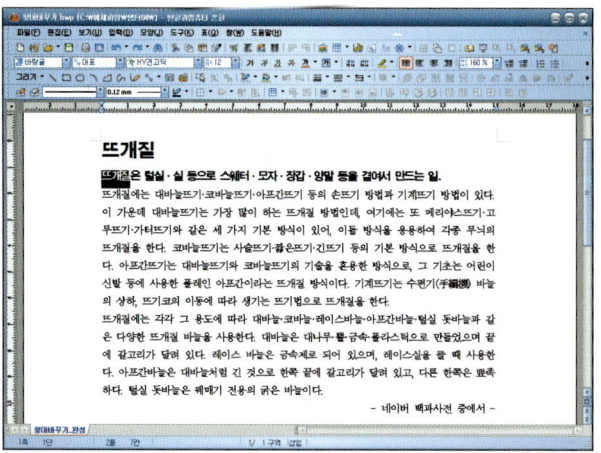

> **HINT** | [찾을 방향]을 [문서 전체]로 설정하고 [찾을 내용] 입력란에 '뜨개질'을 입력한다. [서식 찾기]를 클릭하여 [찾을 글자 모양]을 실행한 후 글꼴을 [HY견고딕]으로 설정하여 찾기를 실행한다.

특정 단어를 찾아 글자 모양 바꾸기

한글 2007에서는 상용구로 파일 이름이나 사용자 정보 등을 자동으로 입력할 수 있다. 다음과 같이 문서에 만든 사람과 현재 쪽, 만든 날짜 등을 입력해 보자.

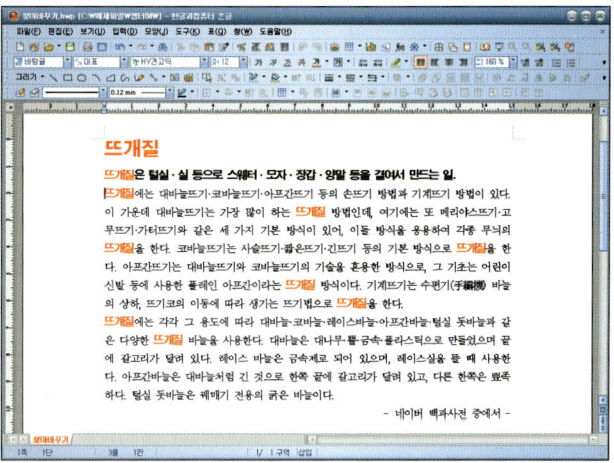

❶ [편집] 메뉴의 [찾아 바꾸기]를 클릭한다. 앞서 설정해 놓은 [찾을 내용]의 [서식 찾기]를 클릭하여 [찾을 글자 모양]을 체크 해제한다.

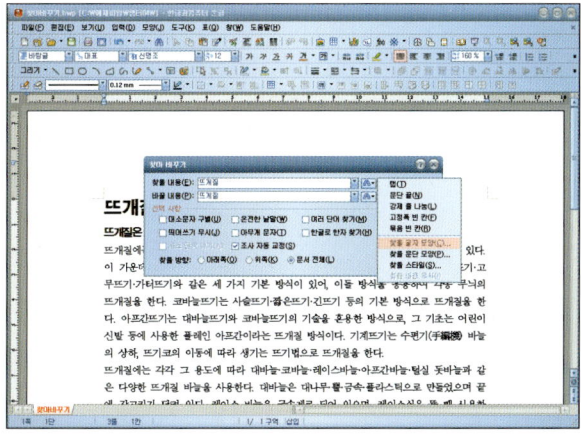

❷ [바꿀 내용]의 [서식 찾기]를 클릭한 후 [바꿀 글자 모양]을 실행한다.

❸ [글자 모양] 대화상자에서 글꼴을 [HY견고딕]으로 설정하고 글자 색을 빨간색으로 설정한다.

❹ [찾을 방향]을 [문서 전체]로 설정하고 [모두 바꾸기] 단추를 클릭하여 문서에 입력된 '뜨개질' 글자의 글자 모양을 모두 바꾼다.

❺ 바꾸기를 한 회수가 다음과 같이 나타나면 [확인] 단추를 클릭한 후 [닫기] 단추를 클릭하여 [찾아 바꾸기] 대화상자를 닫는다. 문서에 입력된 모든 '뜨개질' 글자의 모양이 변경된다.

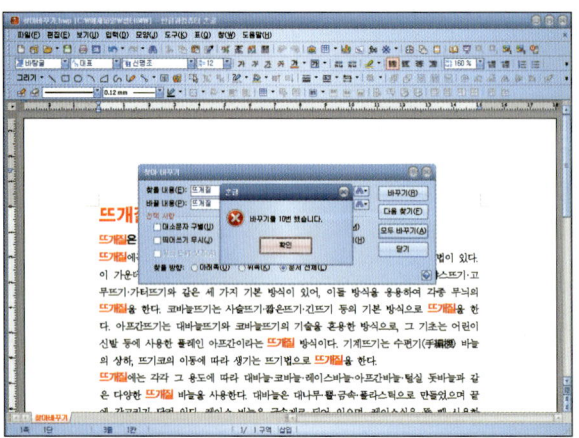

03 혼자해보기

[서식 찾기]를 이용하여 문서에 입력된 문단 끝을 찾아보자.

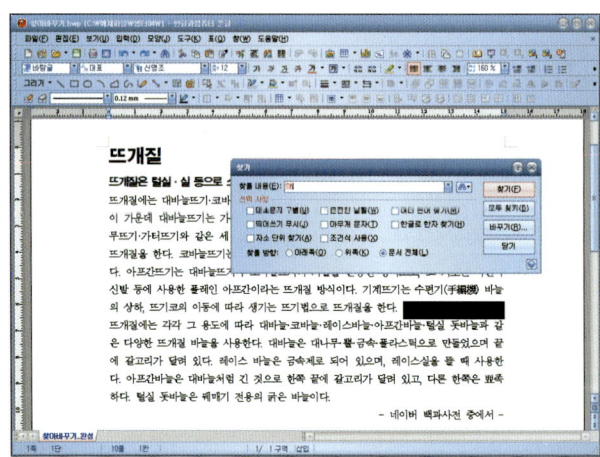

HINT | [찾기] 대화상자에서 [찾을 내용] 입력란에 입력된 내용을 삭제하고 [서식 찾기]를 클릭하여 [문단 끝]을 선택한다.

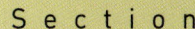

3

내 맘대로
원하는 위치 찾아가기

찾아가기 기능은 편집중인 문서 내에서 원하는 위치로 커서를 이동할 수 있는 기능으로 쪽, 구역, 줄, 스타일, 조판 부호, 책갈피 중 선택하고 찾는 내용을 입력하여 이동할 수 있다. 여기서는 찾아가기 기능을 이용해 문서의 원하는 위치로 이동하는 방법에 대해 배워본다.

> ◉ 알아두기
>
> [편집] 메뉴의 [찾아가기]를 클릭하거나 바로 가기 키인 Alt+G를 누른다. 원하는 위치로 커서를 이동하고 다음 위치로 이동하려면 바로 가기 키인 Ctrl+L을 누른다.

따라하기 01 스타일 찾아가기

문서 내에서 특정 스타일이 적용된 위치로 커서를 이동할 수 있다. 다음과 같이 예제 문서에서 [제목(꿀)] 스타일이 적용된 위치로 커서를 이동시켜 보자.
[Ch04\찾아가기.hwp]

❶ [편집] 메뉴의 [찾아가기]를 클릭하거나 바로 가기 키인 Alt+G를 누른다.

❷ 찾아갈 종류를 [스타일]로 선택하고 스타일 목록에서 [제목(꿀)] 스타일을 클릭한 후 [가기] 단추를 클릭한다.

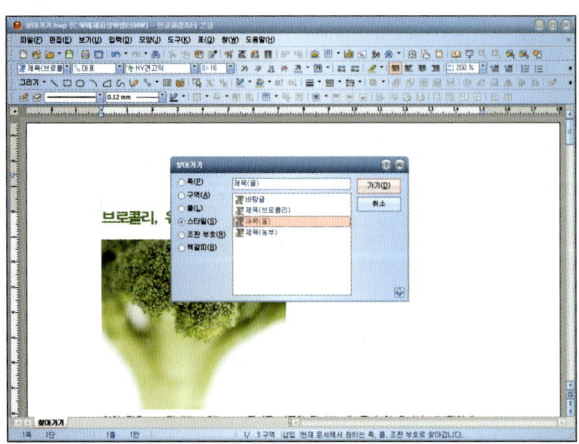

❸ 커서가 선택한 [제목(꿀)] 스타일이 적용된 곳으로 이동하게 된다.

상태 표시줄에서 찾아가기   tip ➕

한글 2007의 작업 창에서 아래의 상태 표시줄에는 쪽과 줄, 구역 등의 현재 위치가 표시된다. 이 부분을 클릭하면 [찾아가기] 대화상자가 나타난다.

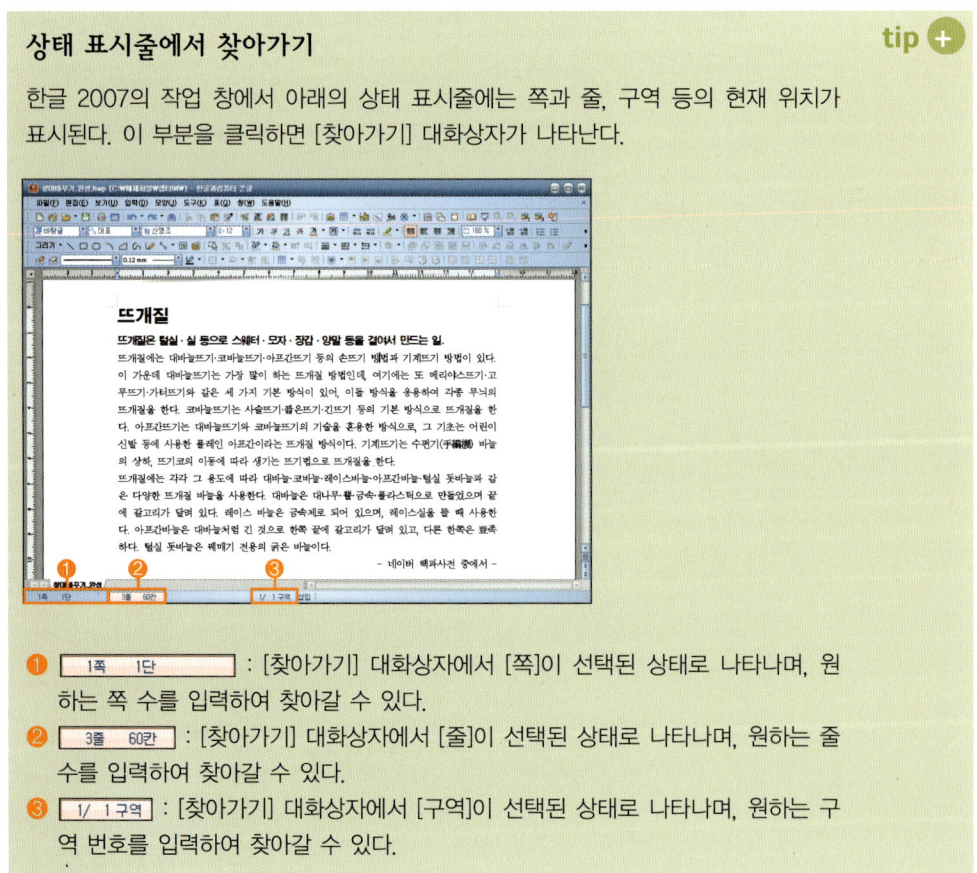

❶ ⬚⬚1쪽 1단⬚⬚ : [찾아가기] 대화상자에서 [쪽]이 선택된 상태로 나타나며, 원하는 쪽 수를 입력하여 찾아갈 수 있다.

❷ ⬚3줄 60칸⬚ : [찾아가기] 대화상자에서 [줄]이 선택된 상태로 나타나며, 원하는 줄 수를 입력하여 찾아갈 수 있다.

❸ ⬚1/ 1구역⬚ : [찾아가기] 대화상자에서 [구역]이 선택된 상태로 나타나며, 원하는 구역 번호를 입력하여 찾아갈 수 있다.

01
혼자해보기

다음과 같이 문서에서 20번째 줄로 커서를 이동시켜 보자.

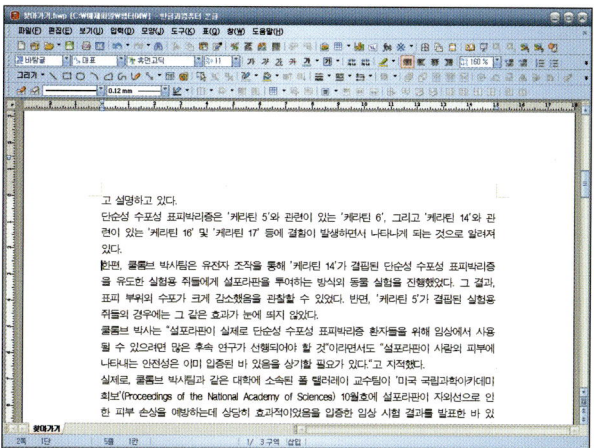

> **HINT** | [찾아가기] 대화상자에서 [줄]을 선택하고 '20'을 입력한다.

02
혼자해보기

다음과 같이 3개의 구역으로 구성된 문서 내에서 2구역으로 커서를 이동시켜 보자.

> **HINT** | [찾아가기] 대화상자에서 [구역]을 선택하고 '2'를 입력한 후 [가기] 단추를 클릭한다.

> 작업 창의 상태 표시줄을 살펴보면 '2/3구역'으로 나타난다. 이는 문서가 모두 3개의 **tip +**
> 구역으로 나누어져 있으며, 현재 커서는 2구역 내에 위치하고 있다는 의미이다.

03 혼자해보기

다음과 같이 문서에 삽입된 그림이 위치한 곳으로 커서를 이동시켜 보자.

> **HINT** | [찾아가기] 대화상자에서 [조판 부호]를 선택하고 [그림]을 설정한다.

문서 보기 기능과 찾아가기 아이콘 tip ➕

한글 편집 화면 오른쪽에 [화면 보기 설정](▣)을 클릭하면 다음과 같은 메뉴 아이콘이 나타난다. 쪽 윤곽이나 문단 부호 등의 보기/감추기를 설정하거나 찾아가기를 실행할 수 있다.

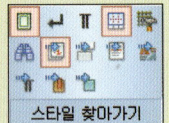

스타일 찾아가기

❶ 보기/감추기 명령

- **쪽 윤곽 보기/감주기(▣)** : 페이지의 여백 무문에 해낭하는 쪽의 윤삭을 보이게 하거나 감춘다.
- **문단 부호 보기/감추기(↵)** : 문서에 입력된 문단 부호를 보이게 하거나 감춘다.
- **조판 부호 보기/감추기(¶)** : 문서에 입력된 조판 부호를 보이게 하거나 감춘다.
- **투명 선 보기/감추기(▦)** : 투명으로 설정된 테두리를 보이게 하거나 감춘다.
- **격자 설정(▨)** : 편집 화면에 나타나는 격자를 설정한다.

❷ 찾기/찾아가기 명령

- **찾기(🔍)** : 문서에 입력된 특정 단어나 문장을 찾거나 찾아 바꾸기한다.
- **쪽 찾아가기(🗐)** : 입력한 쪽 수로 커서를 이동한다.
- **구역 찾아가기(🗐)** : 문서에 사용된 구역 내에서 원하는 구역의 시작 위치로 커서를 이동한다.
- **줄 찾아가기(🗐)** : 입력한 줄 수로 커서를 이동한다.
- **스타일 찾아가기(🗐)** : 문서에 사용한 스타일이 적용된 위치로 커서를 이동한다.
- **조판 부호 찾아가기(🗐)** : 선택한 조판 부호를 찾아 커서를 이동한다.
- **책갈피 찾아가기(🗐)** : 설정된 책갈피 목록에서 선택하여 커서를 이동한다.
- **개체 찾아가기(🗐)** : 입력된 개체를 찾아간다.

04 혼자해보기

그림 앞으로 커서를 이동한 후 다음 그림을 찾아보자.

HINT | [편집] 메뉴의 [다시 찾기]를 클릭하거나 바로 가기 키인 Ctrl + L 을 누른다.

05 혼자해보기

다음과 같이 문서에 삽입한 책갈피 [농부]로 커서를 이동해 보자.

HINT | 찾아갈 종류를 [책갈피]로 선택하고 책갈피 목록에서 [농부]를 선택한다.

쪽 윤곽 보기   tip +

문서를 작업할 때 작업 창에 보이는 페이지의 모습에서 쪽 윤곽을 보이게 하거나 보이지 않게 설정할 수 있다. 쪽 윤곽은 [편집 용지]에서 설정된 여백 부분을 가리키는 것이며, 쪽 윤곽을 보이게 하면 머리글 여백이나 여백 부분에 입력된 머리말, 꼬리말 등을 바로 확인할 수 있다. 반면 쪽 윤곽을 보이지 않게 설정하면 페이지 구분선이 붉은색 선으로 표시되고, 페

이지에 설정된 여백 부분이 가려지고 본문이 입력되는 문단 부분만 나타난다. 쪽 윤곽 보기는 [보기] 메뉴의 [쪽 윤곽]을 클릭하여 보이게 하거나 보이지 않게 설정할 수 있다.

자동으로 반복 실행하는 매크로 활용하기

매크로는 한글 문서에 적용하는 명령을 그대로 기억해 두었다가 다시 반복해서 적용할 수 있는 기능이다. 그러므로 매크로 기능을 활용하면 글자 모양 바꾸기, 표 모양 바꾸기, 그림 크기 변경 등의 반복 작업을 손쉽게 할 수 있다. 여기서는 매크로를 활용하는 다양한 방법에 대해 배워본다.

> ◉ 알아두기
>
> [도구] 메뉴의 [매크로]–[스크립트 매크로 정의]를 클릭하거나 바로 가기 키인 Alt + Shift + H 를 눌러 실행한다. 매크로 과정을 저장한 후 다시 반복하여 사용할 수 있다.

따라하기 01 **그림을 흑백으로 바꾸는 과정을 스크립트 매크로로 등록하기**

스크립트 매크로는 그림의 개체 속성을 변경하는 과정을 등록한 후 반복해서 사용할 수 있다. 문서에 삽입한 그림의 색상을 흑백으로 바꾸는 과정을 스크립트 매크로로 등록해 보자. [Ch04\매크로.hwp]

❶ 예제 파일을 불러온 후 그림을 클릭하여 선택한다.

❷ [도구] 메뉴의 [매크로]–[스크립트 매크로 정의]를 실행하거나 바로 가기 키인 Alt + Shift + H 를 누른다.

❸ [스크립트 매크로 정의] 대화상자에서 다음과 같이 Alt + Shift + O 을 [단축 키]로 사용하는 매크로를 선택하고 이름을 '그림흑백으로'로 입력한 후 [정의] 단추를 클릭한다.

❹ [스크립트 매크로 정의] 도구 상자가 나타나면 [그림] 도구 상자에서 [개체 속성]을 클릭한다.

❺ [개체 속성] 대화상자의 [그림] 탭에서 [그림 효과]를 [회색조]로 선택하고 [설정] 단추를 클릭한다.

❻ [스크립트 매크로] 도구 상자 상자에서 [정지]를 클릭하여 매크로 정의를 마친다.

01 혼자해보기

다음과 같이 크기가 각각 다른 컬러 그림 세 개를 모두 흑백으로 바꾸고 크기도 똑같이 바꿔보자. [Ch04\매크로실행.hwp]

HINT | [도구] 메뉴의 [매크로]–[스크립트 매크로 실행]을 클릭하거나 바로 가기 키인 Alt + Shift + O 을 누른다.

02 혼자해보기

'스크립트' 글자의 글꼴을 견고딕으로 변경하는 스크립트 매크로를 등록한 후 매크로를 실행하여 나머지 모든 글꼴을 견고딕으로 바꿔보자.

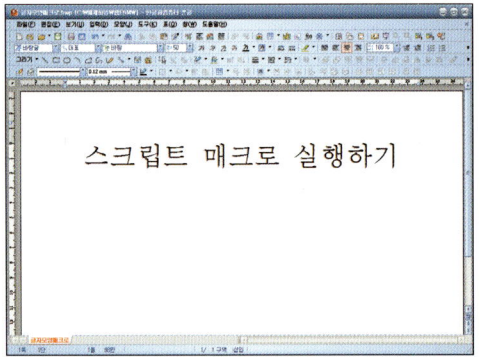 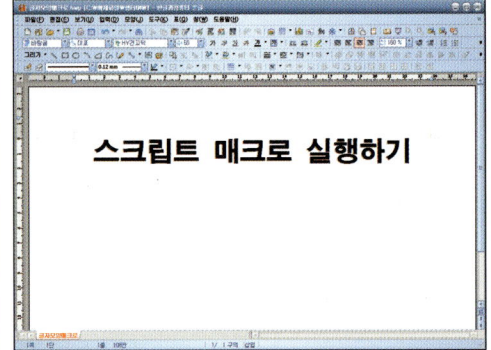

HINT | [도구] 메뉴의 [매크로]–[스크립트 매크로 실행]을 클릭하여 견고딕으로 글꼴을 바꾸는 매크로를 등록한다. [도구] 메뉴의 [매크로]–[스크립트 매크로 실행]을 클릭하거나 바로 가기 키인 Alt + Shift + 7 을 눌러 등록해 놓은 스크립트 매크로를 실행한다.

책갈피와 하이퍼링크로 연결하기

5

책갈피와 하이퍼링크를 이용하면 한 문서 내에서 또는 서로 다른 문서를 연결할 수 있다. 우선 책갈피로 원하는 위치를 표시한 후 하이퍼링크로 연결하면 클릭만으로 등록된 책갈피 위치로 곧바로 이동할 수 있다. 여기서는 책갈피를 등록하고 하이퍼링크로 연결하는 방법 등에 대해 배워본다.

> ● 알아두기
>
> 책갈피나 하이퍼링크를 이용하면 문서 내에서 원하는 위치로 이동할 수 있으며, [입력] 메뉴의 [책갈피]와 [하이퍼링크]를 클릭하여 설정할 수 있다.

따라하기 **01** ### 책갈피 등록하기

예제 문서에서 두 번째 페이지에 위치한 '여행이야기'를 다음과 같이 책갈피로 등록해 보자. [Ch04\책갈피.hwp]

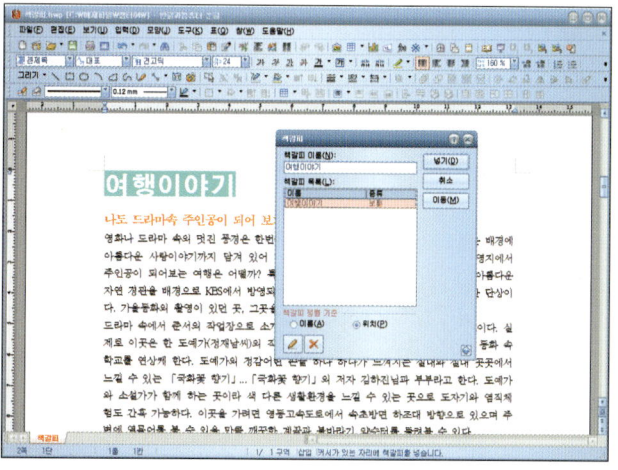

❶ 책갈피로 등록할 문단의 맨 앞에 커서를 두고 [입력] 메뉴의 [책갈피]를 클릭한다.

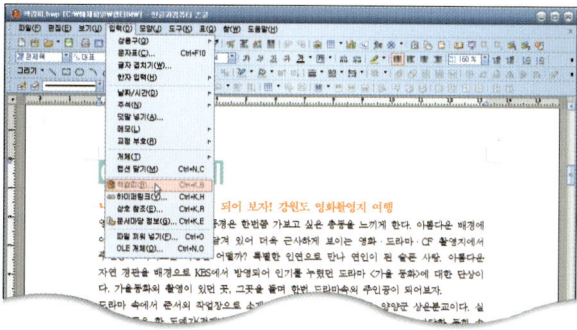

❷ [책갈피] 대화상자의 [책갈피 이름] 입력란에 커서 위치부터 문단이 끝나는 위치까지의 내용이 자동으로 나타난다.

❸ [넣기] 단추를 클릭하면 책갈피 목록에 추가된다.

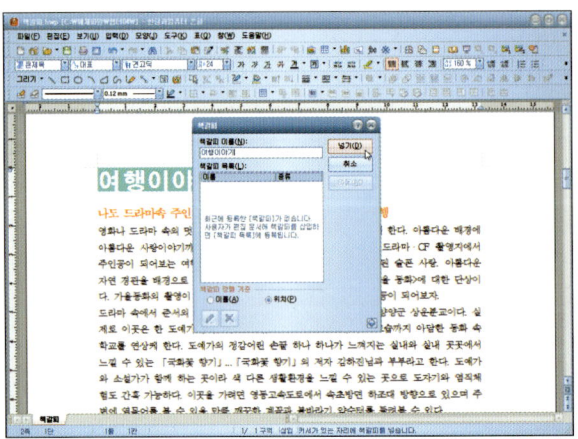

❹ 다시 [입력] 메뉴의 [책갈피]를 클릭하면 책갈피 목록에 추가한 내용이 등록되어 나타난다.

❺ [보기] 메뉴의 [조판 부호]를 클릭하면 입력된 책갈피가 다음과 같이 표시된다.

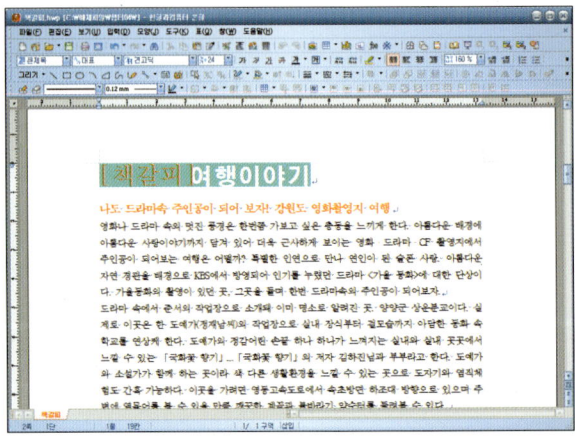

❻ 문서에 등록해 놓은 책갈피는 위치를 바꾸거나 목록에서 삭제할 수 있다.

01

혼자해보기

'강원도 영화촬영지 여행'을 블록 책갈피로 등록해 보자.

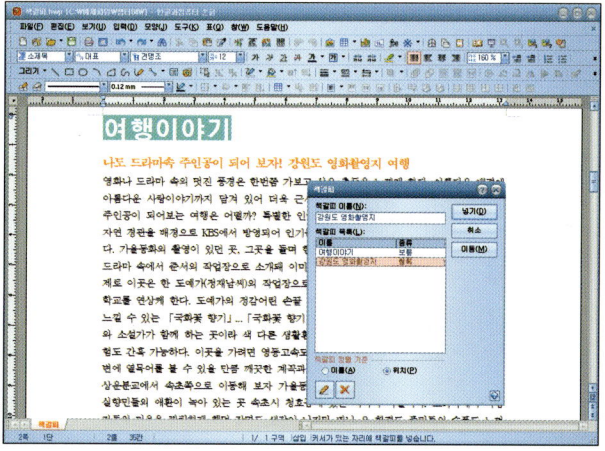

HINT | 등록할 내용을 블록으로 선택하고 [입력] 메뉴의 [책갈피]를 클릭하여 블록 책갈피로 등록한다.

일반 책갈피와 블록 책갈피   tip +

책갈피의 종류는 일반 책갈피와 블록 책갈피 두 가지가 있다. 이는 책갈피를 등록할 때 블록으로 지정한 상태에서 등록하는가, 블록으로 지정하지 않은 상태에서 등록하는가의 차이다. 책갈피의 종류는 [책갈피] 대화상자의 목록에서 종류 부분에 표시된다. 또한 [보기] 메뉴의 [조판 부호]를 클릭하면 다음과 같이 책갈피 표시가 서로 다르게 나타나는 것을 볼 수 있다.

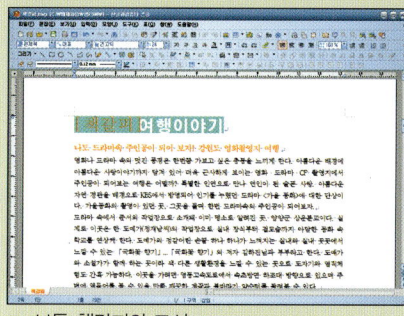

▲ 보통 책갈피의 표시   ▲ 블록 책갈피의 표시

문서의 나머지 제목도 모두 책갈피로 등록해 보자.

앞서 등록해 놓은 책갈피 중에서 '요리이야기' 책갈피로 커서를 이동시켜 보자.

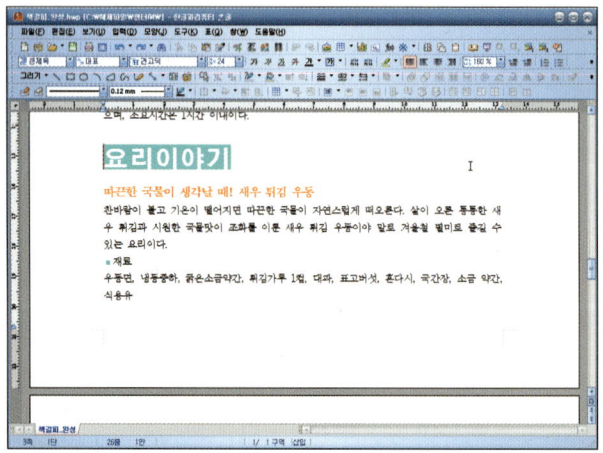

[찾아가기] 기능을 이용하여 책갈피로 이동하는 방법 살펴보기   tip ✚

등록해 놓은 책갈피로 이동하는 방법은 [책갈피] 대화상자를 불러와 책갈피를 선택한 후 [이동] 단추를 클릭하거나 [찾아가기] 메뉴를 이용하여 이동하는 두 가지 방법이 있다. 여기서는 [찾아가기] 메뉴를 이용해 이동하는 방법에 대해 알아보자.

❶ [편집] 메뉴의 [찾아가기]를 클릭하거나 바로 가기 키인 Alt + G 를 누른다.

❷ [찾아가기] 종류를 [책갈피]로 선택하면 문서에 삽입된 책갈피 목록이 나타난다.

❸ 원하는 책갈피를 목록에서 선택하고 [가기] 단추를 클릭한다.

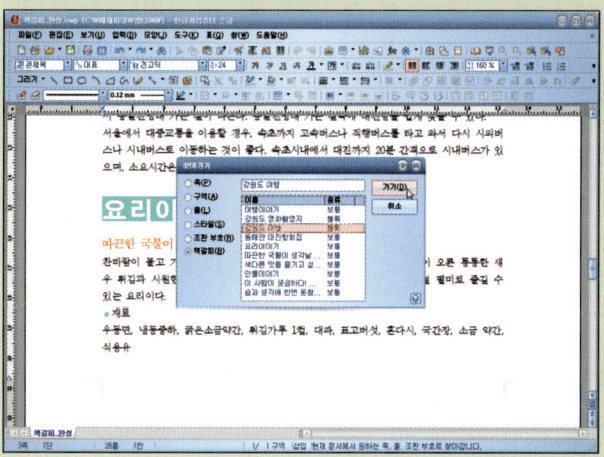

❹ 선택한 책갈피의 위치로 커서가 이동된다.

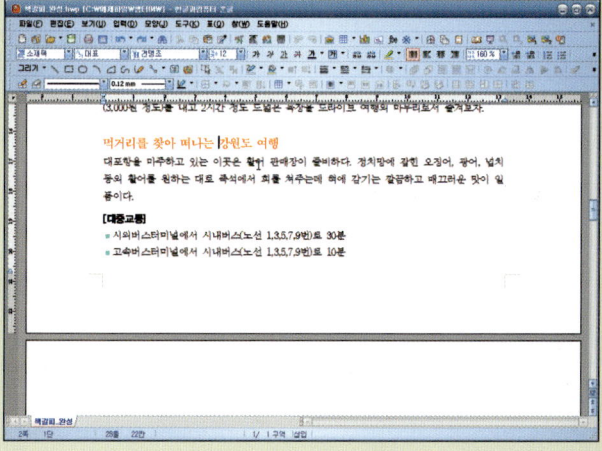

다음과 같이 책갈피의 이름을 '따끈한 국물이 생각날 때! 새우 튀김 우동'에서 '새우 튀김 우동'으로 바꿔보자.

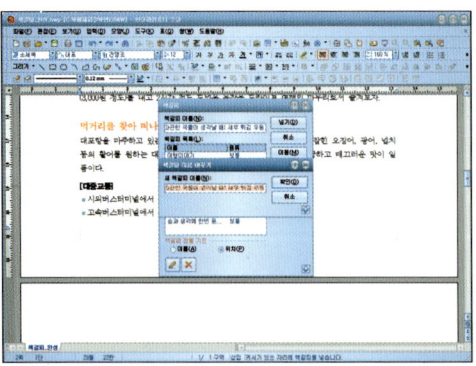 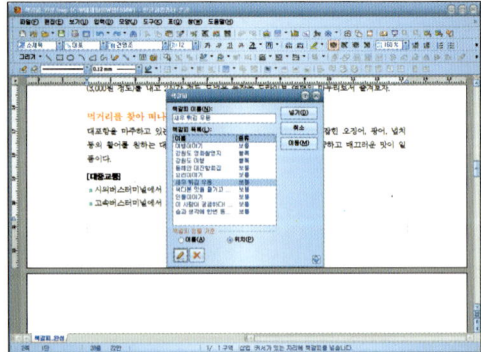

HINT | [책갈피 이름 바꾸기]를 클릭하면 선택한 책갈피의 이름을 수정할 수 있다.

따라하기 02

하이퍼링크로 연결하기

하이퍼링크 기능을 이용하면 한 문서 내에서나 다른 문서, 웹 문서, 이메일 전송 등으로 연결할 수 있다. 다음과 같이 목차의 '여행이야기'를 2쪽의 제목 부분과 하이퍼링크로 연결시켜 보자. [Ch04\하이퍼링크.hwp]

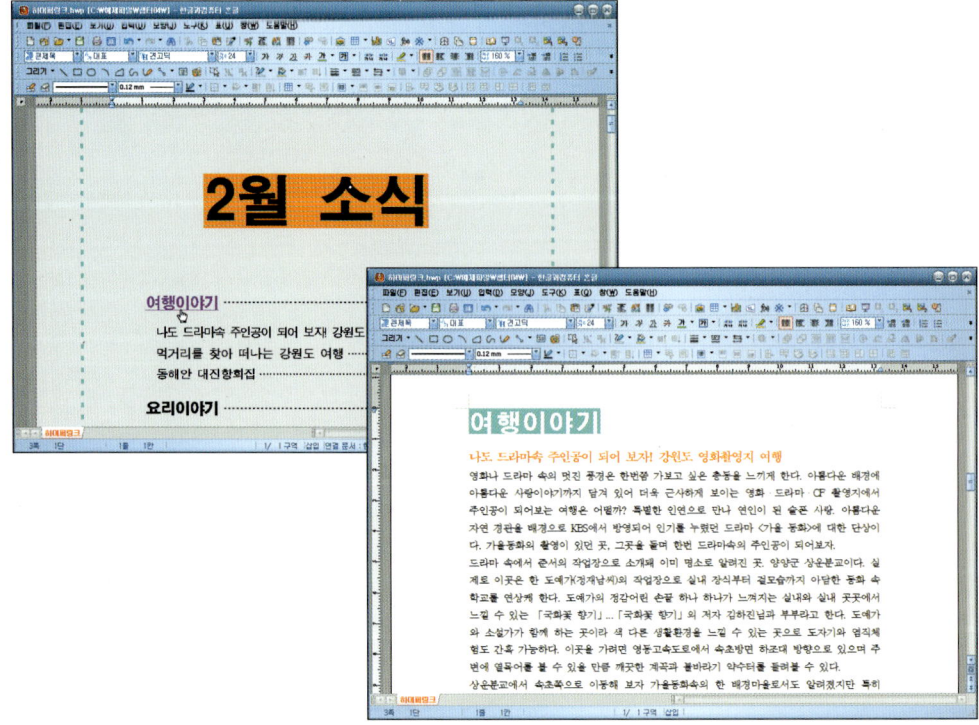

❶ 하이퍼링크를 설정할 목차의 '여행이야기'를 드래그하여 블록으로 지정하고 [입력] 메뉴의 [하이퍼링크]를 클릭한다.

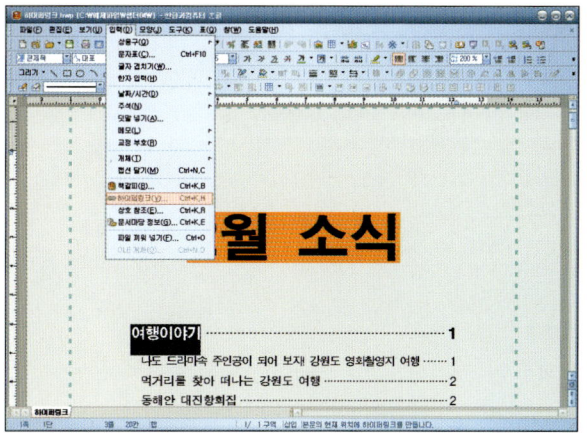

블록으로 지정하지 않을 경우 커서가 포함된 단어가 자동으로 선택된다. tip ⊕

❷ [하이퍼링크] 대화상자의 [연결 대상]을 [현재 문서]로 선택하면 등록된 책갈피 목록 이 나타난다.

❸ 책갈피 목록에서 '여행이야기'를 선택하고 [넣기] 단추를 클릭한다.

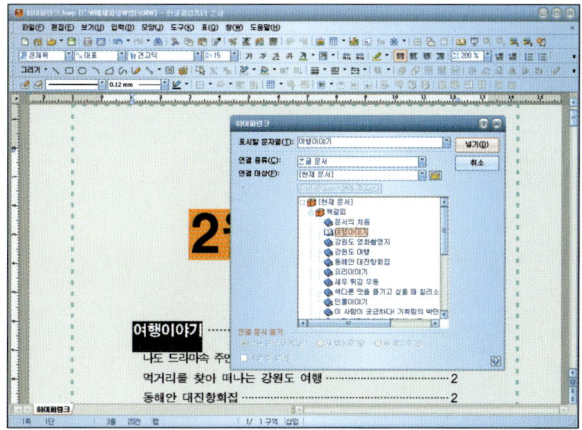

❹ 하이퍼링크가 지정되면 글자 색상이 달라지고 밑줄이 자동으로 만들어진다. 하이 퍼링크가 설정된 단어를 클릭하면 책갈피로 지정된 위치로 커서가 이동한다. 이와 같은 방법으로 책갈피와 하이퍼링크를 이용해 문서 내에서 위치를 서로 연결할 수 있다.

제목의 나머지 부분도 모두 하이퍼링크로 각각에 해당하는 책갈피와 연결해 보자.

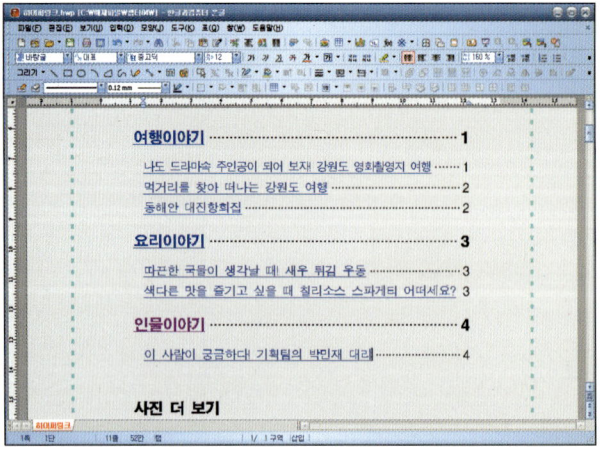

HINT | 블록으로 지정한 후 마우스 오른쪽 단추를 클릭하여 [하이퍼링크]를 클릭한다. 각각 제목에 맞는 책갈피를 선택하여 연결한다.

이때 글자 색상이 보라색으로 나타나는 부분은 마우스로 클릭하여 연결된 하이퍼링크 를 열어보았다는 표시이다. 이렇게 열어본 페이지의 표시 부분의 색상도 변경할 수 있다.

하이퍼링크가 설정된 글자의 모양을 다음과 같은 진한 녹색으로 바꿔보자.

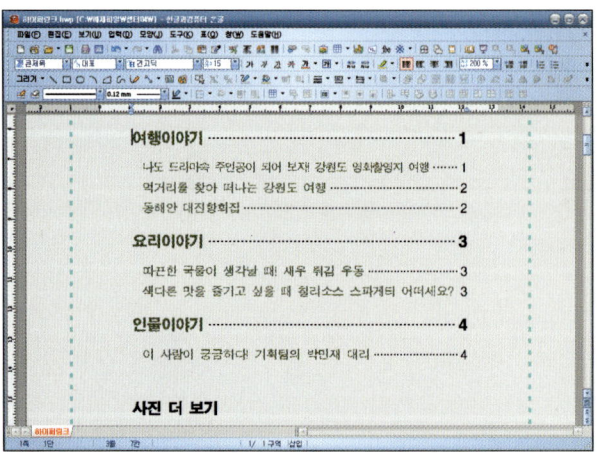

HINT | [도구] 메뉴의 [환경 설정]을 클릭하여 [기타] 탭에서 하이퍼링크가 설정된 부분의 글자 모양을 변경할 수 있다.

다음과 같이 다른 한글 문서의 그림으로 하이퍼링크를 설정하여 새 탭에 연결된 문서가 나타나도록 설정해 보자.

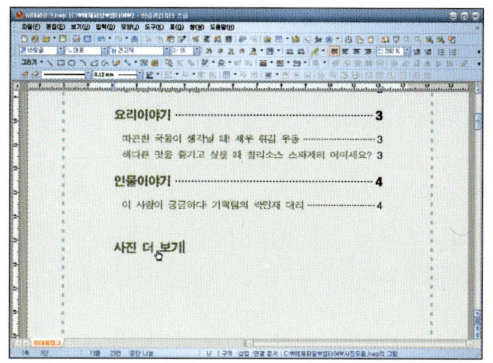

HINT | [하이퍼링크] 대화상자의 [연결 대상]에서 [파일 선택]을 클릭하여 연결할 다른 한글 문서를 지정해 준다. 이때 [하이퍼링크] 대화상자에서 [연결 문서 열기]를 [새 탭으로]로 설정하도록 한다.

하이퍼링크 수정하고 삭제하기

문서에 설정된 하이퍼링크의 내용은 언제든지 수정하거나 삭제할 수 있다. 하이퍼링크가 설정된 부분을 마우스 오른쪽 단추로 클릭한 후 [하이퍼링크 고치기]를 클릭하면 내용을 수정할 수 있으며, [하이퍼링크 지우기]를 클릭하면 설정된 하이퍼링크가 삭제된다.

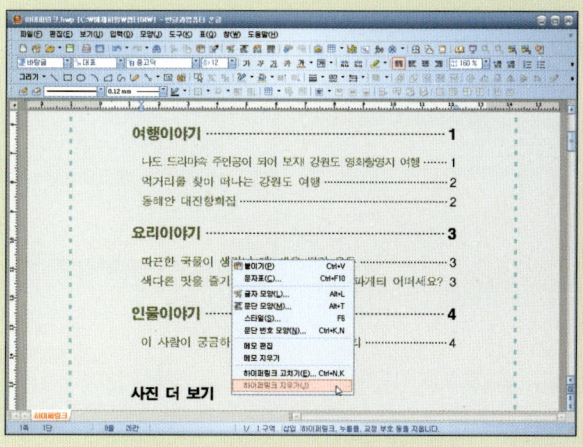

문서 미리 보고 인쇄하기

한글 2007로 작성한 문서는 종이나 화면, 팩스, 그림 등으로 인쇄 작업을 할 수 있다. 인쇄할 영역을 직접 선택할 수도 있으며, 확대 및 축소 비율을 사용자가 임의로 지정할 수 있는 등 다양한 옵션을 설정할 수 있다. 여기에서는 다양한 인쇄 방법에 대해 알아본다.

> **○ 알아두기**
>
> 블록으로 지정한 글자의 모양을 변경하기 위해서는 [모양] 메뉴의 [글자 모양]을 클릭하거나 바로 가기 키인 Alt + L 을 눌러 [글자 모양] 대화상자를 불러와야 한다.

따라하기 01 **인쇄 미리 보기**

다음과 같이 예제 문서의 두 페이지를 함께 나타나도록 미리 보기를 설정해 보자.
[Ch04\인쇄.hwp]

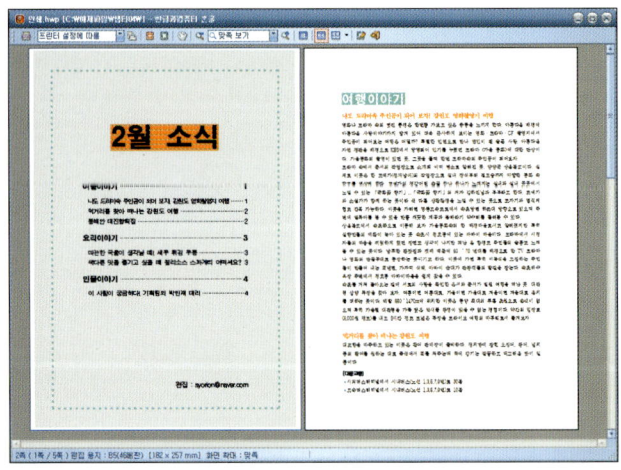

❶ 예제 문서를 불러온 후 [파일] 메뉴의 [미리 보기]를 클릭하거나 [기본] 도구 상자에서 [미리 보기]를 클릭한다.

❷ 문서의 첫 페이지인 한 페이지가 미리 보기로 나타난다.

❸ [미리 보기] 대화상자의 상단 도구에서 [맞쪽 보기]를 클릭하면 두 페이지가 함께 나타나고 왼쪽에는 짝수 쪽이, 오른쪽에는 홀수 쪽이 나타난다.

❹ [확대]를 클릭하여 오른쪽 페이지의 크기를 확대한다.

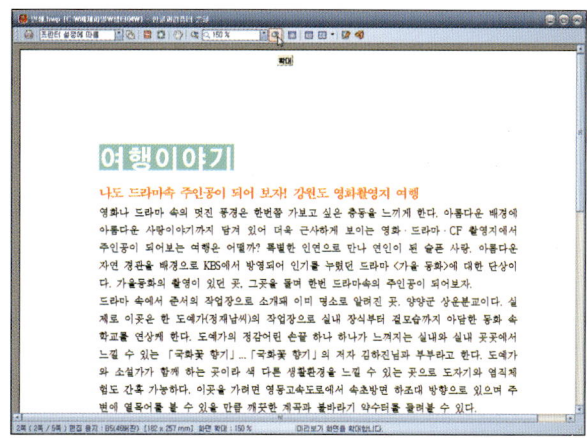

인쇄 미리 보기의 화면 비율 설정하기 tip ➕

인쇄 미리 보기의 화면 비율은 [여러 쪽 보기]부터 [500%] 확대까지 설정할 수 있다. 화면을 클릭하거나 [확대], [축소] 명령을 클릭하거나 화면 확대 목록에서 원하는 크기를 선택할 수 있다.

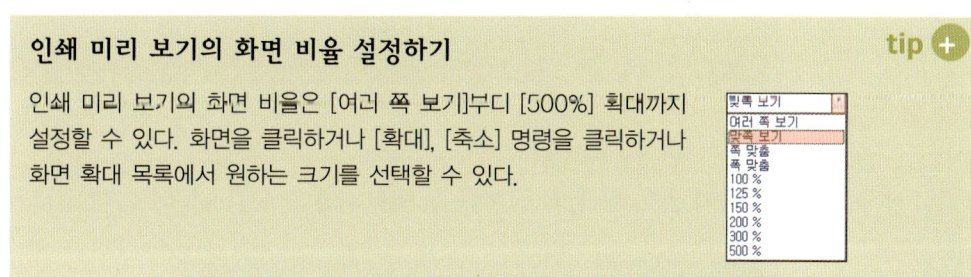

❺ [손도구]를 클릭한 후 화면에 커서를 가져가면 커서의 모양이 손바닥 모양으로 변경 된다.

❻ 마우스로 드래그하여 원하는 위치로 이동하면서 문서의 모습을 확인할 수 있다.

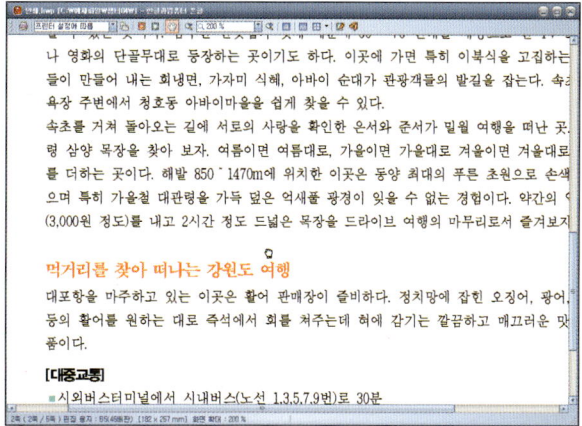

다음과 같이 가로 2쪽, 세로 2쪽, 모두 4쪽이 보이도록 설정해 보자.

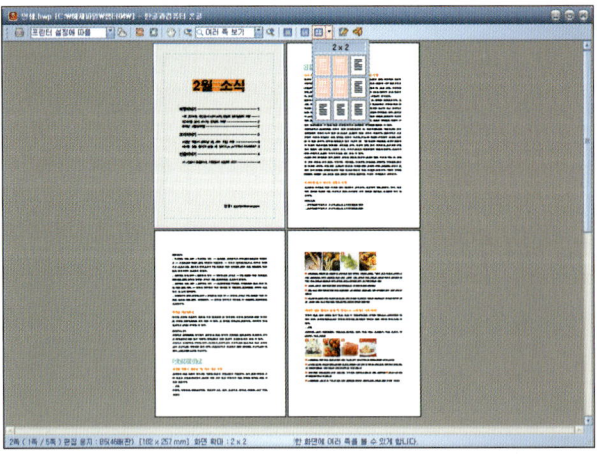

> **HINT** | 인쇄 미리 보기 상태에서 [여러 쪽 보기]를 클릭하여 2×2가 되도록 설정한다.

다음과 같이 한 장의 종이에 두 쪽이 자동으로 축소되어 함께 인쇄되도록 설정해 보자.

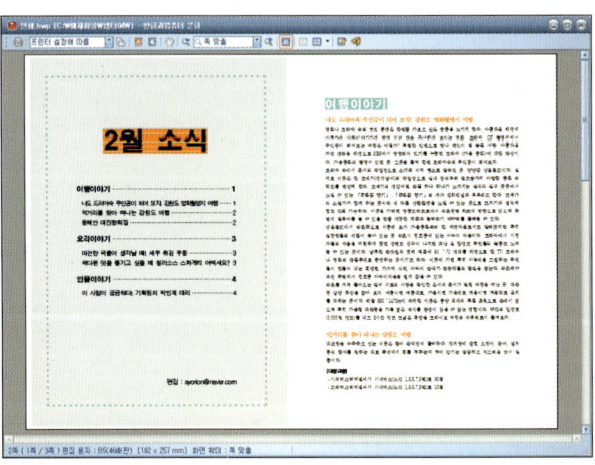

> **HINT** | [모아찍기]에서 [2쪽씩]을 설정하면 한 장의 종이에 두 페이지를 자동으로 맞춰 인쇄할 수 있다.

03
혼자해보기

문서의 일부분인 3쪽부터 5쪽까지만 인쇄할 수 있도록 설정해 보자.

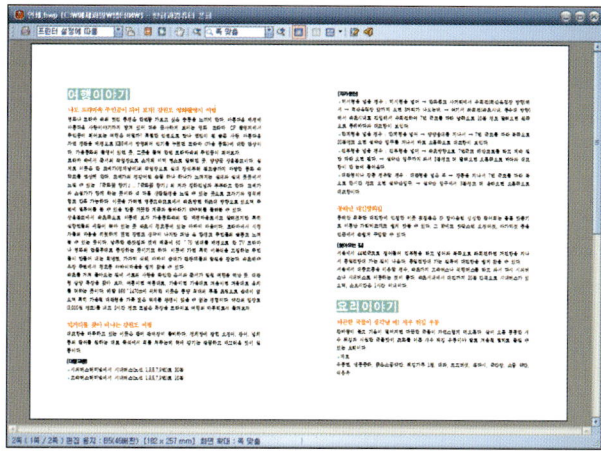

HINT | [인쇄] 대화상자의 [기본] 탭에서 [인쇄 범위]를 [일부분]으로 설정하고 '3-5'로 입력한다.

04
혼자해보기

2쪽 모아찍기 상태에서 머리말과 꼬리말에 날짜와 파일 이름 등을 자동으로 넣어 인쇄해 보자.

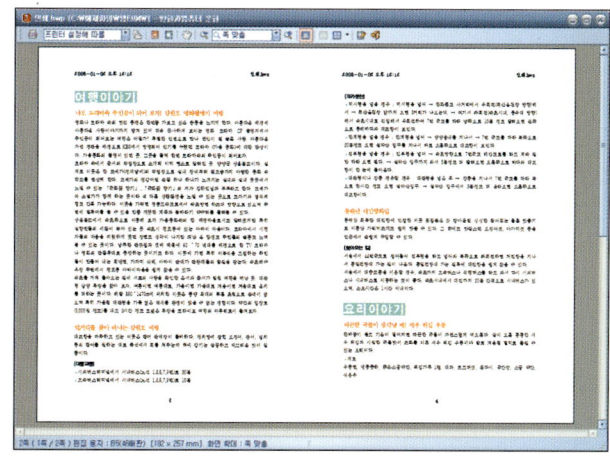

HINT | [인쇄] 대화상자의 [확장] 탭에서 머리말과 꼬리말이 자동으로 입력되도록 설정할 수 있다. 머리말의 왼쪽 부분에는 [날짜], 가운데는 [내용 없음], 오른쪽에는 [파일 이름만]으로 설정하고, 꼬리말에는 가운데에 [쪽 수]를 설정하도록 한다.

다음과 같이 페이지의 중간 부분에 '워터마크' 글자를 파란색으로 인쇄되도록 설정해 보자.

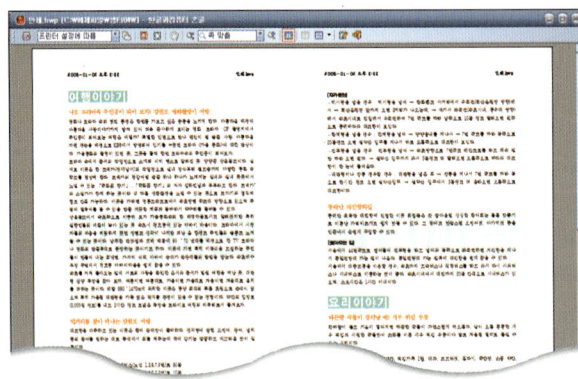
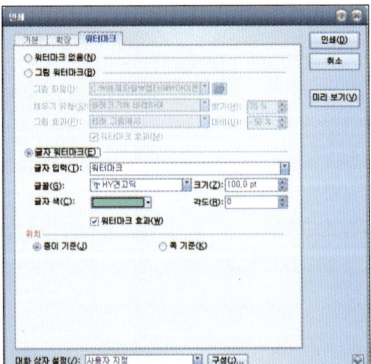

HINT | [워터마크] 탭의 [글자 워터마크]에서 내용을 입력하고 [글꼴]은 [HY견고딕], [크기]는 [100pt], [글자 색]은 파란색으로 설정하고 위치를 [쪽 기준]으로 설정한다.

[미리 보기] 도구 상자 살펴보기   tip ➕

인쇄 모습을 미리 확인하는 미리 보기를 실행하면 [미리 보기] 도구 상자가 나타난다. 편집 용지 설정부터 확대/축소까지 다양한 도구에 대해 알아보자.

❶ **인쇄** : [인쇄] 대화상자를 불러와 문서를 인쇄한다.
❷ **공급 용지** : 인쇄할 때 공급될 용지의 크기와 종류를 설정한다.
❸ **편집 용지** : [편집 용지] 대화상자를 불러와 용지의 크기와 방향, 여백 등을 변경한다.
❹ **여백 보기** : 문서에 설정된 여백 부분을 붉은 색으로 표시한다.
❺ **편집 용지 보기** : 편집 용지와 공급 용지의 크기가 서로 다를 경우 편집 용지의 크기를 표시한다.
❻ **손도구** : 페이지의 모습을 확대했을 경우 손도구를 이용해 원하는 부분으로 화면을 이동한다.
❼ **축소** : 현재 보이는 미리 보기 상태의 문서 모습을 축소한다.
❽ **화면 크기** : 여러 쪽부터 500% 확대까지 목록에서 원하는 화면의 크기를 선택한다.
❾ **확대** : 현재 보이는 미리 보기 상태의 문서 모습을 확대한다.
❿ **쪽 맞춤** : 한글 프로그램의 작업 창의 크기에 문서 한 페이지의 크기를 자동으로 맞추어 보여준다.
⓫ **맞쪽 보기** : 인쇄할 영역의 페이지를 두 쪽씩 마주보게 설정한다.
⓬ **여러 쪽 보기** : 8페이지×8페이지 영역 내에서 원하는 페이지를 한눈에 보이도록 설정한다.
⓭ **현재 쪽 편집** : 미리 보기 상태에서 편집 상태로 전환되며, 미리 보기 상태에서 선택한 쪽이 나타나 바로 편집할 수 있다.
⓮ **닫기** : 인쇄 미리 보기 상태를 마치고 문서 편집 상태로 되돌아간다.

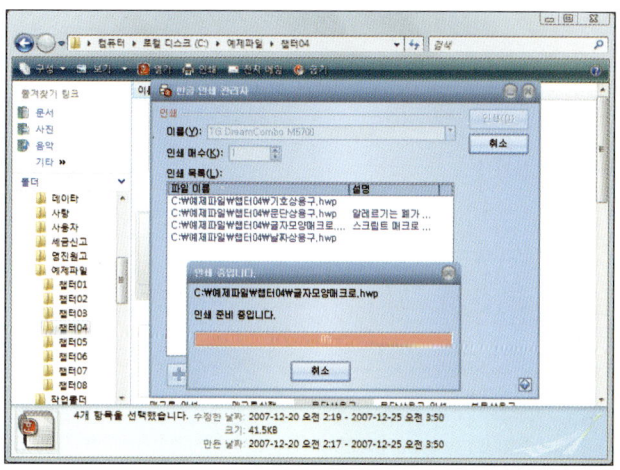

한글 2007에서는 한글 문서를 윈도우 탐색기에서 곧바로 인쇄할 수 있다. 한글 프로그램을 실행하지 않고도 인쇄가 가능하며, 이와 같은 방법으로 인쇄할 경우에는 문서 전체가 인쇄된다. 다음과 같이 폴더 안에 있는 한글 문서 세 개를 한꺼번에 인쇄해 보자.

❶ 윈도우 탐색기를 실행하여 파일이 위치한 폴더를 연다.

❷ 폴더 안에서 인쇄할 파일을 Ctrl 을 누른 채 클릭하여 모두 선택한다.

❸ 파일을 모두 선택하였으면 마우스 오른쪽 단추를 클릭한 후 [한글 문서(Hwp) 인쇄]를 선택한다.

❹ 인쇄할 파일 목록이 나타나고 [인쇄] 단추를 클릭한다. 프린터의 종류에 따라 자동으로 인쇄가 시작되기도 한다.

❺ 이와 같은 방법으로 두 개 이상의 한글 문서를 프로그램을 실행하지 않고도 곧바로 인쇄할 수 있다.

1. 상용구 활용하기

- 상용구는 글자 하나를 입력한 후 자동으로 기호나 긴 문장 등으로 변환할 수 있는 기능이다. 그러므로 자주 사용하는 긴 단어나 문장 등을 등록해 놓고 사용하면 문서 입력을 보다 빠르게 완료할 수 있다.
- [입력] 메뉴의 [상용구]–[상용구 내용]을 클릭하거나 Ctrl + F3 을 누른다. [상용구 추가하기]를 클릭한 후 [준말]과 [본말]을 입력하고 [추가] 단추를 클릭하여 목록에 추가한다.
- 문서 편집 상태에서 준말을 입력한 후 Alt + I 를 누르면 상용구로 등록해 놓은 본말로 자동 변경된다.

2. 찾아 바꾸기

- 찾아 바꾸기는 문서에 입력된 특정 내용을 찾거나 찾은 내용을 다른 내용으로 일괄 변경할 수 있는 편리한 기능이다. 입력된 같은 내용 중에서도 글꼴 등의 특정 서식이 적용된 내용만 검색할 수도 있다.
- [편집] 메뉴의 [찾기]를 클릭하거나 바로 가기 키인 Ctrl + G , F 를 누른다.
- [찾기] 대화상자에서 [찾을 내용]을 입력하고 속성을 선택하여 체크한다.
- [찾기] 단추를 클릭하면 입력된 찾을 내용을 표시해주고, [모두 찾기] 단추를 클릭하면 문서에 입력된 동일한 내용을 한꺼번에 표시해준다.
- [바꾸기] 단추를 클릭하면 찾은 특성 단어를 다른 내용으로 일괄 변경할 수 있다.

3. 찾아가기

- 찾아가기 기능을 이용하면 문서 내에서 쪽, 줄, 스타일, 구역, 책갈피, 조판 부호 등의 원하는 위치로 커서를 바로 이동할 수 있다.
- [편집] 메뉴의 [찾아가기]를 클릭하거나 바로 가기 키인 Alt + G 를 누른다. [찾아가기] 대화상자에서 원하는 찾기 요소를 선택하고 직접 숫자를 입력하거나 목록에서 원하는 내용을 선택한다.
- [가기] 단추를 클릭하면 선택한 위치로 커서가 이동한다.

4. 매트로 사용하여 자동 반복하기

- 매크로 기능은 자주 반복하는 기능을 기록해 두었다가 반복 실행할 수 있는 기능이다. 매크로를 이용하면 반복해야 하는 같은 작업을 편리하고 빠르게 완료할 수 있다.
- [도구] 메뉴의 [매크로]–[스크립트 매크로 정의]를 클릭한다. [스크립트 매크로 정

의] 목록에서 정의할 매크로를 선택하고 이름을 입력한 후 [정의] 단추를 클릭한다.
- 마우스를 이용하여 저장할 작업 과정을 진행하도록 한다. 작업 과정이 모두 완료되면 [스크립트 매크로 정의] 도구 상자에서 [중지]를 클릭한다.

5. 책갈피 등록하여 활용하기

- 책갈피는 많은 양의 문서에서 어느 특정 위치에 표시하여 찾아가기나 책갈피 찾기 등을 이용하여 곧바로 이동할 수 있는 편리한 기능이다.
- 책갈피로 등록할 단어 앞에 커서를 두거나 블록으로 지정한 후 [입력] 메뉴의 [책갈피]를 클릭한다.
- [책갈피] 대화상자에서 책갈피 이름을 입력하고 [넣기] 단추를 클릭하여 책갈피 목록에 추가한다.
- [입력] 메뉴의 [책갈피]를 클릭한 후 목록에서 원하는 책갈피를 선택하고 [이동] 단추를 클릭하면 선택한 책갈피 위치로 커서가 이농한다.
- [편집] 메뉴의 [찾아가기]를 클릭하거나 바로 가기 키인 Alt+G 를 누른 후 종류를 [책갈피]로 선택한다.
- [가기] 단추를 클릭하면 선택한 책갈피가 위치한 곳으로 커서가 이동하게 된다.

6. 하이퍼링크로 문서 연결하기

- 하이퍼링크를 활용하면 문서 내에서 서로 다른 곳을 연결하거나 그림 파일, 외부 문서, 전자 메일 등과 현재 문서를 연결할 수 있다.
- 하이퍼링크를 설정할 내용을 드래그하여 블록으로 지정하고 [입력] 메뉴의 [하이퍼링크]를 클릭하거나 바로 가기 키인 Ctrl+K , H 를 누른다.
- [표시할 문자열]에 선택한 내용이 나타나면 [연결 종류]와 [연결 대상]을 설정하고 [넣기] 단추를 클릭한다.

7. 인쇄와 인쇄 미리 보기

- 완성한 문서를 프린터로 인쇄하거나 인쇄할 모습을 미리 확인할 수 있다.
- [파일] 메뉴의 [인쇄]를 클릭하거나 바로 가기 키인 Alt+P 를 누른다.
- [인쇄] 대화상자에서 다양한 인쇄 옵션을 설정하고 [미리 보기]를 클릭한다. 또는 [인쇄] 단추를 클릭하여 곧바로 프린터로 문서를 인쇄할 수 있다.
- [미리 보기] 상태에서 문서를 확인하고 편집 용지의 크기와 여백 등을 변경할 수 있다.

1. 문서의 제목을 글자 서식이 유지되도록 상용구로 등록하여 본문의 입력 위치에 넣어보자. [Ch04\종합실습1.hwp]

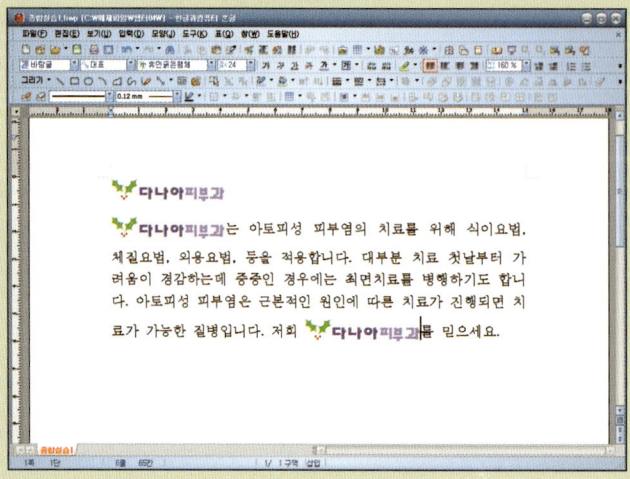

HINT | 그림이 포함되어 있기 때문에 서식이 유지되는 본문 상용구로 등록할 수 있다. 블록으로 지정하고 바로 가기 키인 Alt + I 를 눌러 상용구로 등록한다.

2. [찾기] 기능을 이용하여 예제 문서에 입력된 특수 문자 '•'를 모두 찾아보자. [Ch04\종합실습2.hwp]

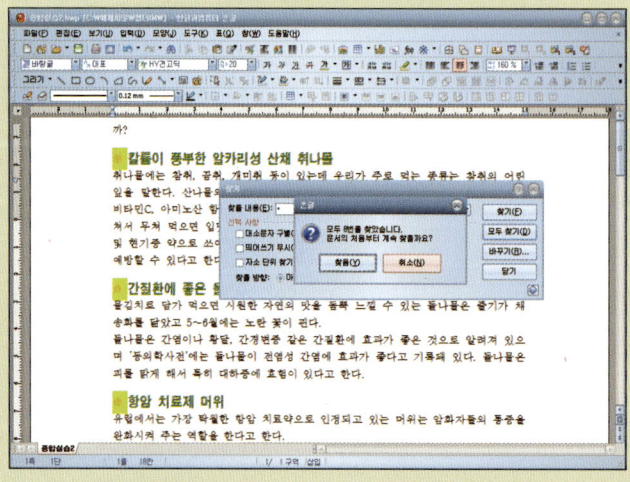

HINT | [편집] 메뉴의 [찾기]를 클릭하고 [찾을 내용]에 '•'를 입력한 후 [모두 찾기] 단추를 클릭한다. [찾기] 대화상자가 열린 상태에서 Ctrl + F10 을 누르면 [문자표 입력] 대화상자가 열려 특수문자를 입력할 수 있다.

3. 문서에 입력된 특수문자 '•'를 모두 찾아 '▶'로 바꿔보자.

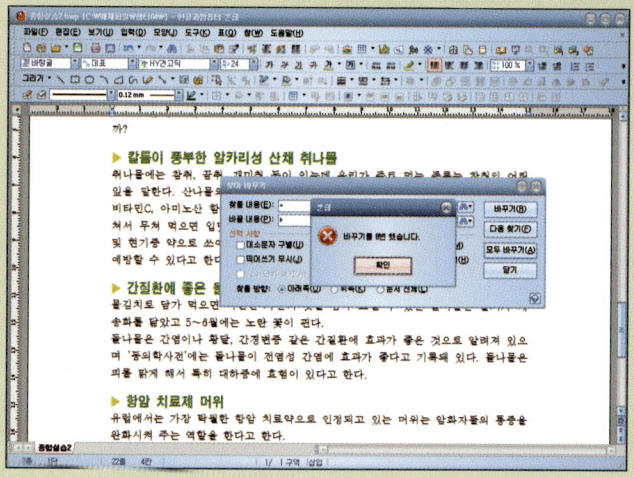

HINT | [찾기] 대화상자에서 [바꾸기] 단추를 클릭하여 특정 내용을 찾아 다른 내용으로 바꾸기 할 수 있다. '▶'는 [문자표 입력] 대화상자의 [한글(HNC) 문자표] 탭으로 이동한 후 [수학식 기호(일반)] 그룹에서 선택할 수 있다.

4. 예제 문서의 '머위'에 관한 설명 부분에 책갈피를 삽입하고 찾아가기 기능을 이용해 책갈피 위치로 이동해 보자. [ChO4\종합실습4.hwp]

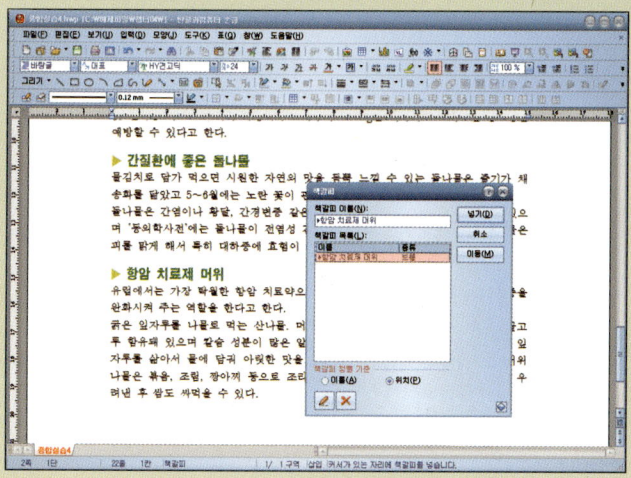

HINT | [입력] 메뉴의 [책갈피]를 클릭하여 커서 위치에 책갈피를 등록할 수 있다. [편집] 메뉴의 [찾아가기]를 클릭하고 [책갈피]를 선택하면 문서에 등록한 책갈피 목록이 나타나고 목록을 선택하고 [가기] 단추를 클릭하면 책갈피 위치로 이동할 수 있다.

5. 다음과 같이 문서의 텍스트를 클릭하여 전자 메일을 보낼 수 있도록 하이퍼링크로 연결해 보자. [ChO4\종합실습5.hwp]

HINT | [하이퍼링크] 대화상자에서 [연결 종류]를 [전자 우편 주소]로 선택하고 [연결 대상]에 메일 주소를 입력한다. 하이퍼링크가 적용된 글꼴의 색상은 사용자마다 서로 다를 수 있다. 하이퍼링크가 설정된 글꼴의 모양은 [도구] 메뉴의 [환경 설정]을 클릭한 후 [기타] 탭에서 변경할 수 있다.

6. 다음과 같이 문서의 텍스트를 그림 파일과 연결하여 클릭했을 때 연결된 그림이 나타나도록 설정해 보자. [ChO4\종합실습6.hwp, 돌잔치.jpg]

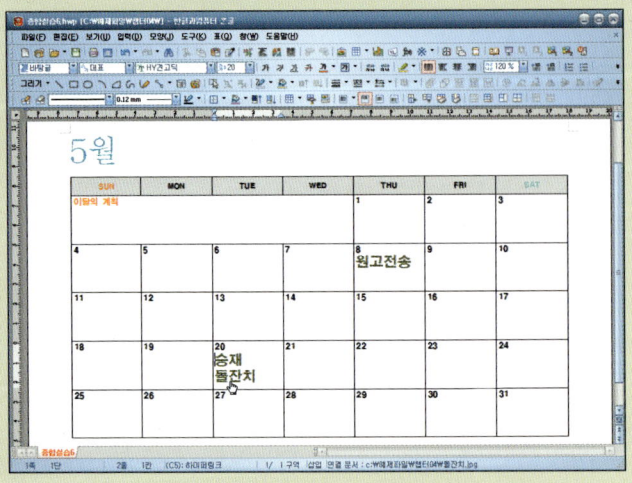

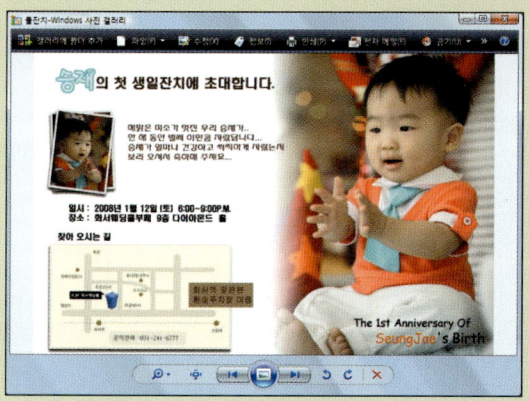

HINT | [입력] 메뉴의 [하이퍼링크]를 클릭하여 그림과 연결할 수 있다. [연결 종류]를 [외부 어플리케이션 문서]로 선택하고 [연결 대상]에서 [파일 선택]을 클릭하여 그림 파일과 연결하도록 한다.

7. 문서를 다음과 같이 머리말에는 날짜, 꼬리말에는 페이지 번호가 나타나도록 설정한 후 2쪽 모아찍기로 인쇄해 보자. [ChO4\종합실습7.hwp]

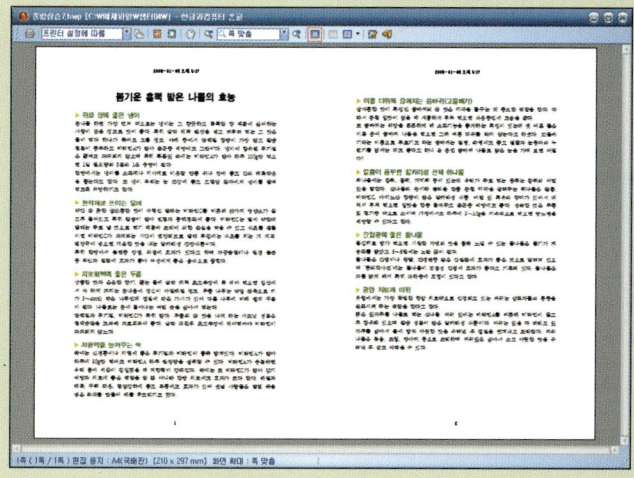

HINT | [파일] 메뉴의 [인쇄]를 클릭하거나 바로 가기 키인 Alt + P 를 누른다. [확장] 탭에서 머리말 가운데 위치에 [날짜], 꼬리말 가운데 위치에 [쪽 수]를 설정하고 [기본] 탭에서 2쪽씩 [모아찍기]를 설정한다.

CHAPTER

5

정돈된 문서 작성을 위한
표 기능 익히기

한글 2007에서 문서를 편집할 때 자주 사용하는 요소 중 하나인 표는 글로 표현하기 어려운 내용을 보기 좋게 정리할 수 있다. 표는 작은 사각형 모양의 셀로 구성되어 있으며, 각 셀의 배경이나 테두리 등을 다양하게 꾸밀 수 있다. 여기서는 표의 구성과 모양을 꾸미고 입력된 내용을 정렬하고 계산하는 방법 등에 대해 알아본다.

표에 관한 다양한 기능 익히기

Chapter 5

문서 편집에 표를 사용하기 위해서는 표를 만드는 방법과 표의 편집 방법을 알아두어야 한다. 여기서는 표를 만들고 만들어 놓은 표에 입력한 내용을 정렬하는 방법과 표의 모양 등을 꾸밀 수 있는 방법에 대해 알아본다.

01 [표] 도구 상자

표를 만든 후 표 안에 커서를 두면 자동으로 [표] 도구 상자가 나타난다. [표] 도구 상자에는 표를 만드는 도구를 비롯하여 테두리와 배경 색, 줄/칸 추가하기, 셀 나누기, 셀 합치기 등의 다양한 도구가 모여 있다. 각 명령에 대해 알아보자.

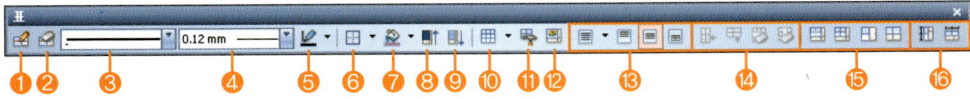

❶ **표 그리기** : 마우스로 드래그하여 표의 전체 틀이나 셀 테두리를 만든다.

❷ **표 지우개** : 만들어 놓은 표의 셀 테두리를 지운다.

❸ **셀 테두리 모양** : 다양한 모양의 셀 테두리를 설정한다.

❹ **셀 테두리 굵기** : 셀 테두리의 굵기를 설정한다.

❺ **셀 테누리 색** : 셀 테두리의 색상을 설정한다.

❻ **표 테두리** : 지정해 놓은 셀 테두리를 적용할 위치를 선택한다.

❼ **셀 배경색** : 선택한 셀이나 커서가 위치한 셀에 배경 색을 적용한다.

❽ **셀 음영 비율 증가** : 설정된 셀 배경색의 음영을 높인다.

❾ **셀 음영 비율 감소** : 설정된 셀 배경색의 음영을 낮춘다.

❿ **표 만들기** : 표의 구성을 선택하고 커서 위치에 곧바로 표를 만들어 넣는다.

⓫ **표/셀 속성** : [표/셀 속성] 대화상자를 불러와 표의 크기나 여백, 셀 간격 등을 설정한다.

⓬ **셀 테두리/배경(각 셀마다 적용)** : 선택한 셀의 테두리와 배경을 꾸민다.

⓭ **정렬 방식** : 셀 안에 입력한 내용이 정렬할 위치를 설정한다.

⓮ **줄/칸 추가하기와 지우기** : 커서가 위치한 셀을 기준으로 줄이나 칸을 추가하거나 삭제한다.

⓯ **셀 합치기와 셀 나누기** : 선택한 셀을 여러 개의 셀로 나누거나 여러 개의 셀을 하나로 합친다.

⓰ **셀 높이/너비를 같게** : 선택한 셀의 높이나 너비를 같게 자동으로 변경한다.

02 표의 개체 속성 설정하기

표를 클릭하여 선택한 후 마우스 오른쪽 단추를 클릭하고 [개체 속성]을 선택하면 [개체 속성] 대화상자가 나타난다. [개체 속성] 대화상자에서 설정할 수 있는 내용에 대해 알아보자.

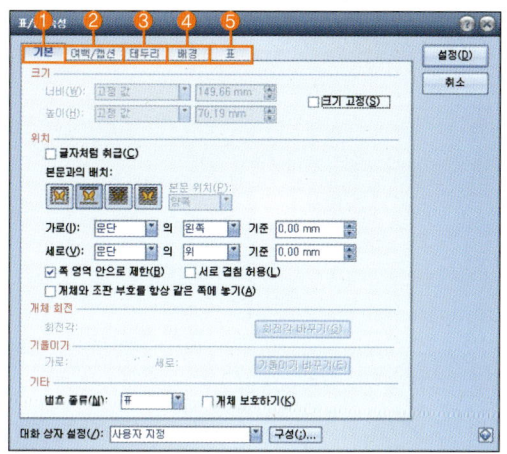

❶ **[기본] 탭** : 표의 전체 크기나 본문과의 배치 방법 등을 설정한다.

❷ **[여백/캡션] 탭** : 표에 설정된 캡션의 위치와 표와 캡션 간의 간격 등을 설정한다.

❸ **[테두리] 탭** : 선택한 셀의 테두리를 다양한 모양으로 설정한다.

❹ **[배경] 탭** : 선택한 셀에 배경 색이나 그러데이션, 배경 그림을 다양하게 설정한다.

❺ **[표] 탭** : 자동으로 표를 페이지의 크기에 맞춰 구분할 것인지와 셀 안쪽 여백, 셀 간격 등을 설정한다.

03 표 및 셀 크기 조절하기

• 마우스로 직접 셀 사이 테두리를 원하는 영역으로 드래그하면 셀의 크기를 변경할 수 있다.

• 셀이 블록으로 선택되어 있는 상태에서 **Ctrl** 이나 **Shift**, **Alt** 를 누른 채 방향키를 이용하면 선택된 셀의 너비와 높이를 조절할 수 있다. 다만, 세 개의 키는 누를 때마다 크기 조절 결과에 약간의 차이가 발생한다.

• 표 전체를 선택한 상태에서 오른쪽 모서리의 조절점을 드래그하면 원하는 만큼 표 전체 크기를 조절할 수 있다.

다양한 방법으로 표 만들기

문서에 표를 만들어 넣는 방법은 [표 만들기] 메뉴를 이용하거나 도구 상자의 [표 만들기] 명령을 이용하는 방법, 마우스로 직접 표를 그리는 방법 등이 있다. 여기서는 다양한 방법을 이용하여 문서에 표를 삽입하는 방법에 대해 배워보자.

> ▶ 알아두기
>
> [표] 메뉴의 [표 만들기]를 클릭하여 원하는 크기의 표를 만들 수 있다. 또한 [표 만들기] 도구를 이용하거나 직접 마우스로 표를 그려 넣을 수도 있다.

따라하기 01 [표 만들기] 메뉴로 새로운 표 만들기

[표] 메뉴의 [표 만들기]를 클릭하여 가로 및 세로 크기가 모두 '100mm'가 되도록 10개의 줄과 3개의 칸으로 구성된 표를 만들어 보자.

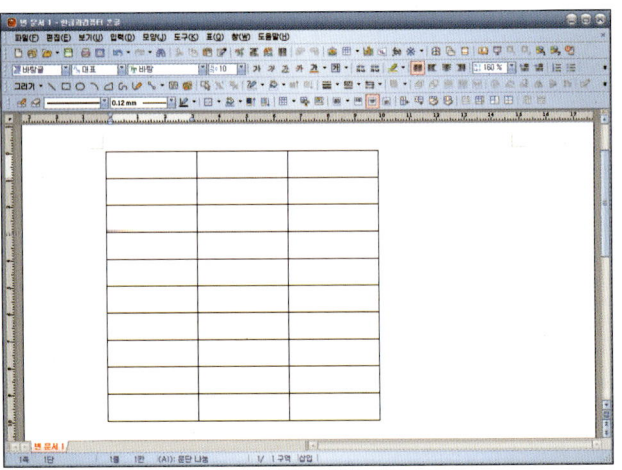

❶ [표] 메뉴의 [표 만들기]를 클릭한다.

❷ [표 만들기] 대화상자에서 [줄 수]와 [칸 수]를 각각 입력하고 [너비]를 [임의 값]으로 선택하고 '100mm'로 입력한다. [높이]도 [임의 값]으로 선택하고 '100mm'로 입력한 후 [만들기] 단추를 클릭한다.

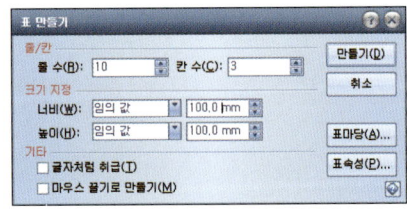

❸ 문서에 설정한 모양의 표가 삽입되고 첫 번째 셀 안에 커서가 위치하게 된다.

다음과 같은 모양의 표를 두 개 만들어 보자.

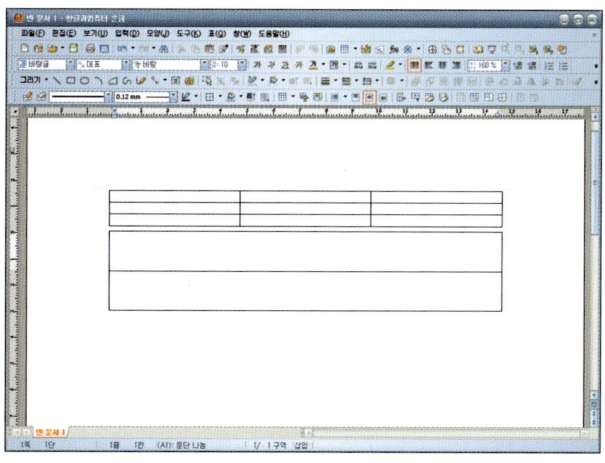

HINT | [표 만들기] 대화상자에서 [줄 수]와 [칸 수]를 모두 '3'으로 입력하여 표를 만든다. 두 번째 표의 [높이]를 [임의 값]으로 선택하고 [30mm]로 설정한다.

[표마당]을 활용하여 나음과 같은 모양의 새로운 표를 민들어 보지.

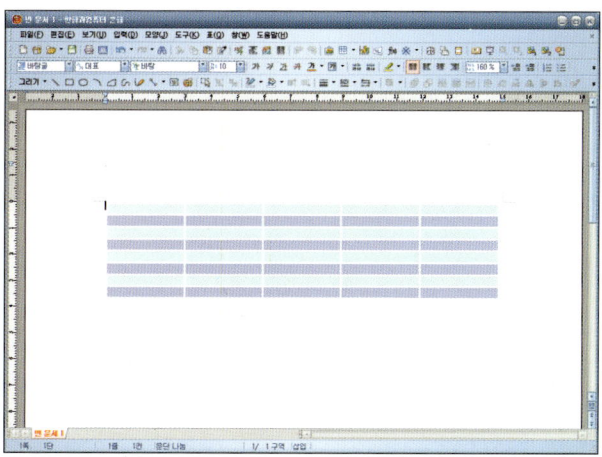

HINT | [표 만들기] 대화상자에서 [표마당]을 클릭하여 [수평 무늬 4]로 설정한다.

[표 만들기] 도구를 이용해 표 만들기

[기본] 도구 상자의 [표 만들기]를 클릭하면 표 팔레트가 나타난다. 팔레트에서 원하는 구성의 표를 선택하여 곧바로 표를 문서에 삽입할 수 있다. [표 만들기] 도구를 이용하여 다음과 같은 모양의 표를 만들어 보자.

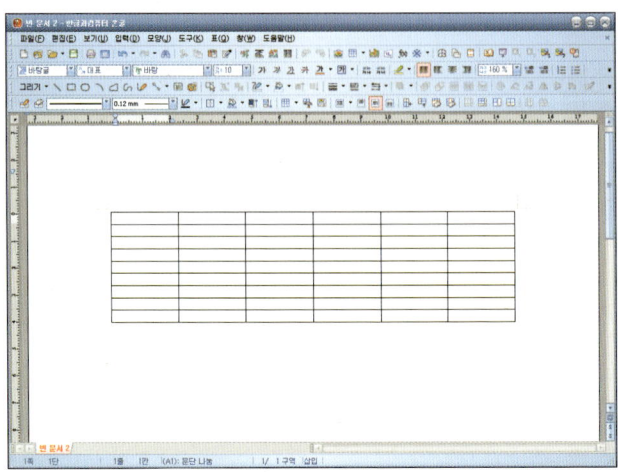

❶ [기본] 도구 상자에서 [표 만들기]를 클릭한 후 마우스로 드래그하여 표의 구성이 '9×6'이 되도록 한다.

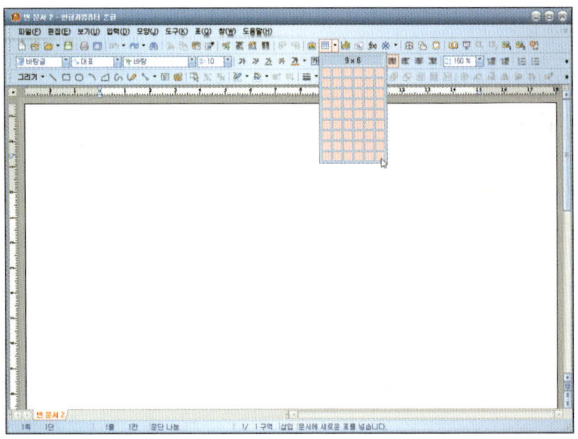

❷ 마우스를 놓으면 문서에 표가 삽입된다. [표 만들기] 팔레트는 마우스로 드래그하는 영역만큼 나타나며 상단 부분에 줄 수와 칸 수가 표시된다.

[표 만들기] 도구를 이용할 때에는 표의 너비는 자동으로 문단에 맞춰지고 표의 높이는 자동으로 설정된다. 또한 [표 만들기] 도구를 이용해 만들 수 있는 표는 칸 수와 줄 수 모두 35개로 제한되어 있다.

03
혼자해보기

[표 만들기] 도구를 이용하여 다음과 같은 구성의 표를 만들어 보자.

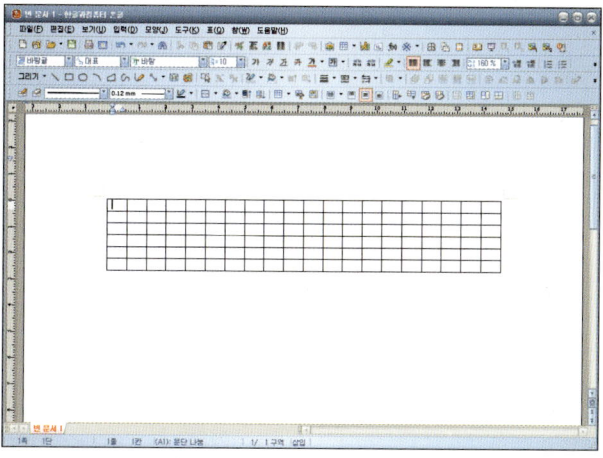

HINT | [표 만들기] 도구를 클릭하여 '6×20' 크기의 표를 만든다.

따라하기

03 [표 그리기] 메뉴를 이용해 마우스로 표 만들기

한글 2007에서는 [표 만들기] 메뉴와 [표 만들기] 도구를 이용해 표를 만드는 방법 외에도 마우스로 직접 표의 구성을 그려 넣을 수 있다. 마우스를 이용하여 다음과 같은 모양의 표를 만들어 보자.

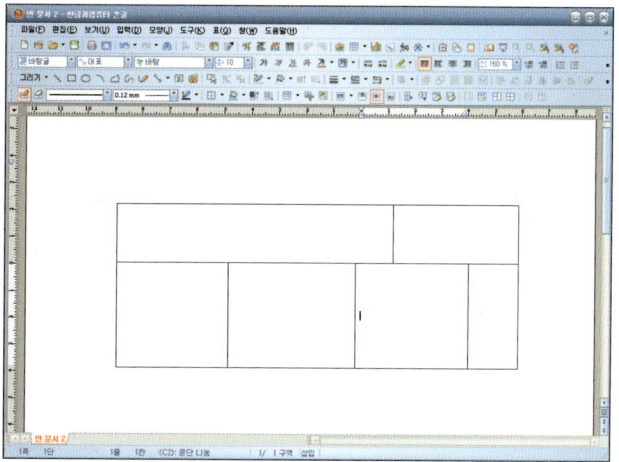

❶ [표] 메뉴의 [표 그리기]를 클릭한다.

❷ 마우스 커서가 연필 모양으로 바뀌면 전체 표가 들어갈 영역을 드래그하여 표의 틀
을 만든다.

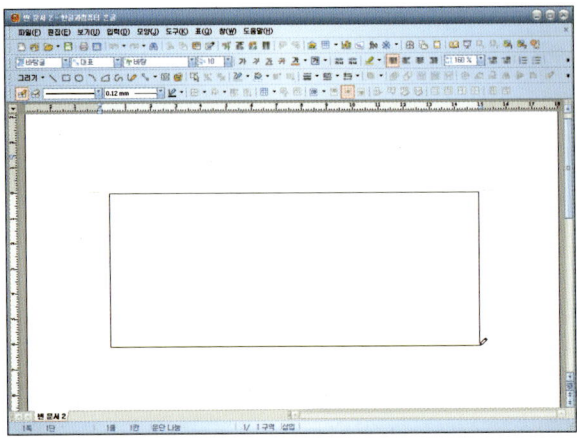

❸ 표의 틀 안에 마우스를 이용하여 가로나 세로 방향으로 드래그하면 테두리가 점선
모양으로 나타나고 마우스를 놓으면 표시되었던 점선 위치에 테두리가 만들어진다.

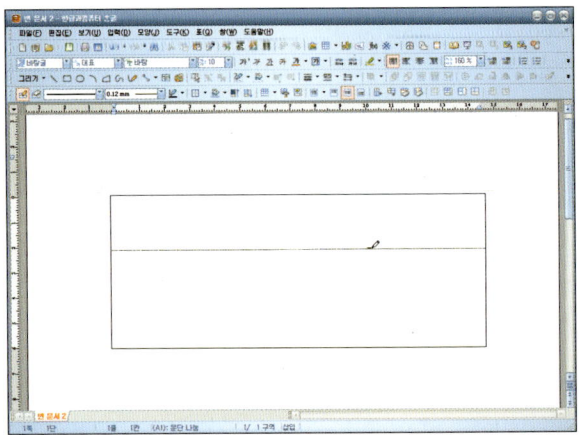

④ 이와 같은 방법으로 필요한 위치에 테두리를 그려 원하는 표의 모양을 만들 수 있다.

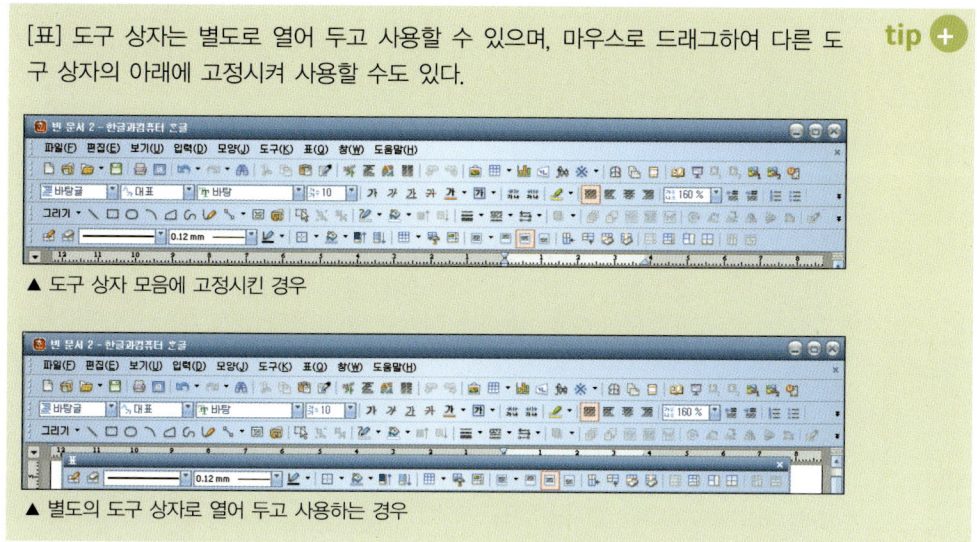

▲ 도구 상자 모음에 고정시킨 경우

▲ 별도의 도구 상자로 열어 두고 사용하는 경우

04 앞에서 만들어 놓은 표의 테두리를 지워 표의 구성을 바꿔보자.
혼자해보기 [Ch05\표지우기.hwp]

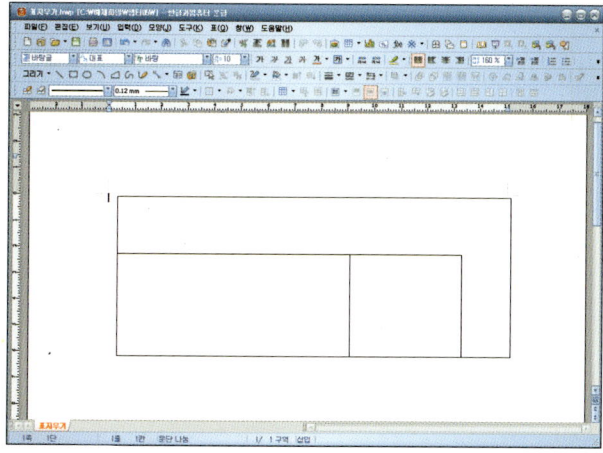

HINT | [표] 도구 상자에서 [표 지우개]나 [표] 메뉴의 [표 지우개]를 클릭하여 테두리를 삭제할 수
있다. 연결되지 않은 테두리는 삭제되지 않고 투명한 선으로 변경된다.

표의 투명한 테두리를 확인하기 위해서는 [보기] 메뉴의 [투명선 보기]를 클릭한다. 투 **tip** ➕
명선이 붉은색의 점선으로 표시되어 전체적인 표의 모양을 확인할 수 있다.

표 구성 편집하기

문서에 삽입한 표를 구성하는 셀의 개수는 언제든지 추가하거나 삭제할 수 있다. 또한 표의 전체 크기와 각 셀의 크기도 변경할 수 있다. 여기서는 이와 같이 셀을 합치거나 나누는 방법, 셀을 추가하거나 삭제하는 방법, 표와 셀의 크기를 변경하는 방법 등 표의 구성을 편집하는 방법에 대해 배워본다.

◐ 알아두기

표를 수정하기 위해서는 우선 변경할 셀을 블록으로 지정해야 한다. 표 안에 커서를 두고 F5를 눌러 하나의 셀을 선택하고, 다시 F5를 누른 후 방향키를 이용하여 연결되어 있는 여러 개의 셀을 선택할 수 있다. 또한 Ctrl을 누른 채 클릭하면 연결되지 않은 셀을 다중 선택할 수 있다.

따라하기 **01** **셀 선택하기**

표의 셀 크기를 변경하기 위해서는 우선 변경할 셀을 블록으로 지정해야 한다. 다음과 같이 표의 일부분을 블록으로 지정해 보자. [Ch05\표선택.hwp]

❶ 첫 줄 두 번째 칸에 커서를 두고 바로 가기 키인 F5를 눌러 블록으로 지정한다.

❷ F5 를 다시 한 번 누르면 셀 중앙에 표시되는 원 모양이 붉은색으로 변경된다. 붉은 색으로 변경되면 키보드의 방향키를 오른쪽 방향키 한 번, 아래 방향키 한 번을 누른다.

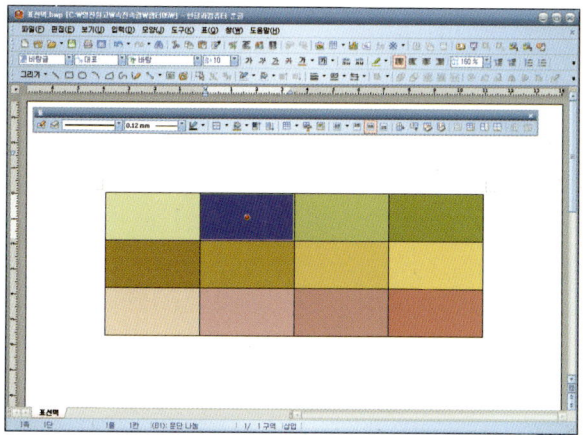

❸ 모두 네 개의 셀이 블록으로 시정된다. 표의 바깥 부분이나 Esc 를 눌러 블록 지정을 해제한다.

❹ F5 를 연달아 세 번 누르면 표 전체의 셀이 블록으로 지정된다.

01
혼자해보기

마우스를 이용하여 다음과 같이 셀을 선택해 보자.

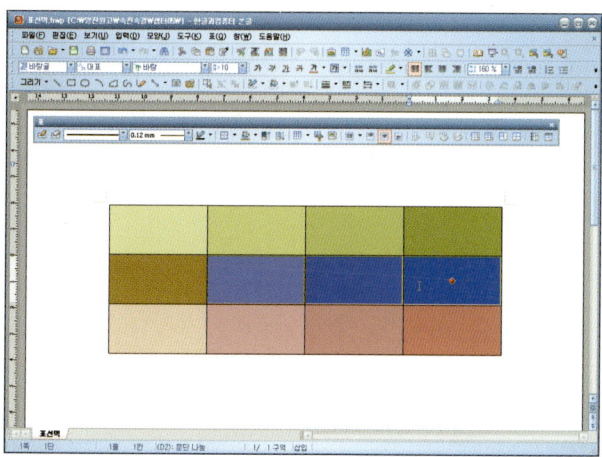

> **HINT** | 마우스로 드래그하여 셀을 선택할 수 있다.

다음 그림과 같이 서로 연결되지 않고 떨어져있는 셀 네 개를 선택해 보자.

HINT | Ctrl 을 누른 채 서로 떨어진 셀을 클릭하여 다중 선택할 수 있다.

표를 글자처럼 취급하기   tip ➕

문서에 표를 입력했을 때 키보드의 방향키를 눌러 표의 셀 안과 표 바깥 부분을 서로 이동할 수 없는 경우가 있다. 이런 경우 새로운 표를 만들 때 [표 만들기] 대화상자에서 [글자처럼 취급]을 체크한 후 [만들기] 단추를 클릭하거나 표를 마우스 오른쪽 단추로 클릭하여 [개체 속성]을 선택하여 [글자처럼 취급]을 설정하면 방향키로 커서를 표 안으로 이동할 수 있다.

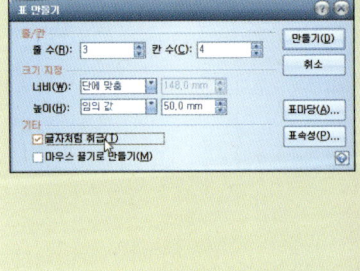

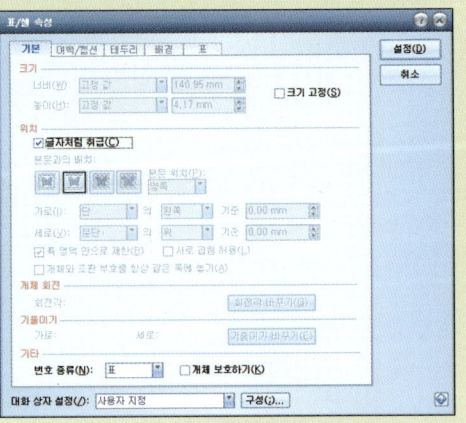

02 표 크기 조절하기

다음과 같이 마우스를 이용하여 표의 전체 크기를 축소해 보자.
[Ch05\크기조절.hwp]

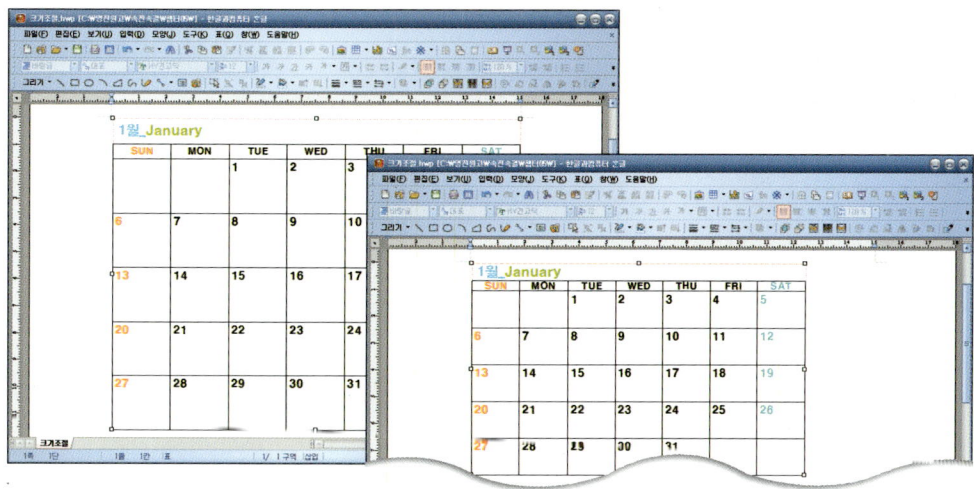

❶ 표를 클릭하여 선택하면 표의 가장자리에 조절점이 나타난다.

❷ 오른쪽 아래 조절점을 드래그하여 표의 전체 크기를 줄인다.

❸ 표를 구성하는 셀은 전체 표 크기가 줄어든 만큼 자동으로 맞춰 축소된다. 다만 셀 안에 입력된 글자의 글꼴 크기는 그대로 유지된다.

03

혼자해보기

마우스를 이용해 요일이 입력된 첫 줄의 높이를 키워보자. [Ch05\표크기조절.hwp]

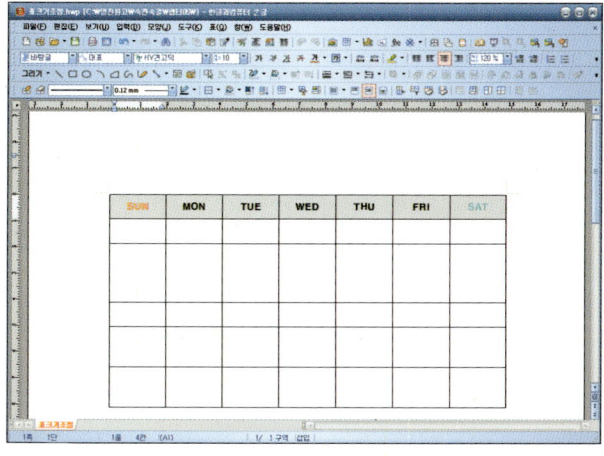

HINT | 마우스로 셀 테두리를 드래그하여 셀의 높이를 변경할 수 있다.

04
혼자해보기

서로 다른 높이의 두 번째 줄부터 여섯 번째 줄까지의 높이를 동일하게 바꿔보자.

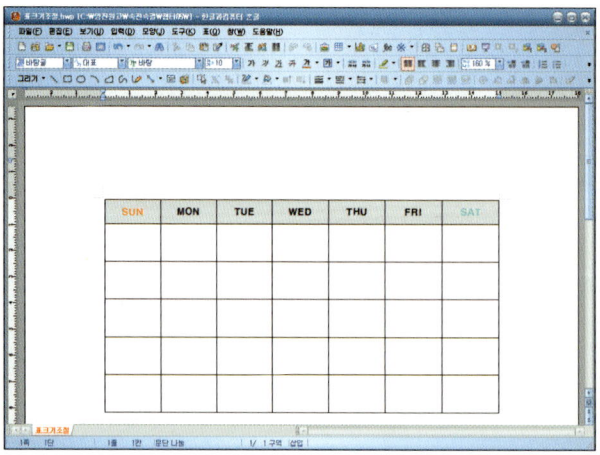

HINT | [표] 메뉴의 [셀 높이를 같게]를 클릭하면 선택한 셀의 높이가 모두 같게 자동으로 맞춰진다.

05
혼자해보기

키보드의 방향키를 이용해 일요일이 입력되는 첫 번째 열의 너비만 줄여보자.

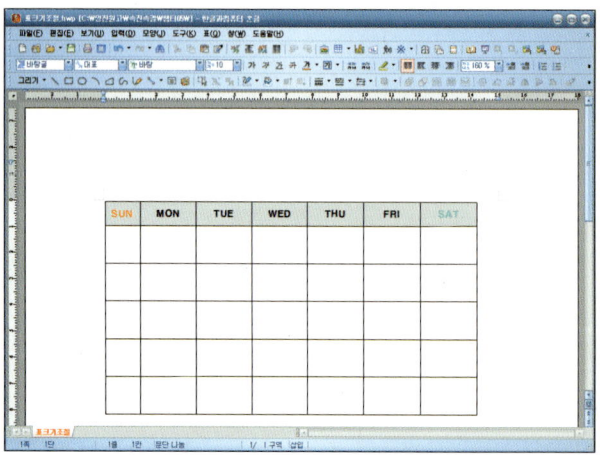

HINT | 첫 번째 열의 셀 안에 커서를 두고 Ctrl 을 누른 채 왼쪽 방향키를 누르면 셀의 너비가 축소된다.

마우스로 테두리를 드래그하여 셀의 크기를 바꿀 수 있다. 하지만 마우스로 테두리를 드래그하여 셀 크기를 변경하면 방향키와는 달리 이웃한 셀의 너비에 영향을 미친다. tip

06
혼자해보기

금요일이 입력되는 여섯 번째 열의 너비를 키워보자. 반면 토요일 입력 부분의 너비는 줄어들어 전체 표의 크기는 그대로 유지되도록 하자.

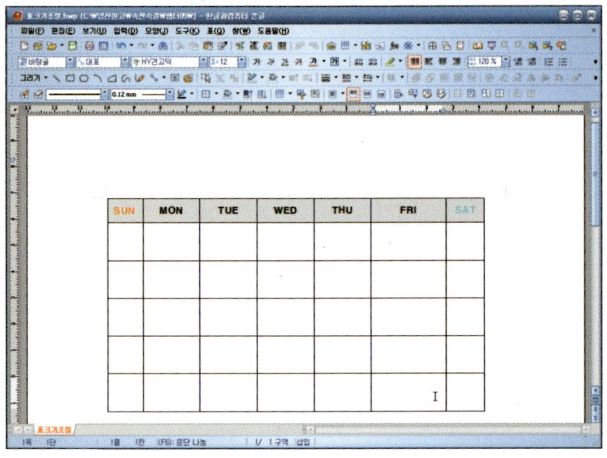

HINT | Alt 를 누른 채 방향키를 이용하면 표 전체 크기에는 지장을 주지 않고 이웃한 셀의 크기에만 영향을 미친다.

07
혼자해보기

월요일, 수요일, 금요일이 입력된 부분의 셀 높이만 키워보자.

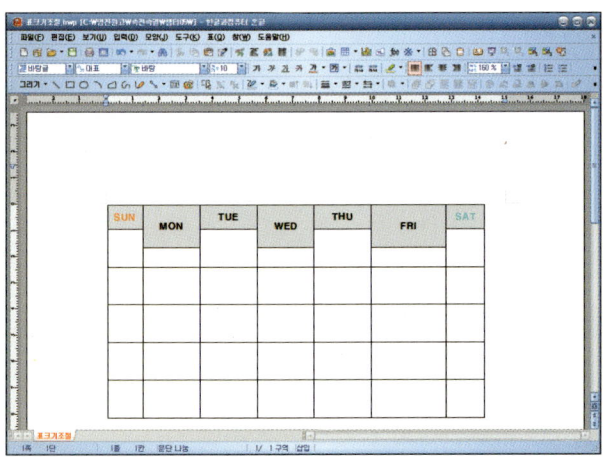

HINT | Ctrl 을 누른 채 클릭하면 서로 떨어진 셀을 다중 선택할 수 있다. Shift 를 누른 채 방향키를 눌러 셀의 크기를 변경하면 선택한 셀의 크기만 변경된다.

03 셀 나누기와 셀 합치기

[셀 나누기]를 실행하면 표 안의 셀 하나를 여러 개의 셀로 나눌 수 있다. 반면 [셀 합치기]를 실행하면 여러 개의 셀을 하나로 합칠 수 있다. 다음과 같이 셀을 나누고 합쳐보자. [Ch05\셀편집.hwp]

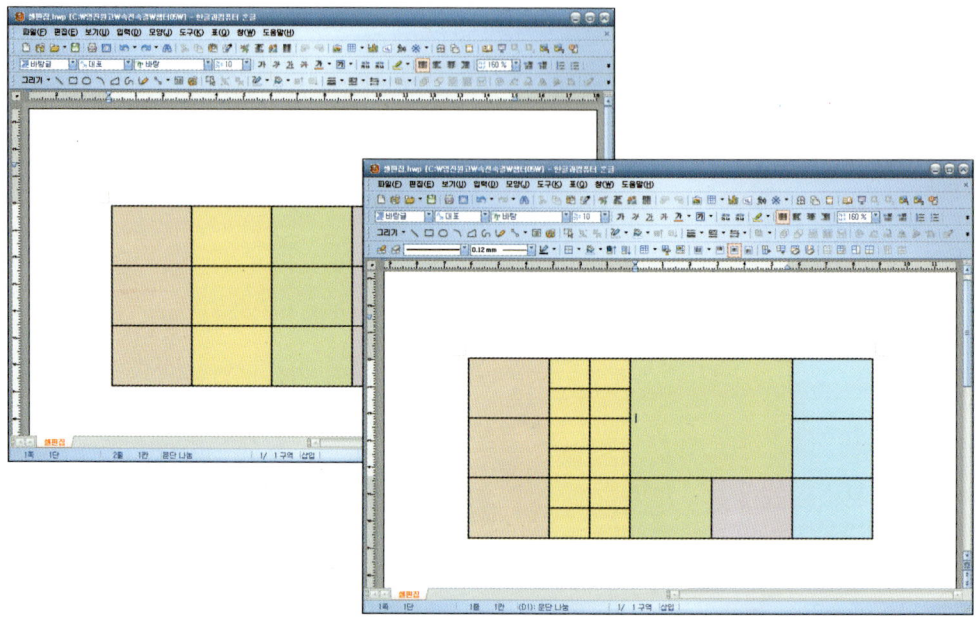

❶ 셀 나누기를 적용할 노란색 셀 세 개를 드래그하여 블록으로 지정한다.

❷ [표] 메뉴의 [셀 나누기]를 클릭하거나 [표] 도구 상자에서 [셀 나누기]를 클릭한다.

❸ [셀 나누기] 대화상자에서 다음과 같이 [줄 수]와 [칸 수]를 '2'로 입력하고 [선택 사항]에서 [줄 높이를 같게 나누기]를 체크한 후 [나누기] 단추를 클릭한다.

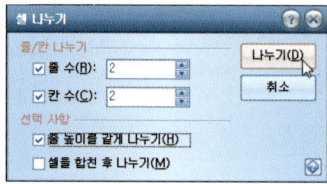

❹ 선택한 셀이 각각 네 개의 셀로 나누어지면 하나로 합칠 네 개의 셀을 드래그하여 블록으로 지정한다.

❺ [표] 메뉴의 [셀 합치기]를 클릭하거나 [표] 도구 상자의 [셀 합치기]를 클릭한다.

❻ 선택한 네 개의 셀이 하나의 셀로 합쳐지고 맨 앞의 셀 모양이 합쳐진 셀에 적용된다.

08
혼자해보기

[셀 나누기]를 실행하여 다음과 같이 표의 모양을 변경해 보자. [Ch05\셀편집.hwp]

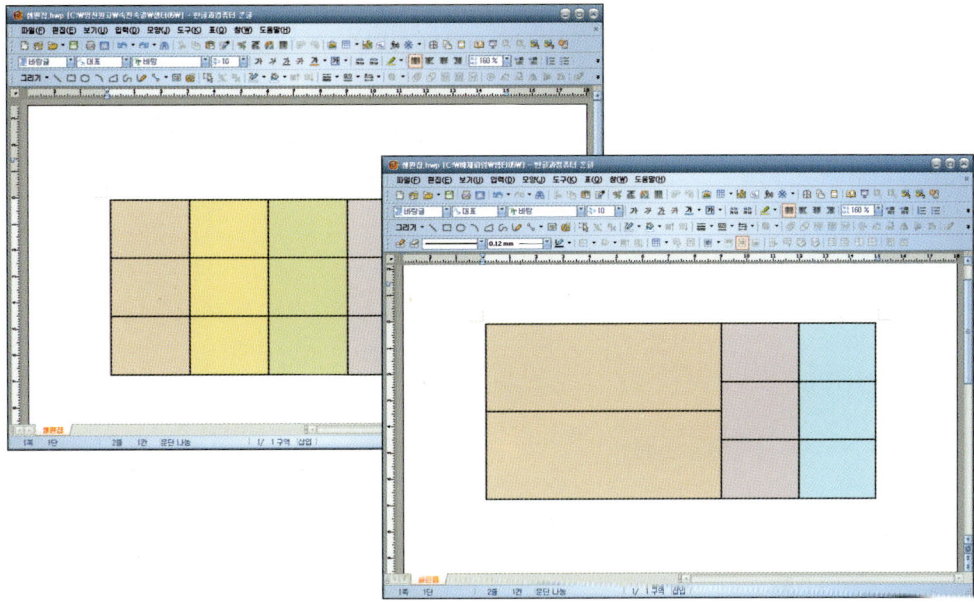

HINT | [셀 나누기]를 실행하여 [줄 수]에 '2'를 입력하고 [줄 높이를 같게 나누기]와 [셀을 합친 후 나누기]를 체크하고 [나누기] 단추를 클릭한다.

따라하기
04 표의 줄과 칸 편집하기

표를 구성하는 줄이나 칸을 추가하거나 삭제할 수 있다. 여기서는 표에 줄이나 칸을 추가하거나 불필요한 줄이나 칸을 삭제하는 방법에 대해 알아보자.
[Ch05\줄칸편집.hwp]

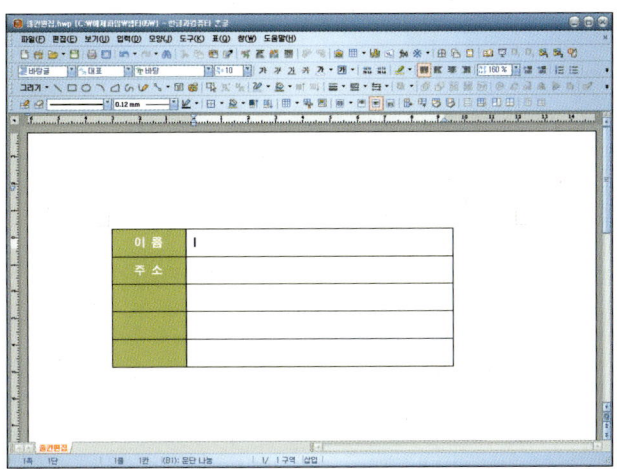

❶ 맨 아래 줄의 셀 안에 커서를 두고 마우스 오른쪽 단추를 클릭하여 [줄/칸 추가하기]를 선택하거나 [표] 도구 상자에서 [아래에 줄 추가하기]를 클릭한다.

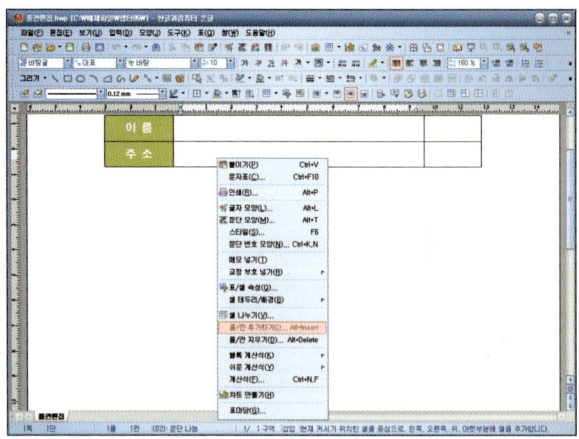

❷ [줄/칸 추가하기] 대화상자에서 [아래에 줄 추가하기]를 선택하고 [줄/칸 수]는 ‘1’을 입력한 후 [추가] 단추를 클릭한다.

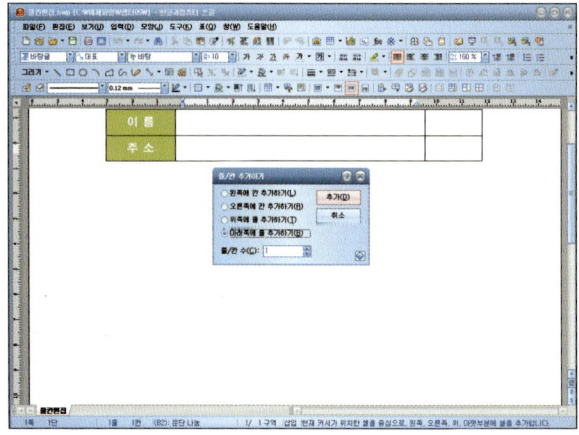

❸ 커서가 위치한 줄 아래에 한 개의 줄이 추가되고, 추가된 줄은 커서가 위치한 줄의 모양과 동일하게 나타난다.

❹ 추가된 줄 안에 커서를 두고 Ctrl + Enter 를 누르거나 [표] 도구 상자에서 [아래에 줄 추가하기]를 두 번 클릭하여 모두 세 개의 줄을 추가한다.

❺ 맨 오른쪽 칸 안에 커서를 두고 마우스 오른쪽 단추를 클릭하여 [줄/칸 지우기]를 선택한다.

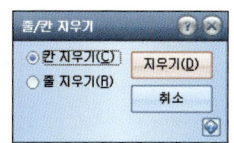

⑥ [줄/칸 지우기] 대화상자에서 [칸 지우기]를 선택하고 [지우기] 단추를 클릭한다. 커서가 위치한 칸이 모두 삭제된다.

⑦ [표] 도구 상자에서 [칸 지우기]를 클릭하여 커서가 위치한 칸을 삭제할 수 있다.

셀 삭제하기   tip +

표의 일부분을 선택하고 Ctrl + E 를 눌러 지우기 기능을 실행하면 다음과 같은 메시지가 나타난다. [남김] 단추를 클릭하면 셀 안의 내용만 삭제되고 셀은 그대로 유지된다. [지우기] 단추를 클릭하면 셀의 내용과 함께 셀 자체가 삭제된다. [취소] 단추를 클릭하면 삭제 명령이 취소되어 대화상자가 사라진다.

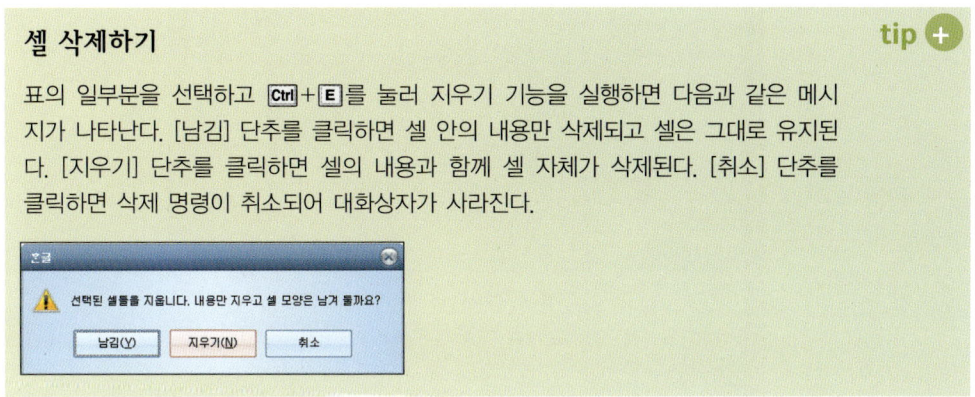

09
혼자해보기

세 개의 줄로 구성된 주소록 표 하나를 복사한 후 붙여넣기 하여 모두 세 개가 되도록 만들어 보자. [Ch05\줄나누기.hwp]

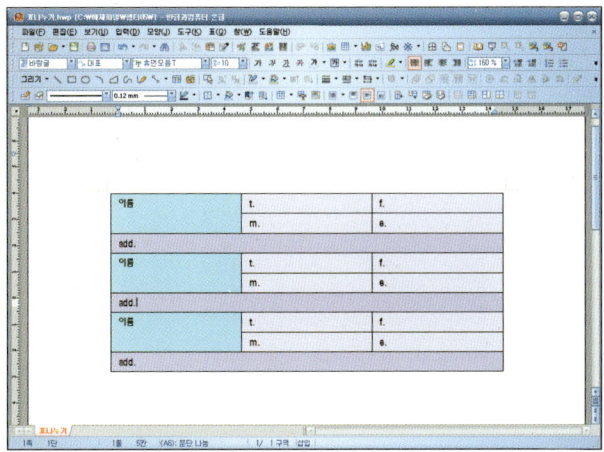

HINT | 복사할 표를 드래그하여 선택한 후 Ctrl + V 를 눌러 복사한다. 표의 맨 아래 줄에 커서를 두고 Ctrl + V 를 눌러 아래쪽에 끼워 넣기를 설정한다.

붙이기해서 아래에 추가한 표를 하나씩 별도의 표로 나누어 보자.

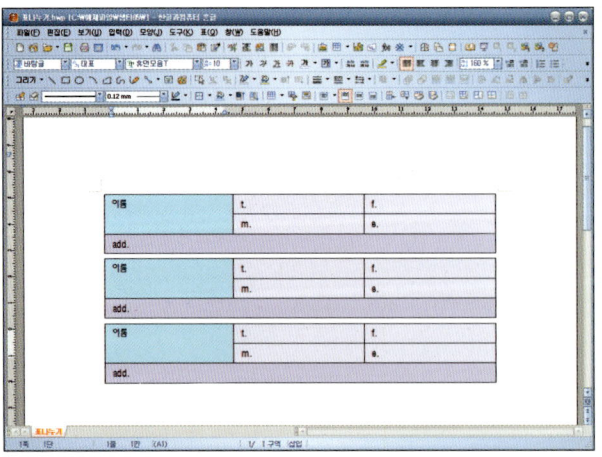

> **HINT** | 표 안에 커서를 두고 [표] 메뉴의 [표 나누기]를 클릭하면 커서가 위치한 줄부터 새로운 표로 나누어진다.

표 안에 커서를 두고 [표] 메뉴의 [표 붙이기]를 클릭하면 아래에 위치한 표가 커서가 **tip +**
위치한 표의 바로 아래에 붙는다.

표 붙이기의 제한   **tip +**

표와 표 사이에 텍스트나 다른 내용이 입력되어 있는 경우에 [표 붙이기]를 실행하면
다음과 같은 경고 메시지가 나타나고, 표 붙이기를 실행할 수 없다. 붙일 표는 바로
위와 아래에 위치해야 한다.

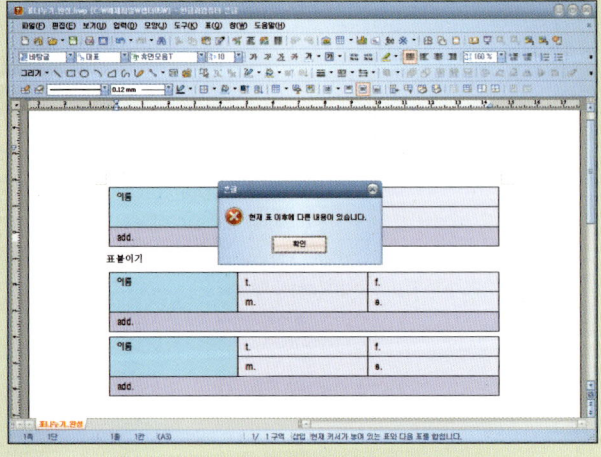

표 모양 꾸미기

문서에 삽입한 표는 기본적으로 검은색의 테두리와 배경색이 없음으로 설정되어 있다. 여기서는 이
와 같은 단순한 표에 배경 그림과 배경 색을 적용하고 테두리의 모양을 꾸미는 방법에 대해 알아본
다. 또한 표에 캡션을 넣고 제목 셀로 설정하는 방법에 대해서도 배워본다.

> ⊙ 알아두기
>
> 배경 색이나 테두리를 설정할 셀을 선택한 후 마우스 오른쪽 단추를 클릭하여 [셀 테두리/배
> 경]을 클릭하여 테두리와 배경 색 등을 설정한다.

따라하기 ─ 01 **표 테두리 설정하기**

한글 2007에서는 표의 테두리를 다양하게 꾸밀 수 있다. 여기서는 표의 가장자리에
굵고 색상이 있는 테두리로 꾸며본다. [Ch05\표테두리.hwp]

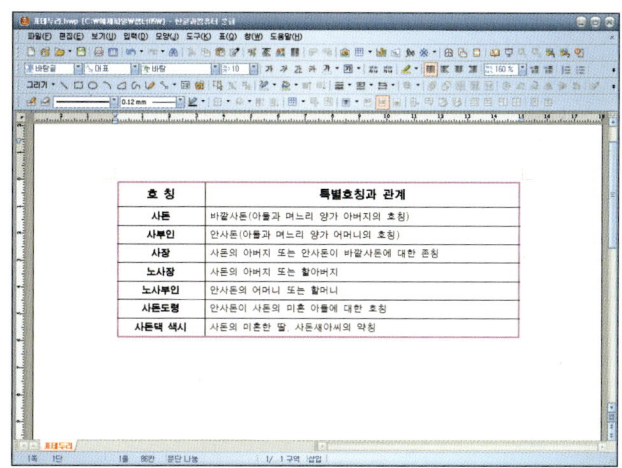

❶ 마우스로 드래그하거나 바로 가기 키인 **F5**를 연달아 세 번 눌러 표 전체를 선택한다.

❷ 마우스 오른쪽 단추를 클릭하여 [셀 테두리/배경]−[각 셀마다 적용]을 선택한다.

❸ [테두리] 탭에서 [바깥쪽 모두]를 클릭한 후 선 굵기를 [0.7mm]로 설정하고 색을 [RGB : 186, 96, 152]로 설정한다.

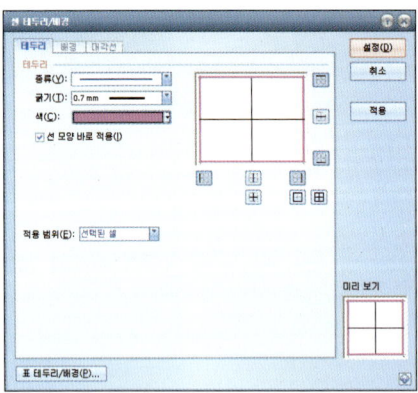

❹ 표의 바깥 부분을 클릭하여 선택을 해제하면 표의 가장자리 테두리의 모양이 변경 된다.

01

혼자해보기

다음과 같이 표 안쪽 테두리는 투명하게, 바깥쪽 테두리는 진한 파란색 점선으로 바 꿔보자. [Ch05\선없음.hwp]

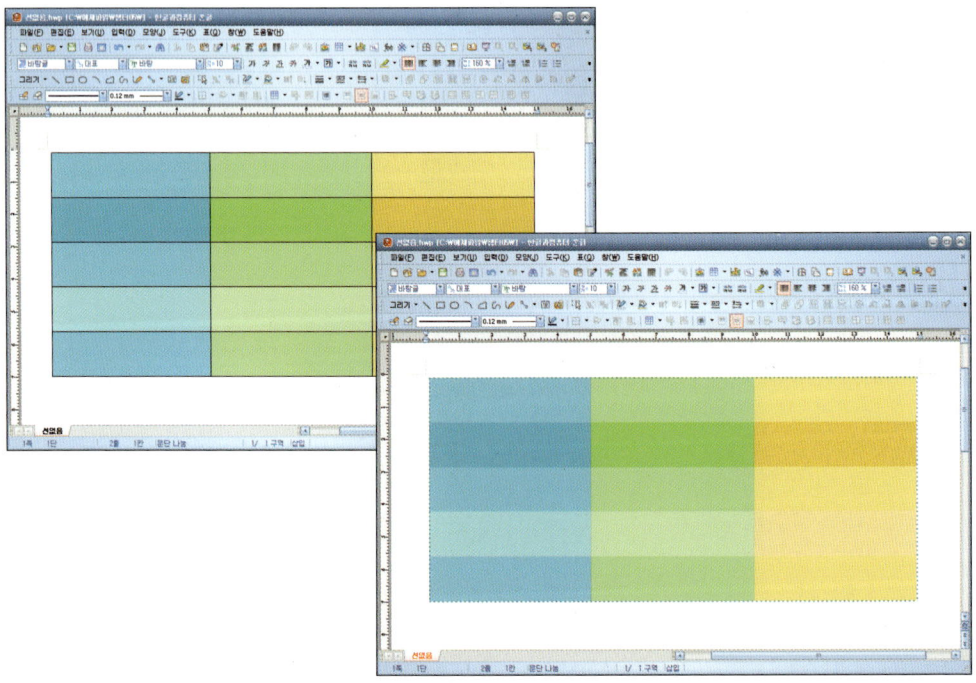

HINT | 안쪽 테두리는 [선 없음]으로 설정한다. 바깥쪽 테두리는 [0.4mm]의 점선으로 설정한다. 테 두리 색상은 [여름] 색상 팔레트의 [RGB : 17,129,144]로 설정한다.

따라하기 02 표에 배경 색 설정하기

표에는 다양한 색상이나 그러데이션 등의 배경색을 설정할 수 있다. 여기서는 다음과 같이 항목이 입력된 부분에 배경 색을 적용해 보자. [Ch05\표배경색.hwp]

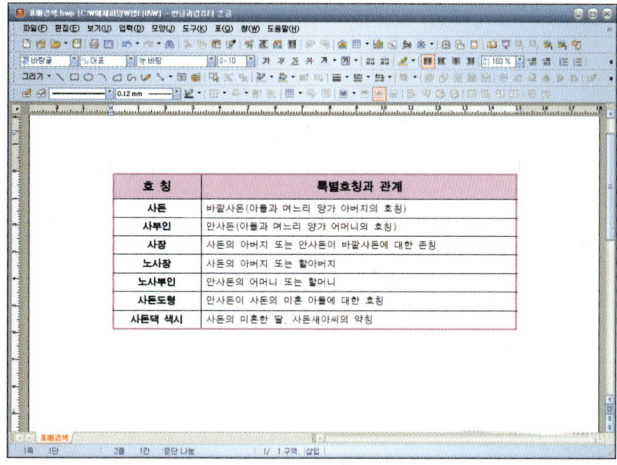

❶ 배경색을 넣을 셀을 드래그하여 블록으로 지정하고 마우스 오른쪽 단추를 클릭하여 [셀 테두리/배경]-[각 셀마다 적용]을 선택한다.

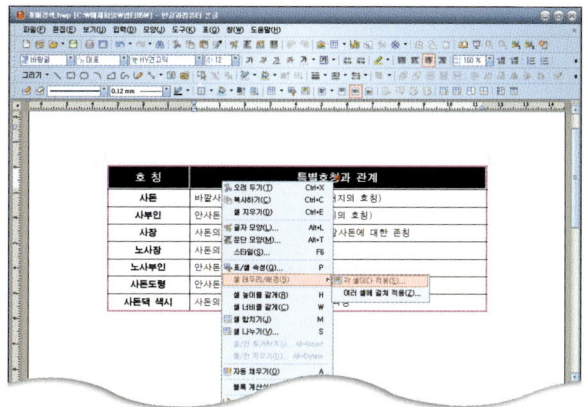

❷ [배경] 탭에서 [색]을 체크하고 [면 색]을 [RGB : 236,170,211]로 설정한다.

[RGB : 236,170,211]는 컬러 팔레트 중 [파스텔] 팔레트에 등록되어 있는 색상이다.   tip ➕

❸ [설정] 단추를 클릭하고 표의 선택을 해제하면 블록으로 지정했던 셀에 배경 색이 채워진다.

02

다음과 같이 셀에 그러데이션으로 배경 색을 채워보자. [Ch05\그러데이션.hwp]

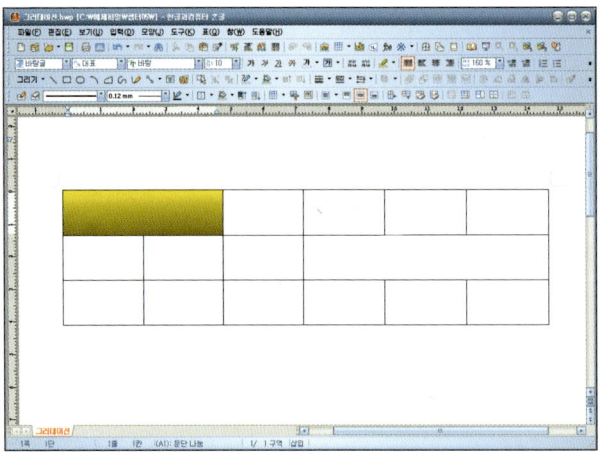

> **HINT** | 그러데이션은 [수평]으로 선택한 후 [시작 색]은 [RGB : 233,239,0], [끝 색]은 [RGB : 124,125,0] 으로 설정한다.

03

혼자해보기

그러데이션으로 변경된 셀의 모양을 복사하여 다음과 같이 서로 떨어져 위치하는 셀에 적용해 보자. [Ch05\모양복사.hwp]

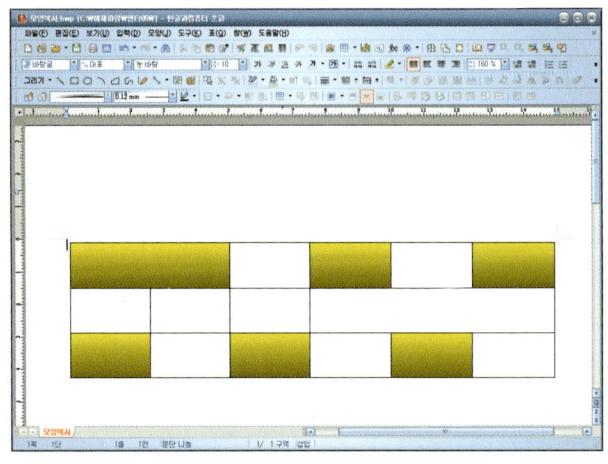

> **HINT** | [모양] 메뉴의 [모양 복사]를 클릭하거나 바로 가기 키인 Alt+C를 눌러 셀의 배경이나 테두리, 속성 등을 모양 복사할 수 있다. Ctrl을 누른 채 클릭하면 서로 떨어져 있는 셀을 다중 선택할 수 있다.

03 표에 배경 그림 설정하기

한글 2007에서는 여러 개의 셀을 걸쳐서 배경 그림을 넣을 수 있다. 여기서는 표에
배경 그림을 넣고 투명도를 설정해 보자. [Ch05\표배경그림.hwp, 표배경.jpg]

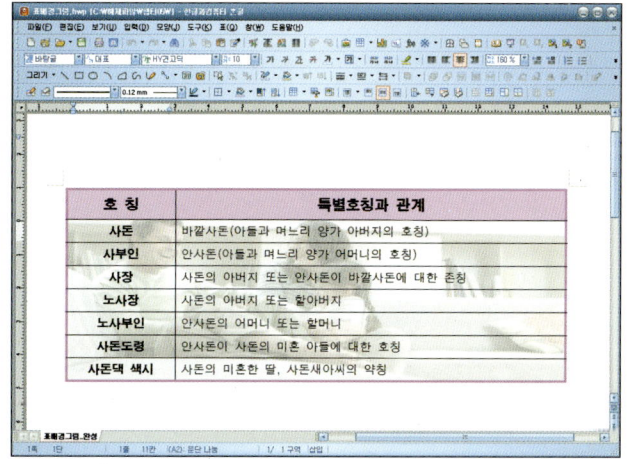

❶ F5 를 연달아 세 번 눌러 표 전체를 선택한다.

❷ 마우스 오른쪽 단추를 클릭하여 [셀 테두리/배경]-[여러 셀에 걸쳐 적용]을 클릭하
거나 [표] 메뉴의 [셀 테두리/배경]-[여러 셀에 걸쳐 적용]을 선택한다.

❸ [배경] 탭으로 이동한 후 [그림]을 클릭하여 체크한다.

❹ 활성화된 [그림 선택]을 클릭한 후 '표배경.jpg' 그림을 선택하고 [넣기] 단추를 클
릭한다.

❺ [채우기 유형]을 [크기에 맞추어]로 지정하고
배경 그림의 [투명도]를 '70%'로 입력하고
[설정] 단추를 클릭한다.

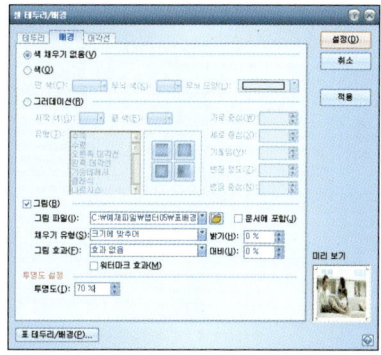

❻ 표에 설정된 배경 그림이 원래의 그림에 투명도가 설정되어 흐리게 나타난다. 이때
페이지 배경색이 설정되어 있는 경우 표 배경 그림의 투명도로 인해 배경 색이 보
일 수 있다.

다음과 같이 작은 그림을 반복 사용하여 표에 배경 그림으로 채워보자.
[Ch05\그림반복.hwp, 셀배경.bmp]

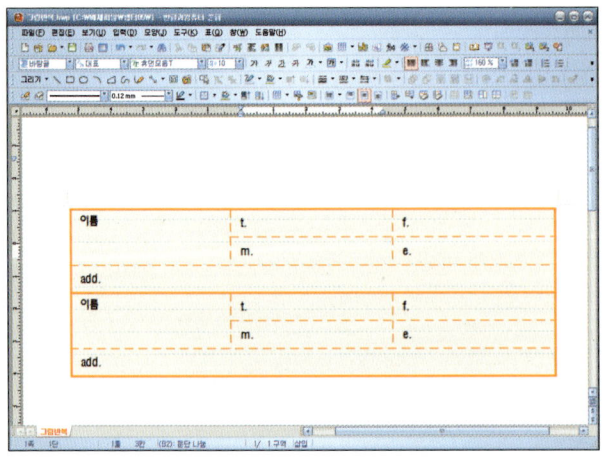

HINT | 배경 그림의 [채우기 유형]을 [바둑판식으로–모두]로 설정한다.

따라하기

04 표에 캡션 넣기

한글 2007에서는 표의 위, 왼쪽, 오른쪽, 아래 등 다양하게 넣을 수 있다. 표의 내
용을 부가적으로 설명하는 캡션을 넣어보자. [Ch05\표캡션.hwp]

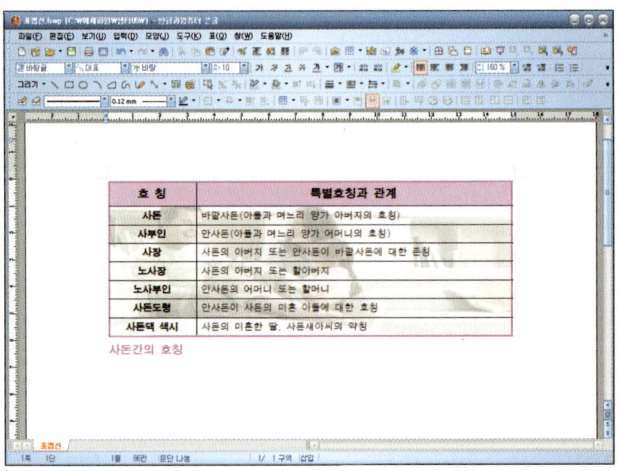

❶ 표를 클릭하여 선택하고 마우스 오른쪽 단추를 클릭하여 [캡션 달기]를 선택한다.

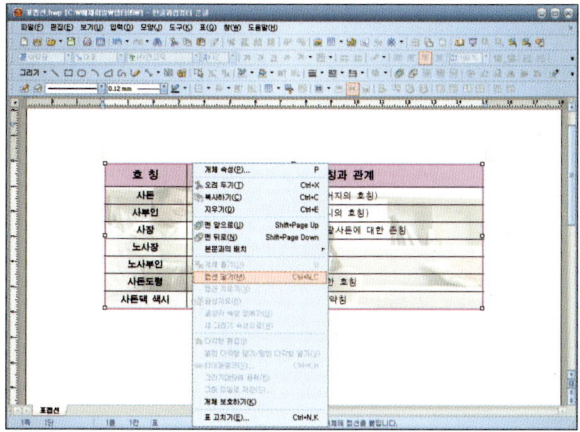

❷ 캡션은 자동으로 표의 아래에 '표 1'로 나타난다. Ctrl+Y를 누른 후 다음과 같은 메시지가 나타나면 [지움] 단추를 클릭하여 삭제한다.

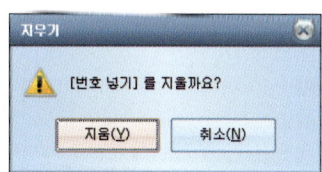

❸ 직접 '사돈간의 호칭'을 입력하고 글꼴은 [HY견고딕], 색상은 표의 테두리와 같은 [RGB : 186,96,152]로 설정한다.

캡션의 위치

한글 2007에서 그림이나 표 등의 개체에 캡션을 넣을 수 있는 위치는 다음과 같다. 캡션을 넣으면 기본적으로 개체의 아래에 입력되며, [개체 속성] 대화상자에서 캡션의 위치를 변경할 수 있다. 또한 캡션과 개체와의 간격을 설정할 수 있으며, 왼쪽과 오른쪽에 캡션을 넣을 때에는 캡션의 크기도 지정할 수 있다.

앞서 표에 넣은 캡션을 삭제해 보자.

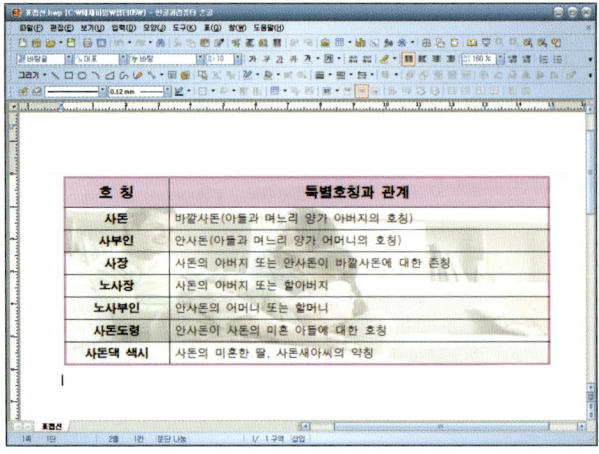

호 칭	특별호칭과 관계
사돈	바깥사돈(아들과 며느리 양가 아버지의 호칭)
사부인	안사돈(아들과 며느리 양가 어머니의 호칭)
사장	사돈의 아버지 또는 안사돈이 바깥사돈에 대한 존칭
노사장	사돈의 아버지 또는 할아버지
노사부인	안사돈의 어머니 또는 할머니
사돈도령	안사돈이 사돈의 미혼 아들에 대한 호칭
사돈댁 색시	사돈의 미혼한 딸, 사돈새아씨의 약칭

HINT | [캡션 지우기]를 실행하여 개체에 삽입한 캡션 내용을 삭제할 수 있다.

따라하기 05 자동으로 반복되는 제목 셀 설정하기

한글 2007에서는 표의 크기가 페이지 범위를 벗어날 경우 자동으로 페이지의 크기에 따라 표가 나누어진다. 다음과 같이 내용이 입력된 셀을 제목 셀로 설정하여 다음 페이지로 나누어진 표의 위에도 반복적으로 나타나도록 만들어 보자.
[Ch05\제목셀.hwp]

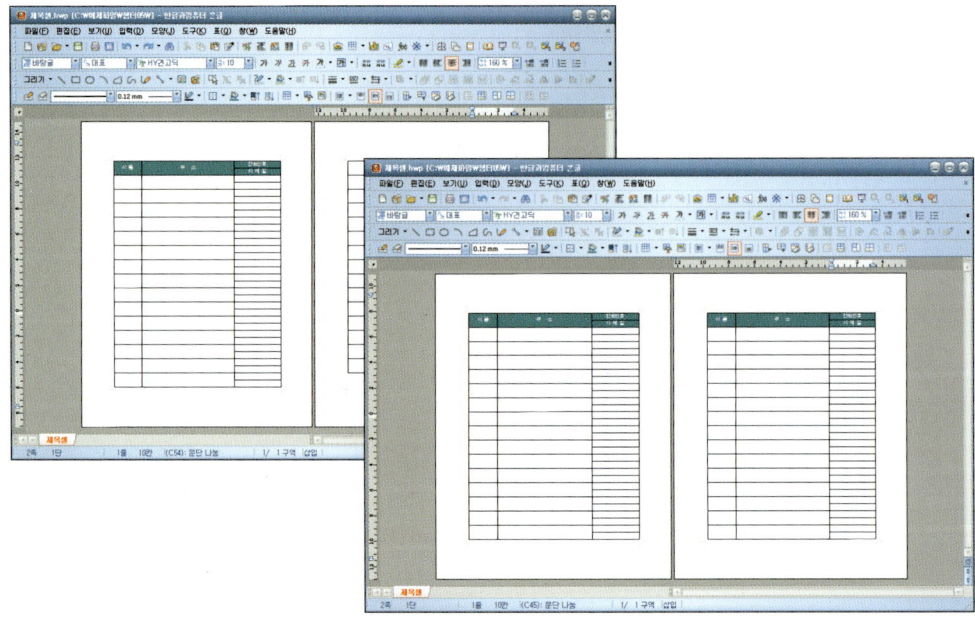

❶ 제목 셀로 설정할 부분을 드래그하여 블록으로 지정하고 마우스 오른쪽 단추를 클릭하여 [표/셀 속성]을 선택한다.

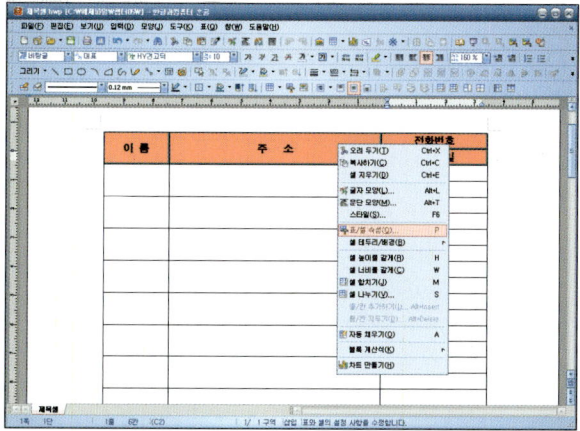

❷ [표/셀 속성] 대화상자의 [셀] 탭에서 [제목 셀]을 클릭하여 체크하고 [설정] 단추를 클릭한다.

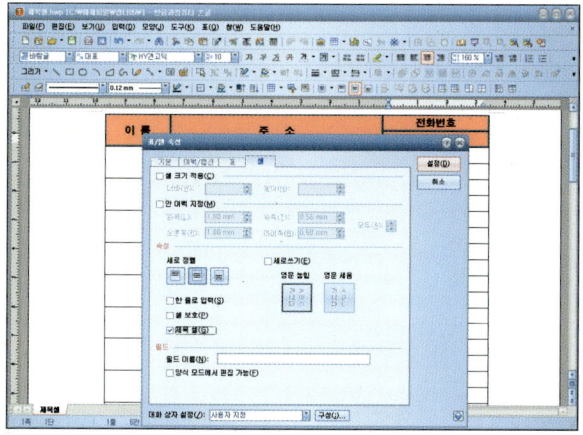

❸ 두 번째 페이지로 자동 넘김 된 표의 맨 위에도 제목 셀로 설정한 셀이 나타난다.

제목 셀이 적용되지 않는 경우   tip ➕

한글 2007에서 표의 크기가 페이지의 범위를 벗어날 경우 자동으로 다음 페이지로 넘어가도록 자동 나누기가 적용된다. 하지만 [개체 속성]에서 표의 위치를 [글자처럼 취급]으로 설정하면 자동으로 페이지 크기에 따라 나누어지는 것도, 제목 셀을 설정하여 자동으로 반복되도록 하는 작업도 수행할 수 없다.

Section 4

자동 채우기 활용하기

한글 2007에서는 표 안에 일부 입력된 내용의 규칙을 찾아 자동으로 나머지 셀에 내용을 채워 넣을 수 있다. 예를 들어 숫자나 알파벳 등을 채워 넣을 수 있으며, 직접 채워 넣을 내용을 설정할 수도 있다. 여기서는 자동 채우기를 활용하는 방법에 대해 배워보자.

> 🔁 알아두기
>
> [표] 메뉴의 [자동 채우기]를 클릭하거나 마우스 오른쪽 단추를 클릭하여 [자동 채우기]를 선택한다. 반드시 내용의 일부는 입력되어 있어야만 자동 채우기의 결과를 얻을 수 있다.

따라하기 **01** 자동 채우기로 숫자 입력하기

다음과 같이 표 안에 자동 채우기를 이용하여 숫자를 입력해 보자.
[Ch05\자동채우기.hwp]

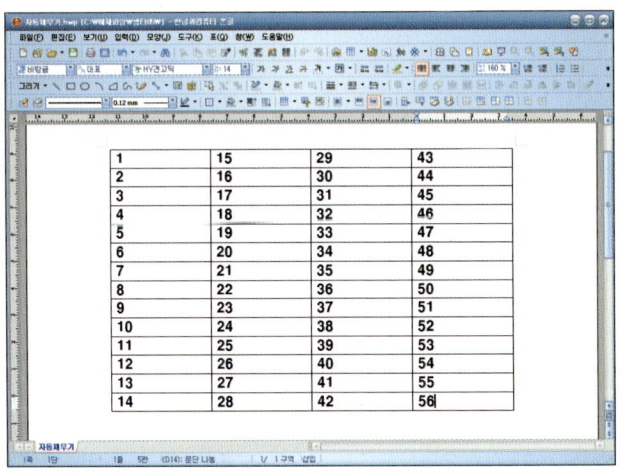

❶ 첫 번째 칸의 첫째 줄 안에는 '1'을 입력하고, 두 번째 줄 첫 칸에는 '2'를 입력한다.

❷ 표 전체를 드래그하여 블록으로 지정하고 마우스 오른쪽 단추를 클릭하여 [자동 채우기]를 선택한다.

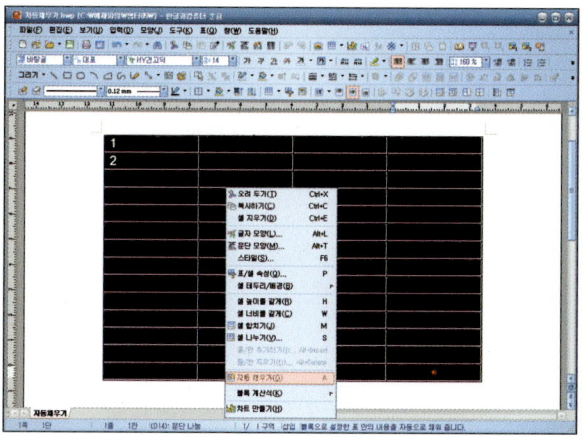

❸ 선택한 모든 셀 안에 자동으로 숫자가 순서대로 입력된다.

자동 채우기의 내용

tip +

자동 채우기는 한글 2007에 다양한 종류의 내용이 등록되어 있다. 셀의 일부에 입력한 내용의 규칙을 등록되어 있는 내용에서 자동으로 찾아 나머지 셀 안에 입력하게 된다. 자동 채우기 내용은 등록되어 있는 내용 외에도 사용자가 직접 내용을 등록하여 사용할 수도 있다.

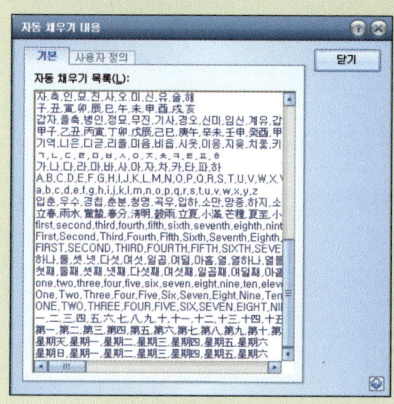

자동 채우기를 이용하여 다음과 같이 모든 셀 안에 같은 내용을 자동으로 입력해 보자. [Ch05\반복채우기.hwp]

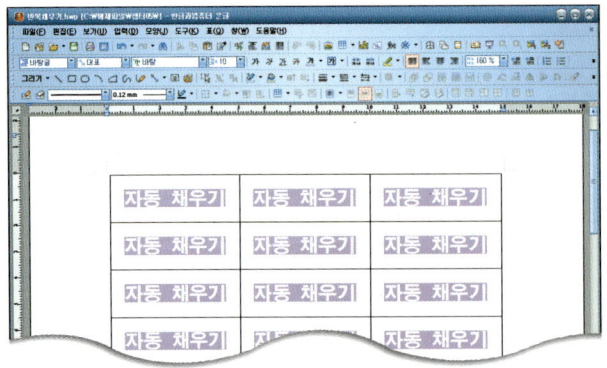

HINT | 내용이 하나의 셀 안에만 입력된 경우 자동 채우기를 실행하면 같은 내용이 반복되어 선택한 셀 안에 입력된다.

자동 채우기 내용을 다음과 같이 등록하여 사용해 보자. [Ch05\탄생석.hwp]

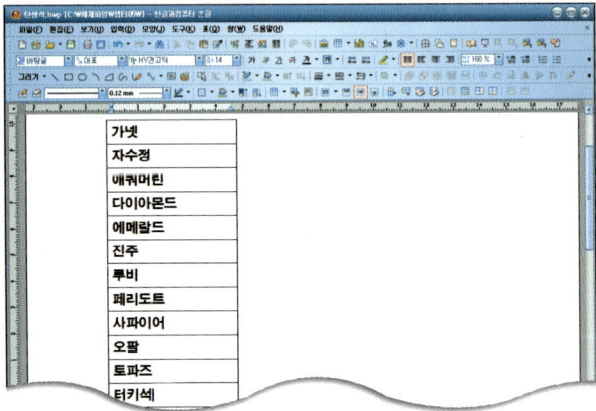

HINT | 자동 채우기 내용에 다음과 같은 내용을 새롭게 추가하여 사용한다.

가넷	자수정	애쿼머린	다이아몬드	에메랄드	진주
루비	페리도트	사파이어	오팔	토파즈	터키석

자동 채우기가 적용되지 않는 경우   tip ➕

블록으로 선택하기 시작한 셀이 비어있거나 셀 안에 아무런 내용이 입력되어 있지 않은 경우, 규칙을 찾을 수 없는 경우에는 자동 채우기가 실행되지 않는다. 또한 비연속적인 셀 블록을 선택했을 경우에도 자동 채우기를 실행할 수 없다.

Section 5

자동 계산식 활용하기

한글 2007에서는 표에 입력된 숫자의 합계, 곱, 평균값 등을 자동으로 계산할 수 있다. 여기서는 표에 입력된 데이터를 가지고 간단한 계산식을 입력해 자동 계산되는 문서를 만들어 보는 방법에 대해 배워보자.

> ● 알아두기
>
> [표] 메뉴의 [블록 계산식], [쉬운 계산식], [계산식] 메뉴를 이용해 표에 입력된 값을 자동 계산할 수 있다. [계산식]을 이용하면 셀 이름을 입력하여 간단한 계산식을 직접 만들어 넣을 수도 있다.

따라하기 ── 01 **쉬운 계산식으로 곱 구하기**

다음과 같은 표에서 항목별 개수와 단기의 곱을 계산하여 금액을 자동 계산해 보자. [Ch05\계산식.hwp]

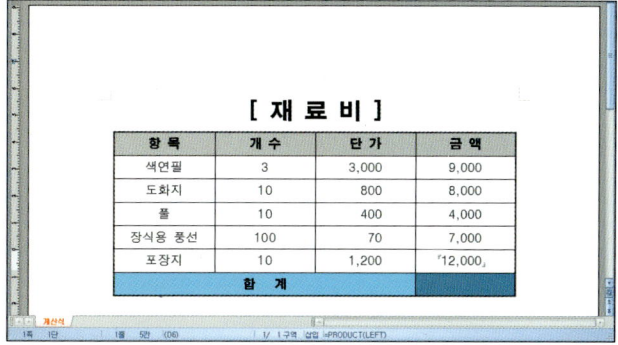

❶ 색연필의 금액을 계산해 넣을 셀 안에 커서를 두고 [표] 메뉴의 [쉬운 계산식]-[가로 곱]을 클릭한다.

❷ 커서 위치에 자동으로 계산된 값이 입력되면 각각의 항목의 금액도 같은 방법을 반복하여 모두 자동으로 계산되도록 한다.

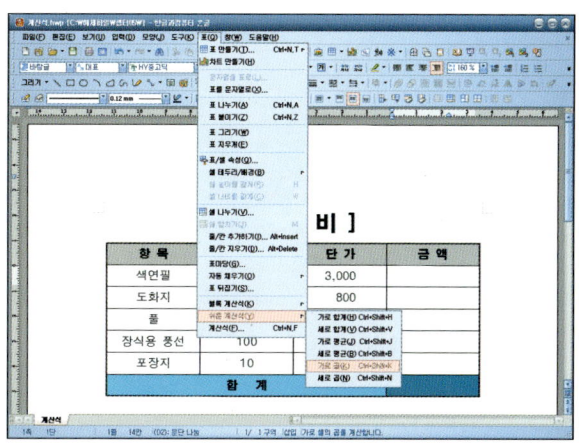

01
혼자해보기

각 재료의 합계 금액을 자동으로 계산해 보자.

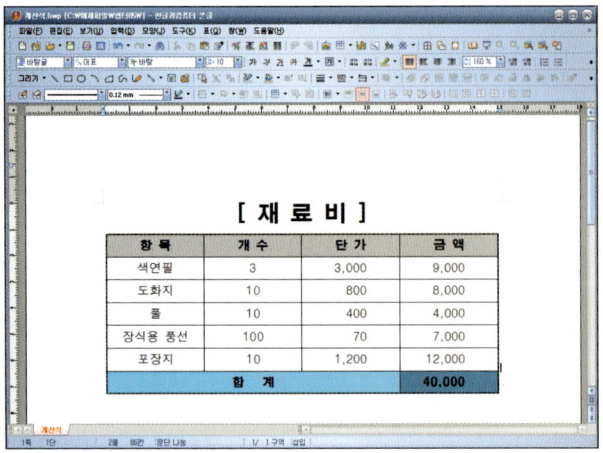

HINT | [표] 메뉴의 [블록 계산식]-[블록 합계]를 이용하여 합계 금액을 구할 수 있다.

02
혼자해보기

항목을 다음과 같이 가나다순으로 정렬해 보자. [Ch05\정렬.hwp]

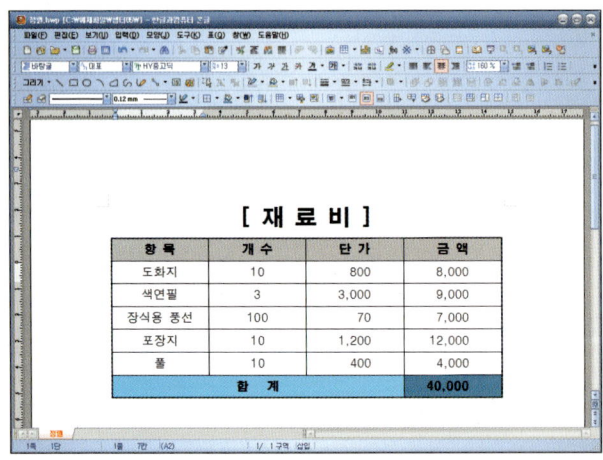

HINT | [도구] 메뉴의 [정렬]을 클릭하여 정렬 형식을 [글자(가나다)]로 선택한다.

1. 표 만들기

- [표] 메뉴의 [표 만들기]를 클릭한 후 표의 줄 수와 칸 수를 직접 입력하여 만들 수 있다. 이때 표의 크기를 자동으로 설정하거나 직접 설정할 수 있다.
- [표] 도구 상자의 [표 그리기]와 [표 지우개]를 이용하여 직접 표를 마우스로 그려 넣은 후 테두리를 만들어 표를 구성할 수 있다.
- [기본] 도구 상자의 [표 그리기] 명령을 클릭하여 원하는 표를 바로 만들 수 있다. 이 방법으로 표를 만들 때에는 줄, 칸 모두 35개로 제한된다.

2. 표 및 셀 선택하기

- 표의 가장자리 테두리를 클릭하면 표 전체가 선택되어 위치나 크기를 조절할 수 있다.
- 셀 안에 커서를 두고 F5를 누르면 커서가 위치한 셀이 블록으로 지정된다.
- F5를 다시 한 번 눌러 가운데 점이 붉은 색으로 변경된 후 방향키를 눌러 이웃한 여러 개의 셀을 동시에 블록으로 지정할 수 있다.
- F5를 연달아 세 번 누르면 표의 전체 셀이 블록으로 지정된다.
- 셀 하나가 선택된 상태에서 Ctrl을 누른 채 다른 위치의 셀을 클릭하면 이웃하지 않은 셀을 동시에 블록으로 지정할 수 있다.
- 간단하게 마우스로 드래그하여 서로 연결된 이웃 셀을 선택할 수 있다.

3. 표 크기 변경하기

- 표를 클릭하여 조절점이 나타나도록 한 후 마우스로 드래그하여 표의 전체 크기를 조절할 수 있다. 이때 표 안에 입력된 글자의 크기는 변경되지 않으며, 모든 셀의 크기는 표의 크기에 비례하여 자동으로 조절된다.
- 크기를 변경할 셀을 선택하고 Ctrl을 누른 채 방향키를 눌러 크기를 조절할 수 있다. 이렇게 크기를 조절하면 선택한 셀의 크기에 따라 표의 전체 크기가 변경될 수 있으며, 이웃한 다른 셀의 크기에는 영향을 미치지 않는다.
- 셀을 선택하고 Shift를 누른 채 방향키를 누르면 선택한 셀의 너비나 높이를 조절할 수 있다. 이웃한 셀의 크기에 영향을 미치지만 표의 전체 크기에는 영향을 미치지 않는다. 다만 이웃한 셀의 크기가 최소한으로 줄어들어 공간이 없으면 선택한 셀의 크기를 더 키울 수 없다.
- 셀을 선택하고 Alt를 누른 채 방향키를 누르면 선택한 셀과 같은 줄이나 칸에 위치한 모든 셀의 크기가 함께 변경된다. 이웃한 셀의 크기에 영향을 미치며, 표의 전체 크기는 변경되지 않는다.

- 마우스로 크기를 조절할 테두리를 드래그하여 셀의 크기를 조절할 수 있다. 줄과 칸 단위로 변경되며, 블록으로 지정한 상태에서 조절하면 선택한 셀의 크기만 조절된다.

4. 셀 나누기와 합치기

- 여러 개로 나눌 셀을 블록으로 선택하고 [표] 메뉴의 [셀 나누기]를 클릭한다. 나눌 줄 수와 칸 수를 입력하여 선택한 셀을 여러 개의 셀로 나눌 수 있다. 블록으로 지정하지 않을 경우 커서가 위치한 하나의 셀에만 나누기가 적용된다.
- 하나로 합칠 여러 개의 이웃 셀을 드래그하여 선택한다. [표] 메뉴의 [셀 합치기]를 클릭하면 선택한 여러 개의 셀이 하나로 합쳐진다.
- [표] 도구 상자의 [셀 나누기]와 [셀 합치기]를 이용하여 곧바로 명령을 실행할 수도 있다.

5. 줄/칸 추가하기와 지우기

- Ctrl + Enter 를 누르면 현재 커서가 위치한 셀의 아래에 동일한 구성의 줄이 한 줄 추가된다.
- [표] 메뉴의 [줄/칸 추가하기]를 클릭하거나 [표] 도구 상자의 [아래쪽에 줄 추가하기], [오른쪽에 칸 추가하기]를 클릭하여 줄이나 칸을 추가할 수 있다. [표] 메뉴의 [줄/칸 추가하기]의 경우 추가할 위치를 선택할 수 있다.
- [표] 메뉴의 [줄/칸 지우기]를 클릭하거나 [표] 도구 상자의 [줄 지우기], [칸 지우기]를 클릭하여 줄이나 칸을 삭제할 수 있다.

6. 표 꾸미기

- 한글 2007에 등록되어 있는 [표 마당]을 이용하여 손쉽게 표를 꾸밀 수 있다.
- 테두리를 꾸밀 셀을 선택하고 [표] 메뉴의 [셀 테두리/배경]-[각 셀마다 적용]을 선택한다. [테두리] 탭에서 선택한 셀의 테두리를 다양한 모양으로 꾸밀 수 있다.
- 배경 그림이나 배경 색을 넣을 셀을 선택하고 [표] 메뉴의 [셀 테두리/배경]-[각 셀마다 적용]을 선택한다. [배경] 탭에서 선택한 셀에 배경 색이나 배경 그림을 적용할 수 있다.
- [표] 메뉴의 [셀 테두리/배경]-[여러 셀에 걸쳐 적용]을 클릭하면 선택한 여러 개의 셀에 하나의 배경 그림을 넣을 수 있다.
- 표를 선택하고 마우스 오른쪽 단추를 클릭하여 [개체 속성]을 선택한다. [개체 속성] 대화상자의 [표] 탭에서는 셀 간격이나 셀 안쪽 여백 등을 설정할 수 있다.

7. 자동 채우기

- 블록으로 지정한 셀 중에서 맨 앞의 셀 하나에 내용을 입력한 경우 [자동 채우기]를 실행하면 입력된 내용이 선택한 셀 안에 동일하게 채워진다.
- 블록으로 선택한 셀 중에서 맨 앞의 셀과 두 번째 셀 안에 내용을 입력한 후 [자동 채우기]를 실행하면 자동으로 규칙을 찾아 나머지 셀 안에 내용이 채워진다.
- [자동 채우기 내용] 대화상자의 [사용자 정의] 탭에서 직접 자동 채우기 내용을 등록하여 사용할 수 있다.

8. 자동 계산식 넣기

- 계산할 값이 입력된 셀을 블록으로 지정하고 [표] 메뉴의 [블록 계산식]을 클릭하면 블록 선택이 끝나는 셀의 오른쪽이나 아래쪽 셀 안에 계산 값이 자동으로 입력된다.
- 내용이 입력되지 않은 셀 안에 커서를 두고 [표] 메뉴의 [쉬운 계산식]을 클릭하면 가로와 세로에 입력된 값의 합이나 곱 등을 간단하게 계산할 수 있다.
- [표] 메뉴의 [계산식]을 클릭하면 직접 셀 이름과 수식을 입력하여 값을 계산할 수 있다.

1. 다음과 같은 표를 만들고 표의 모양과 내용을 입력해 보자.
   [Ch05\종합실습1.hwp]

HINT | [줄 수]는 '6', [칸 수]는 '7'인 표를 만든 후 첫 줄의 배경 색을 밝은 회색으로 설정한다. 요일 글꼴은 [HY견고딕]으로 설정한다. 'SUN' 글자는 붉은색으로, 'SAT' 글자는 파란색으로 글자 색을 설정하고 셀의 가운데에 정렬하도록 설정한다.

2. 자동 채우기를 이용하여 날짜를 자동으로 입력하고 셀 합치기를 이용하여 빈 칸을 하나로 만들어 보자. [Ch05\종합실습2.hwp]

HINT | 세 번째 행의 '4'와 '5'가 입력된 셀을 포함하여 마지막 줄까지의 모든 셀을 선택하고 [자동 채우기]를 실행한다. 하나로 합칠 셀을 드래그하여 선택하고 [셀 합치기]를 실행한다.

종합실습

e x e r c i s e

3. 표에 셀 간격을 적용해 셀 사이를 벌린 다음 토요일과 일요일에 해당하는 셀에
배경색을 넣어 달력을 꾸며보자. [Ch05\종합실습3.hwp]

HINT | [표/셀 속성]을 실행하여 셀 간격을 [2mm]로 설정한다. 표 테두리를 없음으로 설정한
후 토요일의 셀 배경 색을 [RGB : 170,234,252]로, 일요일의 셀 배경 색은 [RGB:236,170,211]로
설정한다.

4. 계산식을 직접 입력하여 세액과 총합계 금액을 자동으로 계산해 보자.
[Ch05\종합실습4.hwp]

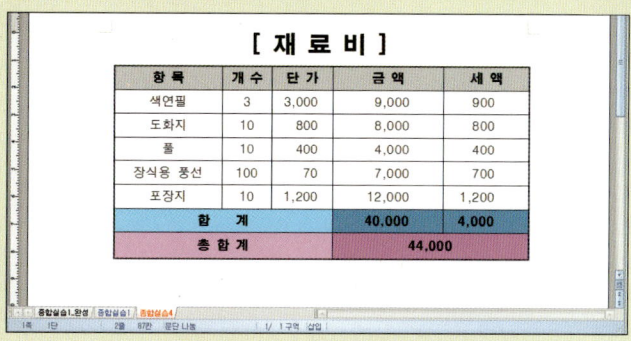

HINT | [표] 메뉴의 [계산식]을 클릭하여 직접 계산식을 입력한다. 세액은 '=금액이 입력된 셀
이름×0.1'을 입력하여 계산하고, 총합계는 금액 합계와 세액 합계가 입력된 셀의 값을 합하여 구
할 수 있다.

셀 이름

tip +

[계산식] 메뉴를 이용하여 직접 계산식을 입력할 때에는 수식에 필요한 값이 입
력된 셀 이름이 필요하다. 셀 이름은 칸의 위치 순서에 따라 A, B, C 순으로 설
정되고, 줄의 위치에 따라 1, 2, 3 순으로 설정된다. 셀 이름은 셀 안에 커서를
둔 상태에서 작업 창의 상태 표시줄을 확인하면 쉽게 알 수 있다.

Chapter 5 . 종합 실습   **179**

CHAPTER

6

문서를 빛나게 하는
그래픽 도구 활용하기

한글 2007에서는 문서에 텍스트 외에도 그림과 직사각형, 타원, 글상자 등의 다양한 개체와 그리기 조각 및 클립 아트 등의 이미지를 넣을 수 있다. 문서에 넣은 다양한 그래픽 개체는 텍스트와 어떻게 배치할 것인지를 설정할 수 있으며, 크기와 위치 등을 필요에 따라 변경할 수도 있다. 여기서는 이와 같은 다양한 그래픽 개체의 종류와 사용 방법, 활용 방법에 대해 알아본다.

다양한 그래픽 도구 익히기

6

Chapter

한글 2007에서는 문서에 그림이나 도형, 글맵시 등의 개체를 넣을 수 있다. 여기서는 문서에 넣을 개체들의 선택 방법과 개체 속성 설정 방법에 대해 알아본다.

---

01 개체 속성 설정하기

문서에 그림이나 그리기 개체, 글상자, 글맵시 등의 개체를 삽입한 후 더블클릭하면 [개체 속성] 대화상자가 나타난다. [개체 속성] 대화상자에서는 개체의 위치와 크기, 여백 등의 다양한 옵션을 설정할 수 있다.

● [기본] 탭

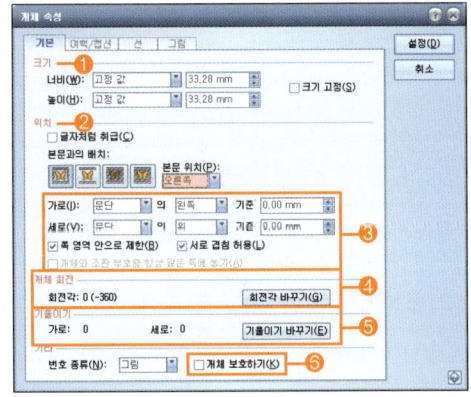

❶ **크기** : 선택한 개체의 크기를 지정한다. [크기 고정]을 체크하면 마우스로 개체의 크기를 조절할 수 없다.

❷ **위치** : 선택한 개체가 텍스트와 배치되는 방법을 설정한다.

- **글자처럼 취급** : 개체를 한 글자처럼 취급하는 방법으로 표 안에 그림을 넣거나 글자 사이에 그림을 넣을 때 사용하면 편리하다.

- **어울림(📷)** : 개체의 가장자리로 본문이 배치되도록 설정한다. 양쪽, 오른쪽, 왼쪽, 큰쪽 중에서 글자의 위치를 선택한다.

- **자리차지(📷)** : 그림이 차지하는 줄을 모두 자리차지 하여 텍스트가 밀려난다.

- **글 뒤로(📷)** : 그림을 글 뒤로 배치하여 글 흐름에는 지장을 주지 않지만 그림은 가려지게 된다. 글 뒤에 흐린 배경 이미지를 넣을 때 활용하면 좋다.

- **글 앞으로(📷)** : 그림을 글 앞으로 배치하여 글의 일부분이 그림에 가려질 수 있다.

❸ **가로/세로 기준 위치** : 종이와 문단 중에서 위치 기준을 선택하고 개체의 위치를 직접 설정한다. 종이를 선택하면 페이지의 여백 부분으로 개체를 이동할 수 있으며, 문단을 선택하면 페이지의 여백 부분으로는 개체를 이동할 수 없다.

❹ **개체 회전** : 선택한 개체의 회전각을 직접 입력하여 회전시킨다.

❺ **기울이기** : 선택한 개체의 가로/세로 방향 중 기울이기를 설정한다.

❻ **개체 보호하기** : 선택한 개체를 이동하거나 크기를 변경할 수 없도록 보호해 준다. [그리기] 도구 상자의 [그리기]를 클릭한 후 [개체 보호]–[모든 보호 개체 해제하기]를 선택하여 보호된 개체를 해제한다.

● **[여백/캡션] 탭**

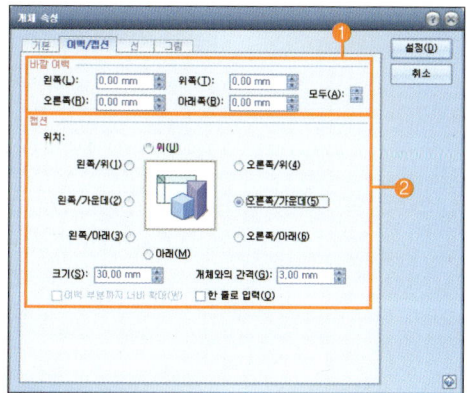

❶ **바깥 여백** : 선택한 개체의 왼쪽, 위쪽, 오른쪽, 아래쪽 여백을 설정한다.

❷ **캡션 위치** : 선택한 개체에 캡션을 넣었을 때 캡션의 위치와 개체와의 간격 등을 설정한다.

● **[선] 탭**

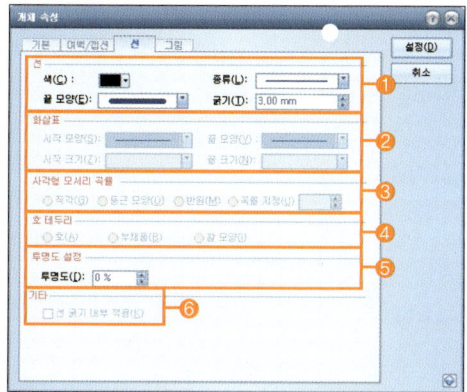

❶ **선** : 선택한 개체의 테두리 굵기나 모양, 색상을 설정한다.

❷ **화살표** : 직선을 선택했을 때 선의 양 끝 모양을 설정한다.

❸ **사각형 모서리 곡률** : 직사각형의 모서리를 둥글게 곡선으로 처리한다.

❹ **호 테두리** : 호를 선택한 후 테두리로 나타날 모양을 선택한다.

❺ **투명도 설정** : 선택한 개체에 설정된 테두리의 투명도를 설정한다. 수치가 클수록 투명해진다.

❻ **선 굵기 내부 적용** : 기본적으로 개체의 바깥 부분으로 설정한 굵기의 테두리가 만들어진다. 이 설정을 체크하면 개체의 안쪽으로 테두리가 만들어진다.

● **[채우기] 탭**

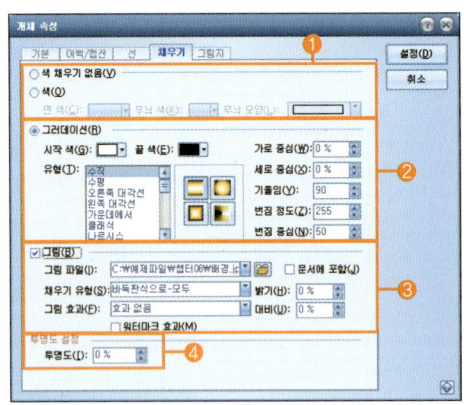

❶ **색** : 선택한 개체에 다양한 색상을 채워 넣는다.

❷ **그러데이션** : 선택한 개체에 다양한 형식의 그러데이션을 설정한다.

❸ **그림** : 선택한 개체에 그림을 채워 넣는다.

❹ **투명도** : 선택한 개체의 채우기 색상이나 그림의 투명도를 설정한다.

● **[그림] 탭**

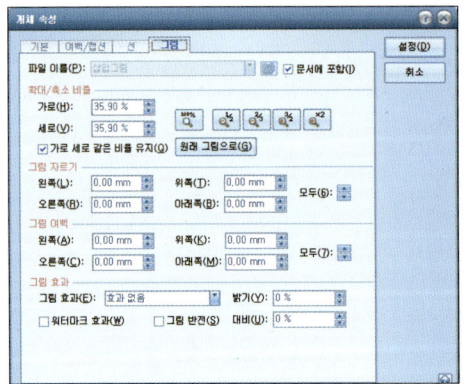

그림을 선택했을 때 나타나는 탭으로 그림의 확대 및 축소 비율을 설정하거나 그림의
일부분을 잘라낸다. 또한 그림의 가장자리 여백을 설정하여 본문과의 간격을 설정할
수 있으며, 그림에 다양한 효과를 적용할 수 있다.

● [그림자] 탭

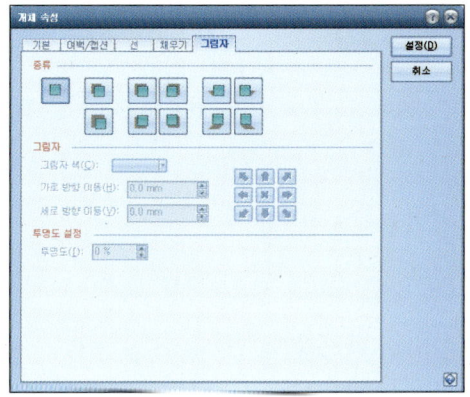

그리기 개체를 선택한 상태에서 나타나는 탭으로 그림자의 방향과 색상, 거리와 투명
도 등을 설정한다.

[글상자] 탭과 [글맵시] 탭   tip ➕

글상자를 더블클릭했을 때는 [개체 속성] 대화상자에 [글상자] 탭이 나타나며, 글상자
의 여백이나 속성 등을 설정할 수 있다. 또한 글맵시를 더블클릭했을 때는 [개체 속
성] 대화상자에 [글맵시] 탭이 나타나며 글맵시의 내용이나 글꼴, 글자 모양, 그림자
모양 등을 설정할 수 있다.

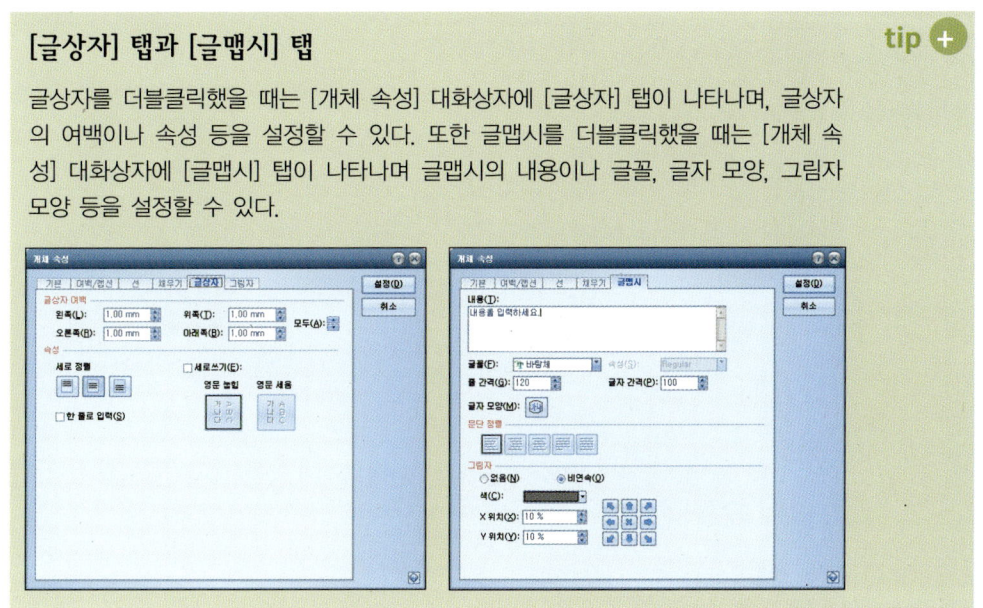

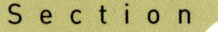

문서에 그림 삽입하기

한글 2007에서는 문서에 그림을 삽입할 수 있으며, 문서에 삽입한 그림은 텍스트와 배치되는 방법을 다양하게 설정할 수 있다. 또한 그림의 크기와 모양, 테두리 등을 변경할 수도 있다. 여기서는 그림을 삽입하는 방법과 변경하는 방법에 대해 알아본다.

⊙ 알아두기

[입력] 메뉴의 [개체]-[그림]을 클릭하거나 바로 가기 키인 [Ctrl]+[N], [I]를 눌러 그림을 삽입할 수 있다.

따라하기 **01** ## 그림 삽입하고 위치 이동하기

다음과 같이 문서에 그림을 삽입한 후 위치를 오른쪽으로 이동시켜 보자.
[Ch06\그림넣기.hwp]

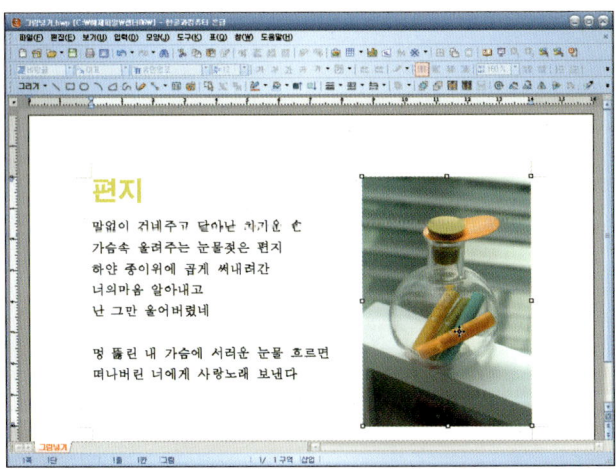

❶ 예제 파일을 불러온 후 [입력] 메뉴의 [개체]-[그림]을 클릭하거나 바로 가기 키인 [Ctrl]+[N], [I]를 누른다.

❷ [그림 넣기] 대화상자에서 '편지.jpg' 파일을 선택하고 [문서에 포함]을 체크한 후 [넣기] 단추를 클릭한다.

❸ 다음과 같이 선택한 그림이 문서에 삽입된다. 삽입된 그림은 쪽의 크기에 맞춰 자동으로 축소되어 나타난다.

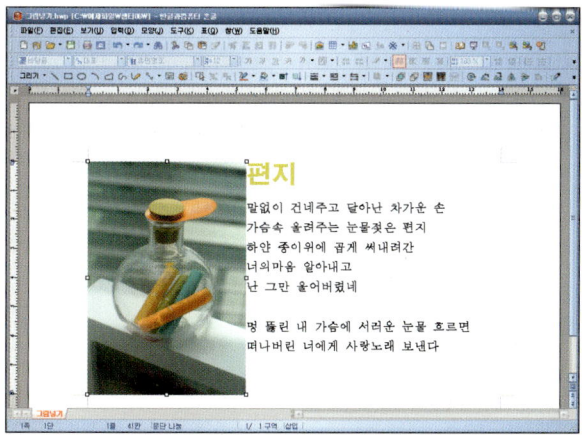

❹ 마우스로 그림을 클릭한 후 오른쪽으로 드래그하면 그림의 위치를 변경할 수 있다.

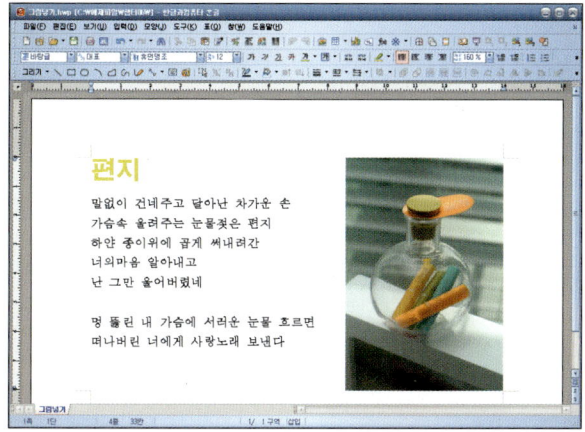

그림의 아래 부분을 자른 다음 페이지 크기에 맞춰 그림을 확대해 보자.

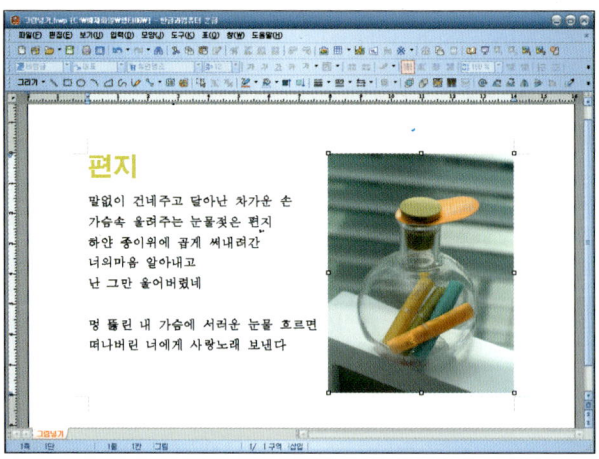

> **HINT** | [Shift]를 누른 채 그림의 조절점을 드래그하면 그림의 불필요한 부분을 자를 수 있다.

그림의 가장자리에 다음과 같이 이중 실선 테두리를 적용해 보자.

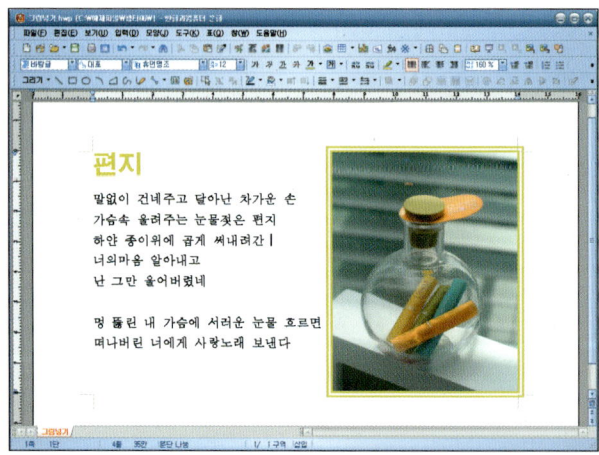

> **HINT** | [개체 속성] 대화상자에서 각진 끝 모양의 [2mm] 이중 실선을 설정하고 색상은 [RGB : 220,215,41]로 설정한다.

03
혼자해보기

컬러 그림을 다음과 같이 회색빛의 그림으로 변경해 보자.

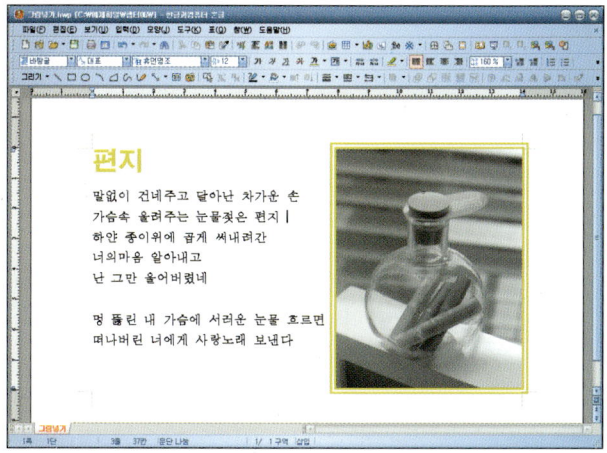

HINT | [개체 속성] 대화상자의 [그림] 탭에서 [그림 효과]를 [회색조]로 설정한다.

04
혼자해보기

다음과 같이 그림의 아래 부분에 캡션을 넣어 보자.

HINT | 캡션을 그림의 아래에 넣은 후 [개체와의 간격]을 [−5mm]로 설정한다. 글자 모양은 [12pt]의 [HY견고딕]으로 설정하고 글꼴 색은 [RGB : 255,102,0]으로 설정한다.

다양한 그리기 도구 활용하기

2

한글 2007의 그리기 도구를 활용하면 문서를 보다 효과적으로 꾸밀 수 있다. 문서에 직사각형이나 타원, 글상자, 다각형 등의 도형을 삽입하여 꾸미거나 다양한 모양의 연결선을 이용해 내용을 표현할 수 있다. 여기서는 다양한 그리기 도구의 사용 방법과 활용 방법에 대해 알아본다.

○ 알아두기

그리기 도구를 사용하기 위해서는 [그리기] 도구 상자에서 원하는 명령을 클릭하여 선택한 후 작업 창에서 드래그하거나 클릭한다. 개체를 더블클릭하면 [개체 속성] 대화상자가 나타나 테두리나 채우기 색 등을 설정할 수 있다.

따라하기 **01** 도형 넣기

그리기 도구의 [타원 그리기] 도구를 이용하여 다음과 같은 원을 만들어 보자.

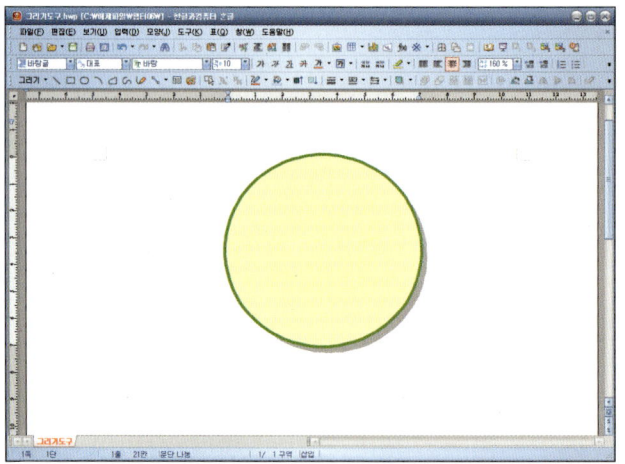

❶ [그리기] 도구 상자에서 [타원]을 클릭하여 선택한다.

❷ Shift 를 누른 채 마우스로 드래그하여 정원을 그린다.

❸ 만들어진 정원을 더블클릭하거나 마우스 오른쪽 단추를 클릭하여 [개체 속성] 대화 상자를 선택한다.

❹ [선] 탭에서 선 색을 녹색으로 설정하고 [굵기]를 [1mm]로 설정한 후 [채우기] 탭으로 이동한다.

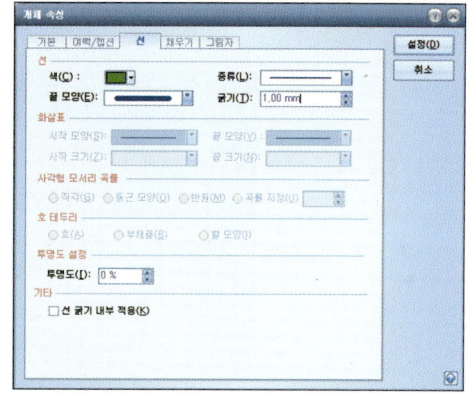

❺ [채우기] 탭에서 [색]을 클릭하여 체크하고 [면 색]을 밝은 [RGB : 250,250,191]로 설정한다.

❻ 마지막으로 [그림자] 탭으로 이동한 후 그림자 색을 회색으로 설정한 후 종류를 오른쪽 아래로 선택하고 [설정] 단추를 클릭한다.

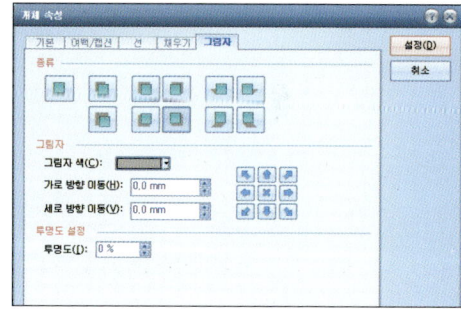

01 혼자해보기

다음과 같이 흰색 직사각형에 투명도를 적용하여 배경 그림이 비치도록 만들어 보자. [Ch03\투명도.hwp]

HINT | [개체 속성] 대화상자의 [채우기] 탭에서 [투명도]를 [50%]로 설정한다.

02

혼자해보기

다음과 같이 직사각형의 모서리를 둥근 모양으로 바꿔보자.

> **HINT** | [개체 속성] 대화상자의 [선] 탭에서 [곡률 지정]을 선택하고 [20%]로 설정한다. [곡률 지정]에 입력한 수치가 클수록 둥글어지는 각도가 크기 때문에 직사각형의 모서리에 곡률을 설정할 때에는 직사각형의 크기에 맞춰 적당하게 조절해야 한다.

03

혼자해보기

둥근 모서리로 변경된 직사각형을 글상자로 변경하여 도형 안에 내용을 입력해 보자.
[Ch06\투명도_텍스트.hwp]

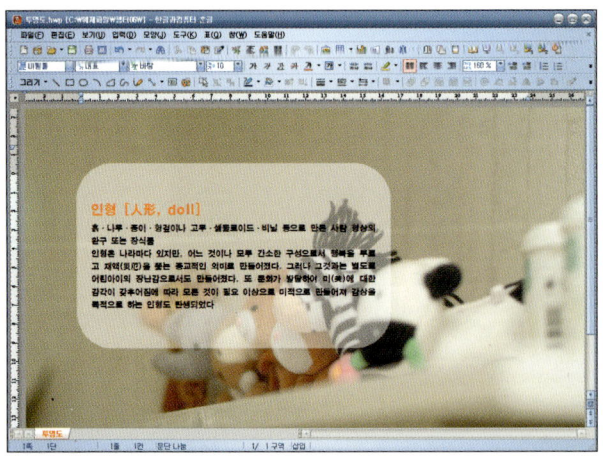

> **HINT** | 개체를 마우스 오른쪽 단추로 클릭한 후 [글상자로]를 선택하면 원 안에 내용을 입력할 수 있다. 또한 글상자로 변경된 개체를 마우스 오른쪽 단추로 클릭한 후 [글상자 속성 없애기]를 선택하면 개체 안에 텍스트를 입력할 수 없다.

글상자 연결하기

tip +

한글 2007에서는 두 개 이상의 글상자를 서로 연결하여 첫 번째 글상자 안의 내용이
나누어 입력되도록 설정할 수 있다.

❶ 글상자를 선택하면 [글상자 연결] 도구 상자가 나타난다. 텍스트가 입력된 글상자
를 선택하고 [글상자 연결]을 클릭한다.

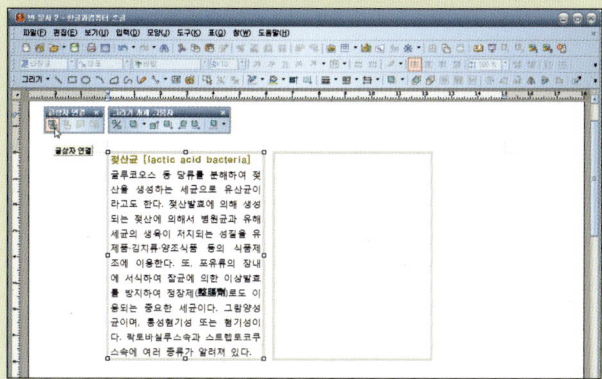

❷ 커서 모양이 다음과 같이 변경되면 오른쪽의 비어 있는 글상자를 클릭한다.

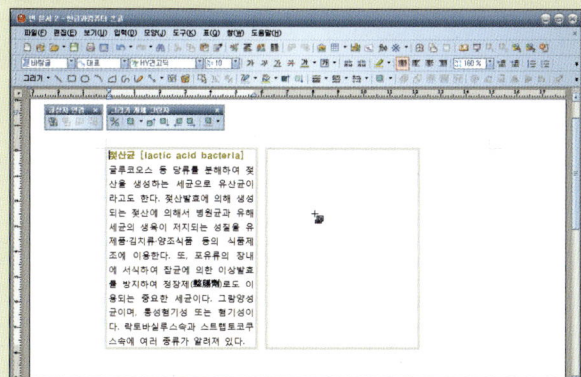

❸ 텍스트가 입력된 글상자의 크기를 변경하면 글상자 크기가 줄어든 만큼 그 안의
내용이 연결된 오른쪽 글상자로 이동하게 된다. 이와 같이 텍스트가 입력된 글상자와
비어 있는 글상자를 서로 연결할 수 있다.

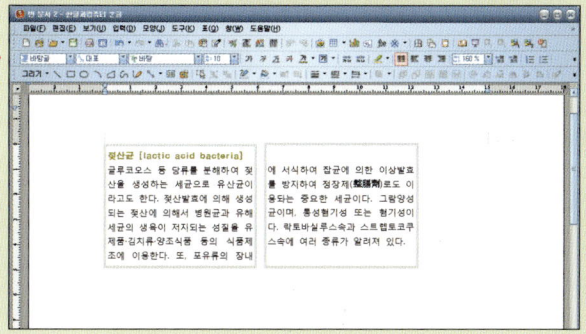

다음과 같이 크기가 제각각 다른 도형을 동일한 크기로 바꿔보자.
[Ch06\맞춤.hwp]

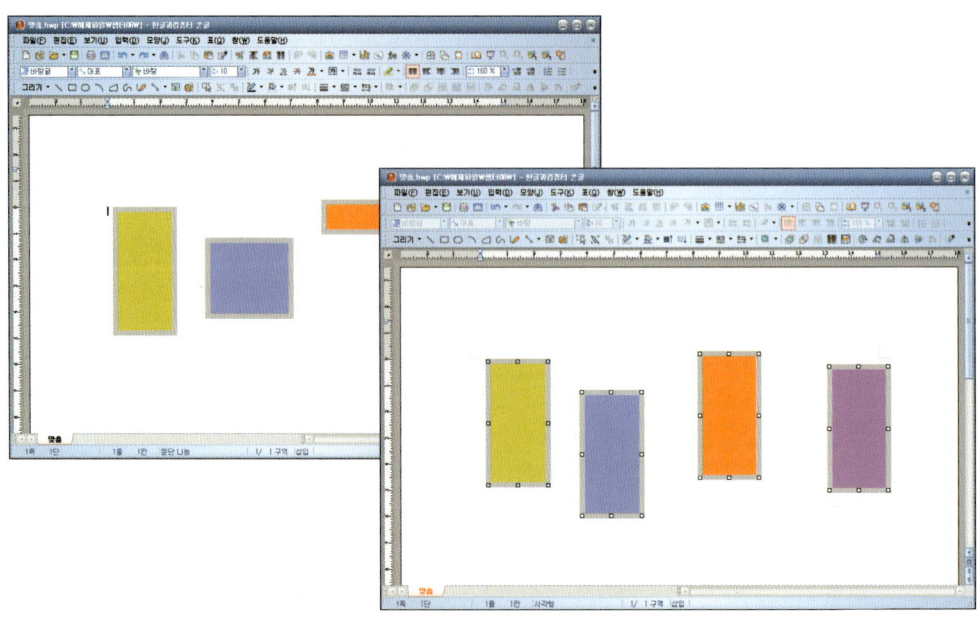

HINT | 도형을 모두 선택하고 [그리기] 도구 상자의 [그리기]를 클릭하여 [같은 크기로]의 [너비/높이를 같게]를 선택한다. 여러 개의 도형을 함께 선택한 후 크기나 위치를 정렬할 때에는 맨 마지막에 선택한 도형의 크기와 위치가 기준이 된다.

05
혼자해보기

서로 간격이 다르고 위치가 다른 네 개의 도형을 상단 위치도 동일하게 정렬하고, 도형 간의 간격도 동일하게 바꿔보자.

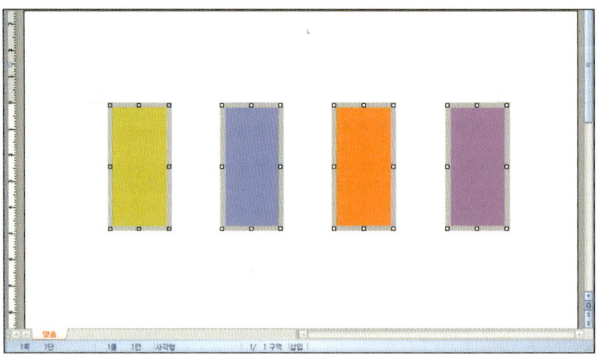

HINT | [맞춤/배분]의 [위쪽 맞춤]과 [맞춤/배분]의 [가로 간격을 동일하게]를 클릭한다. 가로 간격을 동일하게 설정할 때에는 한번에 변경되지 않을 경우 동일한 간격이 적용될 때까지 반복하여 [가로 간격을 동일하게]를 실행한다.

06 혼자해보기

네 개의 도형을 다음과 같이 하나의 도형으로 묶어 보자.

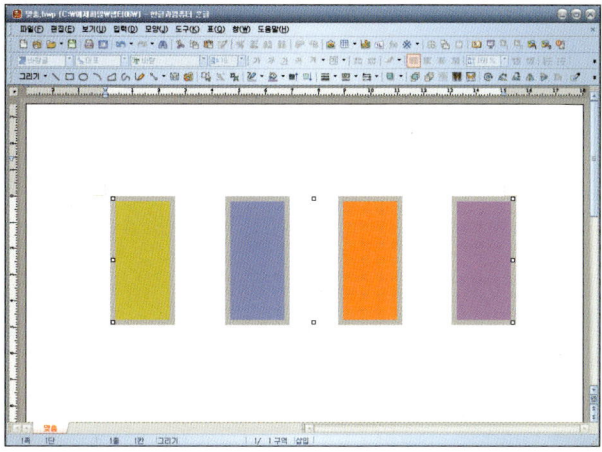

HINT | [그리기] 도구 상자의 [개체 묶기]를 클릭하면 선택되어 있는 여러 개의 도형을 하나로 묶을 수 있다. 묶인 개체를 풀기 위해서는 [개체 풀기]를 클릭한다.

07 혼자해보기

다음과 같이 가로로 배열되어 있던 도형을 90도 회전하여 세로로 바꿔보자.

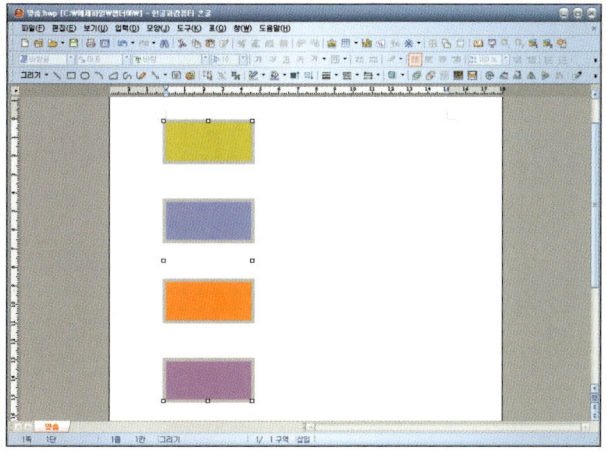

HINT | [그리기] 도구 상자의 [그리기]를 클릭하여 [회전/대칭]의 [오른쪽으로 90도 회전]을 선택한다.

Section

3

글맵시 기능 활용하기

한글 2007에서 글맵시 기능을 사용하면 제목이나 중요한 내용의 글자를 보기 좋게 꾸밀 수 있다. [입력] 메뉴의 [개체]–[글맵시]를 클릭하여 문서에 삽입할 수 있으며, 삽입한 글맵시의 내용과 모양 등을 언제든지 수정할 수 있다. 여기서는 글맵시를 만들고 수정하는 방법에 대해 배워본다.

알아두기

글맵시를 넣을 위치에 커서를 두고 [입력] 메뉴의 [개체]–[글맵시]를 클릭한 후 글맵시의 텍스트 내용과 모양을 설정할 수 있다.

따라하기 01 ## 글맵시 만들기

다음과 같이 '몸에 좋은 인테리어' 라는 내용으로 글맵시를 만들어 보자.
[Ch06\글맵시.hwp]

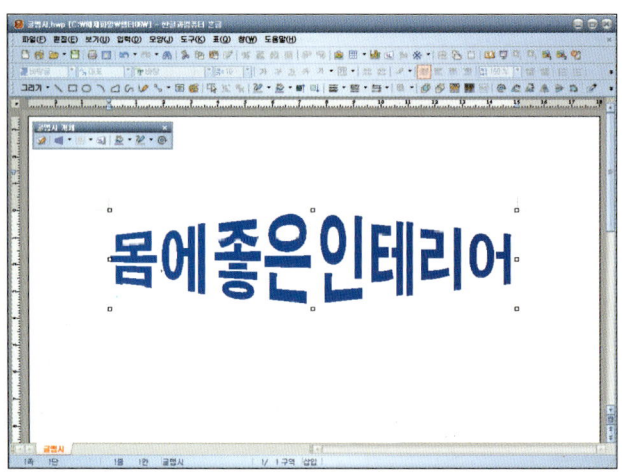

❶ [입력] 메뉴의 [개체]–[글맵시]를 클릭한다.

❷ [글맵시 개체 만들기] 대화상자에서 [내용]에 '몸에 좋은 인테리어'를 입력하고 글 꼴을 [HY견고딕]으로 설정한다.

❸ [글자 모양]을 ⬡로 선택하고 [설정] 단추를 클릭한다.

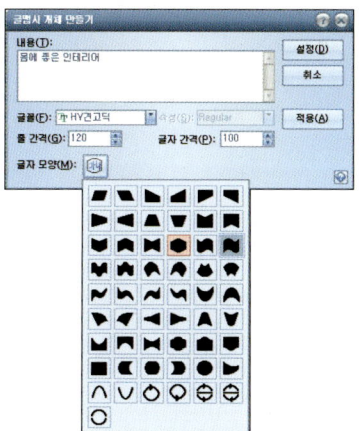

❹ 커서 위치에 입력한 내용의 글맵시가 삽입되면 ⬚Shift⬚를 누른 채 오른쪽 아래로 드래그하여 크기를 페이지 너비에 맞춰 확대한다.

[글맵시 개체] 도구 상자   tip ➕

문서에 글맵시를 삽입하고 삽입된 글맵시를 선택하면 [글맵시 개체] 도구 상자가 나타난다. [글맵시 개체] 도구 상자의 각 명령을 살펴보자.

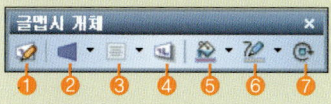

❶ **글맵시 고치기** : [글맵시 개체 고치기] 대화상자를 열어 내용이나 글꼴 등을 변경한다.
❷ **글맵시 글자 모양** : 글맵시의 글자 모양을 변경한다.
❸ **글맵시 문단 정렬** : 두 줄 이상으로 구성된 글맵시의 문단 정렬 방식을 설정한다.
❹ **글맵시 그림자** : 선택한 글맵시에 그림자를 만든다.
❺ **채우기 색** : 선택한 글맵시에 채우기 색상을 설정한다.
❻ **선 색** : 테두리가 설정된 글맵시에 선 색을 변경한다.
❼ **개체 회전** : 글맵시 개체를 회전시킨다.

글맵시에 그림을 채워 다음과 같은 모양으로 만들어 보자.

[개체 속성] 대화상자의 [채우기] 탭에서 '배경.jpg' 그림을 [바둑판식으로-모두]의 채우기 유형으로 설정한다.

글맵시의 글자 모양을 변경하고 그림자를 만들어 보자.

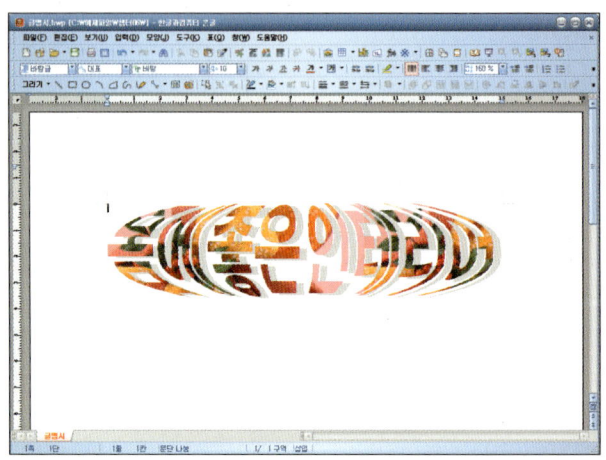

[글맵시 글자 모양]을 클릭하여 ●로 변경하고, 그림자의 위치인 X/Y를 모두 [2%]로 설정한다.

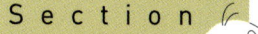

그리기마당 활용하기

4

한글 2007에서는 그리기마당을 이용해 다양한 이미지를 문서에 활용할 수 있다. [입력] 메뉴의 [개체]-[그리기 마당]을 클릭하여 그리기 조각이나 클립아트를 선택하면 문서에 삽입할 수 있다. 여기서는 문서에 그리기 조각과 클립아트를 넣은 후 크기와 모양 등을 수정하는 방법에 대해 알아본다.

> ● 알아두기
>
> 그리기마당의 모든 요소를 사용하기 위해서는 한글 2007 프로그램 설치 CD의 두 번째 CD를 설치해야 한다. [입력] 메뉴의 [개체]-[그리기마당]을 클릭한 후 그리기 조각과 클립아트 중에서 선택하여 문서에 삽입할 수 있다.

따라하기 | **01** | 그 리 기 조 각 넣 기

다음과 같이 문서에 그리기 조각을 넣어 보자.

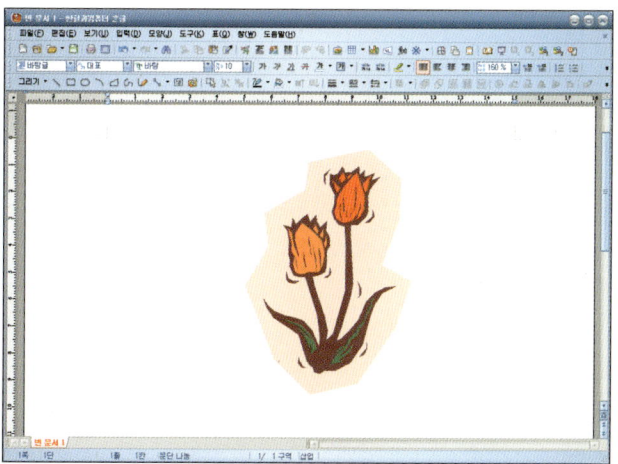

❶ [입력] 메뉴의 [개체]-[그리기마당]을 클릭하거나 [그리기] 도구 상자에서 [그리기마당]을 클릭한다.

❷ [그리기 조각] 탭에서 꾸러미를 [식물(꽃)]으로 선택하고 개체 목록에서 [꽃1]을 클릭한 후 [넣기] 단추를 클릭한다.

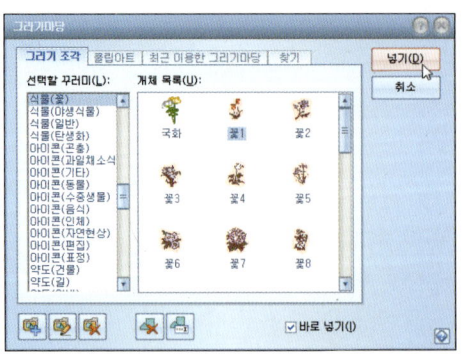

이때 [바로 넣기]를 체크해 놓은 후 작업 창을 클릭하면 선택한 그리기 조각이 바로 삽입된다.   tip ➕

❸ 작업 창에 마우스 포인터가 십자 모양으로 나타나면 클릭한다. 클릭한 위치에 선택한 그리기 조각이 삽입된다.

01
혼자해보기

다음과 같이 그리기 조각의 크기를 확대해 보자.

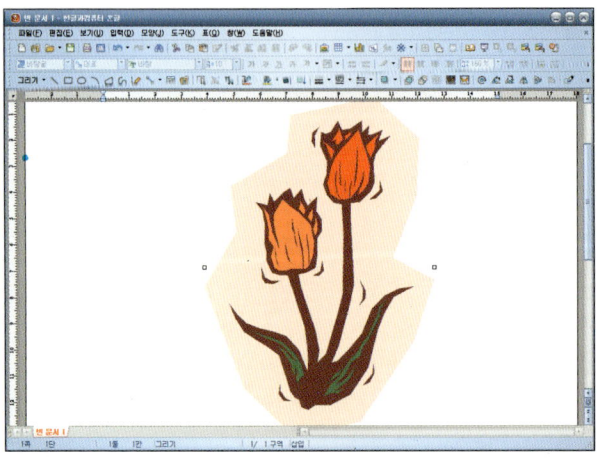

HINT | Shift 를 누른 채 조절점을 드래그하여 크기를 확대하거나 축소할 수 있다.

02 혼자해보기

그리기 조각의 일부분 색상을 다음과 같이 다른 색으로 변경해 보자.

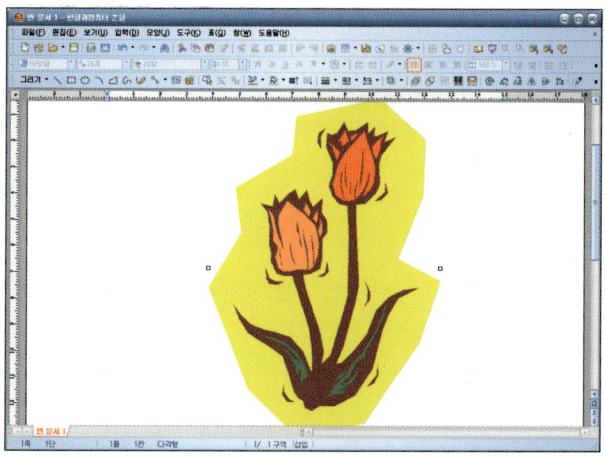

HINT | [개체 풀기]를 클릭하면 하나로 묶여있는 그리기 조각이 개체별로 분리된다. 배경을 클릭한 후 채우기 색을 연두색으로 설정한다.

03 혼자해보기

문서에 다음과 같이 펭귄 모양의 클립아트를 넣어 보자. [Ch06\클립아트.hwp]

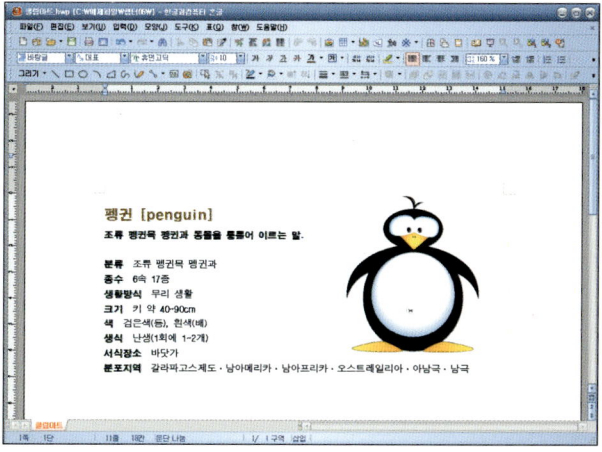

HINT | [클립아트]의 [동물(삽화)]에서 '펭귄'을 선택한다. 위치를 [글 뒤로](▦)로 설정한 후 크기와 위치를 조절한다.

Section 5

문서에 차트 삽입하기

한글에서는 다양한 모양의 차트를 문서에 삽입할 수 있다. 차트는 표로 입력된 데이터를 사용해 만들 수도 있으며, 먼저 차트를 만든 후 데이터를 편집할 수도 있다. 여기서는 차트를 만들고 모양과 데이터를 수정하는 방법 등에 대해 배워본다.

> ● 알아두기
>
> [표] 메뉴의 [차트 만들기]를 클릭하여 문서에 차트를 삽입할 수 있다. 문서에 삽입한 차트는 데이터와 모양 등을 변경할 수 있다.

따라하기 **01** 차트 만들기

예제 파일의 표에 입력된 내용을 다음과 같이 차트로 만들어 보자.
[Ch06\차트.hwp]

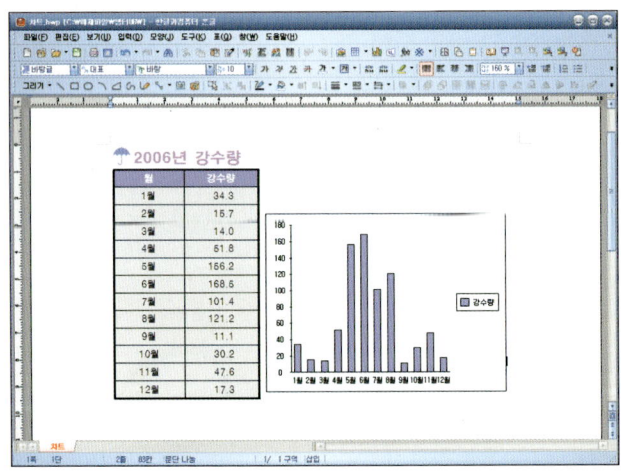

❶ 예제 파일을 열어 표 전체를 드래그하여 블록으로 지정하고 [표] 메뉴의 [차트 만들기]를 클릭한다.

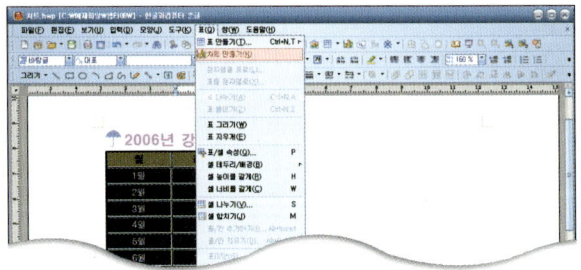

❷ 다음과 같이 기본적인 차트 모양으로 표 안에 입력된 데이터가 적용된 차트가 만들어진다.

❸ 차트를 클릭한 후 마우스 오른쪽 단추를 클릭하여 [개체 속성]을 선택한다. [기본] 탭에서 [위치]를 [글자처럼 취급]을 체크하고 [설정] 단추를 클릭한다.

❹ 글자처럼 취급으로 변경된 차트를 선택하고 Ctrl+X 를 눌러 잘라낸 후 표의 오른쪽에 커서를 두고 Ctrl+V 를 눌러 붙여넣기 한다.

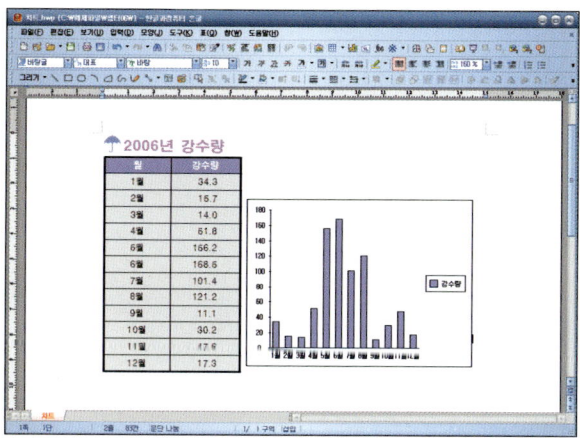

01 혼자해보기
차트 범례의 테두리를 없애고 차트의 위쪽으로 이동시켜 보자.
[Ch06\차트스타일.hwp]

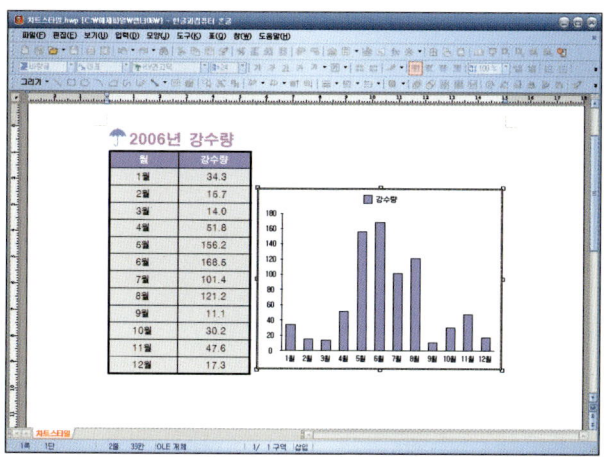

HINT | [범례]를 실행하여 범례의 선 종류를 없음으로 설정하고 위치를 위로 설정한다.

02
혼자해보기

차트의 모양을 다음과 같이 꺾은선형으로 바꿔보자.

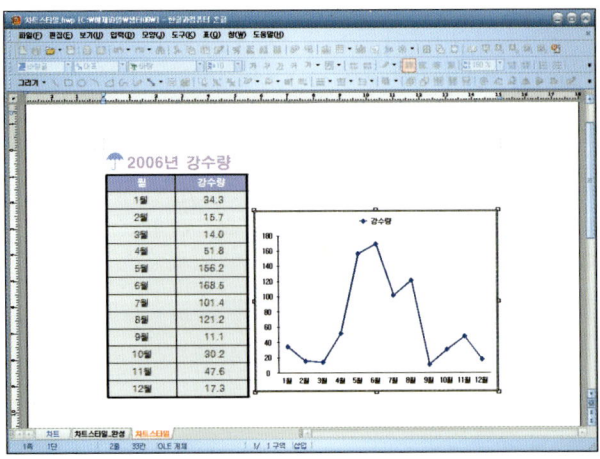

HINT | [차트 마법사]를 실행하여 [차트 종류]를 [꺾은선형]에서 [자료점 표식]으로 설정한다. [방향 설정] 탭에서 [방향]을 [열]로 설정한다.

03
혼자해보기

꺾은선형으로 변경된 차트에 그러데이션으로 된 배경색을 넣어 보자.

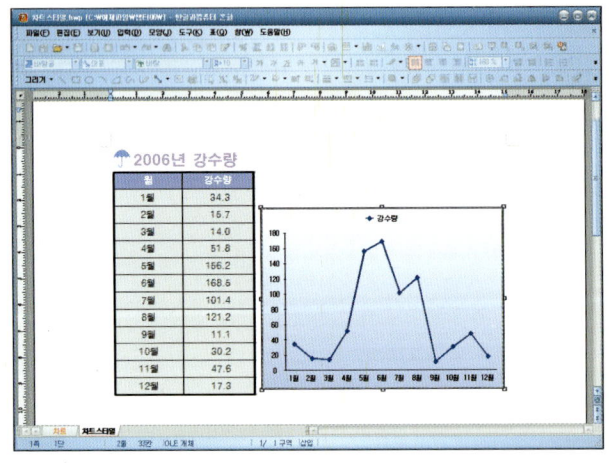

HINT | 차트를 더블클릭한 후 펼친 메뉴에서 [일반]을 실행한다. [배경] 탭에서 [그러데이션]을 선택 하고 끝 색을 파란색으로 설정한 후 유형을 [수평으로]로 설정한다.

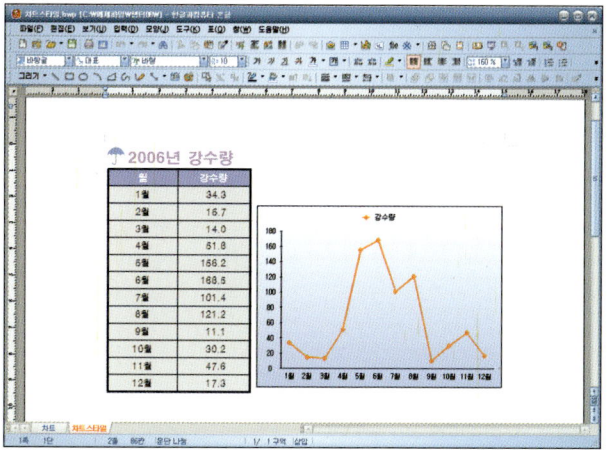

04
혼자해보기

차트의 꺾은 선 부분의 선과 표식점을 모두 주황색으로 바꿔보자.

HINT | 차트의 선 부분을 더블클릭하여 [계열 모양] 대화상자를 표시한 후 표식과 선 색을 모두 주황색으로 설정한다.

차트를 클릭했을 때와 더블클릭했을 때의 바로 가기 메뉴   tip ➕

차트를 클릭하여 선택한 후 마우스 오른쪽 단추를 클릭하면 다음과 같이 개체에 관한 바로 가기 메뉴가 나타난다. 하지만 차트를 더블클릭하여 가장자리 선택선이 이중으로 나타날 때 마우스 오른쪽 단추를 클릭하면 차트와 관련된 바로 가기 메뉴가 나타난다.

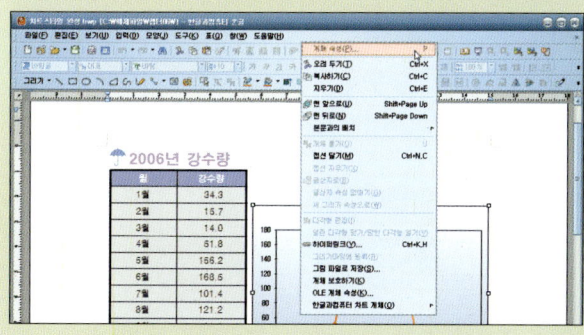

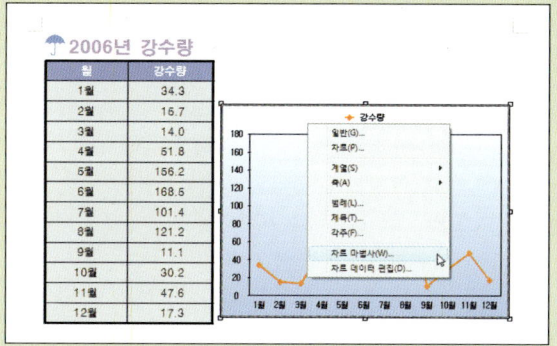

1. 그림 넣기

- 문서에 그림을 삽입하기 위해서는 [입력] 메뉴의 [개체]–[그림]을 클릭하거나 도구 상자에서 [그림]을 클릭한다. 또는 바로 가기 키인 Ctrl + N , I 를 눌러 그림을 삽입할 수도 있다.
- 그림 삽입 명령을 실행하면 [그림 넣기] 대화상자가 나타나는데 삽입할 그림이 위치한 폴더로 이동한 후 그림을 선택하고 [넣기] 단추를 클릭하여 문서에 그림을 넣을 수 있다.

2. 다양한 그리기 도구 활용하기

- 문서에 다양한 모양의 그리기 개체를 삽입하고 [개체 속성] 대화상자를 열어 테두리의 모양과 채우기 색, 그림 등을 설정할 수 있다.

3. 글맵시 활용하기

- 글맵시를 이용하면 제목이나 강조할 부분의 텍스트를 다양한 모양으로 꾸밀 수 있다. 또한 입력한 글맵시의 크기와 내용, 채우기 색이나 테두리 등은 언제든지 수정할 수 있다.
- 글맵시를 넣기 위해서는 [입력] 메뉴의 [개체]–[글맵시]를 클릭한 후 텍스트 내용과 글꼴, 글자 모양 등을 설정해야 한다. 글맵시를 선택하면 나타나는 [글맵시 개체] 도구 상자에서 글맵시의 색상과 모양 등을 변경할 수 있다.

4. 그리기마당 활용하기

- [입력] 메뉴의 [개체]–[그리기마당]을 클릭하면 [그리기마당] 대화상자가 나타나고 그리기 조각이나 클립아트를 선택하여 문서에 입력할 수 있다.
- 그리기 조각은 한글에서 사용할 수 있는 직사각형이나 원 등의 그리기 개체를 이용하여 만들어진 것이며, 클립아트는 그림 이미지이다. 그러므로 그리기 조각은 개체를 풀어 일부분의 색상이나 모양을 변경할 수 있다.
- 그리기마당을 모두 활용하기 위해서는 구입한 한글 2007 프로그램 설치 CD 중 두 번째 CD를 설치해야 한다.

5. 차트 만들기

- 문서에 차트를 삽입할 때에는 표 안에 입력한 데이터에 맞춰 차트를 만들 수도 있으며, 차트부터 만든 후 데이터를 추가로 입력할 수 있다.
- 문서에 차트를 입력하기 위해서는 [표] 메뉴의 [차트 만들기]를 클릭해야 하며, 입력된 차트를 더블클릭하여 선택하고 마우스 오른쪽 단추를 클릭하면 차트 마법사 등의 다양한 차트 관련 메뉴가 나타난다.
- 차트 마법사를 통해 차트의 모양과 구성 등도 변경할 수 있다.

1. 다음과 같이 문서의 배경으로 바나나 그림 이미지를 넣어 보자.
   [Ch06\종합실습1.hwp, 바나나2.jpg]

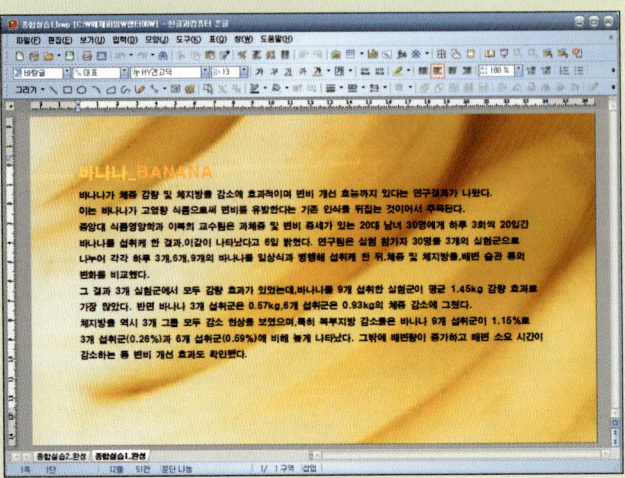

> **HINT** | 그림의 본문과의 배치를 [글 뒤로]로 설정한다. 그림의 위치를 가로/세로 모두 [종이]로 설정하고 기준점을 모두 '0'으로 설정한다.

2. 다각형을 이용하여 다음과 같이 오른쪽 아래에 바나나 이미지를 넣고 배경 이미지를 흐리게 바꿔보자. [Ch06\종합실습2.hwp, 바나나1.jpg]

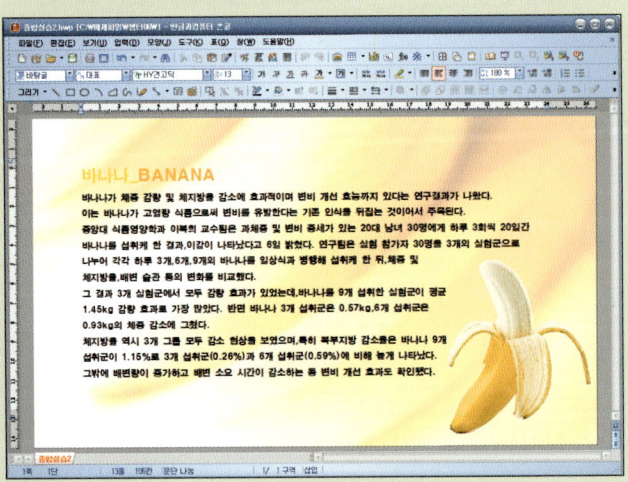

> **HINT** | 그림 이미지로 위치와 크기를 설정한 후 다각형 그리기 도구를 이용하여 바나나 이미지의 가장자리를 따라 그려준다. 다각형에 '바나나1.jpg'를 [크기에 맞추어]로 설정하고 [기본] 탭에서 [본문과의 배치]를 [어울림]으로 설정한다.

3. 가로 형태의 글상자를 길쭉한 모양으로 바꾸고 세로 쓰기로 설정한다. 모두 네 개의 글상자를 만든 후 가로 간격을 동일하게 맞춰보자.
[Ch06\종합실습3.hwp]

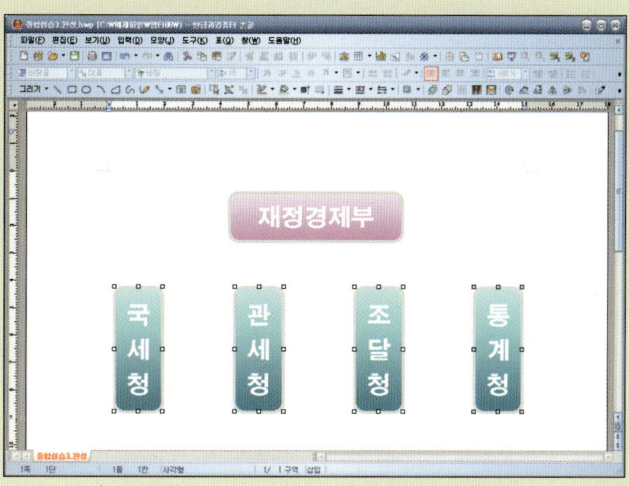

HINT | [개체 속성] 대화상자의 [글상자] 탭에서 [세로 쓰기]로 설정한다. 글상자 안에 입력된 내용의 자간을 [50%]로 설정한다. 네 개의 글상자가 선택된 상태에서 [그리기]를 클릭하여 [맞춤/배분]의 [가로 간격을 동일하게]를 두 번 실행한다.

4. 연결선을 이용하여 분홍색 글상자와 파란색 글상자 네 개를 각각 연결해 보자.

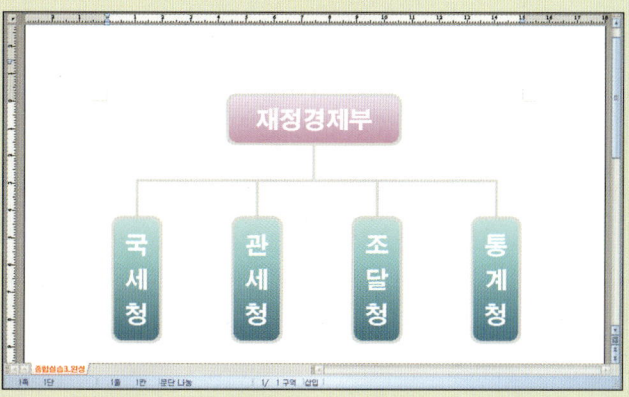

HINT | 꺾인 연결선으로 분홍색 글상자와 파란색 글상자 하나를 연결한다. 이와 같은 방법을 반복하여 파란색 글상자 네 개를 각각 분홍색 글상자와 연결한다. 연결선의 끝점을 드래그하여 글상자의 가장자리 중앙에 가져가면 자석에 끌리듯 커서가 이동한다. 이렇게 연결해야 글상자의 위치가 변경되었을 때 자동으로 연결선의 모양도 따라 변경될 수 있다.

CHAPTER

7

고급스러운 문서를 위한
막강 편집 기능 익히기

한글 2007에서는 전문가 수준의 문서 편집이 가능하다. 바탕쪽 기능을 활용하면 문서에 반복되는 배경이나 머리
말/꼬리말 등을 자동으로 반복 입력되도록 설정할 수 있다. 또한 문서 내용을 부연 설명하는 각주나 미주 등의 주
석도 삽입할 수 있고 문서를 여러 단으로 쪼개어 편집할 수도 있다. 여기서는 이와 같은 문서 편집에 유용한 고급
기능에 대해 알아본다.

한글 2007의 고급 편집 기능 익히기

전문적인 문서에 많이 쓰이는 바탕쪽 기능이나 머리말/꼬리말 기능 등은 대부분 [모양] 메뉴에 모여 있다. 여기서는 문서를 한층 더 완성도 있게 만들어주는 고급 편집 기능에 대해 알아본다.

---

01 바탕쪽 만들기

[모양] 메뉴의 [바탕쪽]을 클릭하면 바탕쪽의 종류와 속성 등을 설정할 수 있다. 바탕쪽은 양 쪽 모두에 동일한 모양으로 설정할 수 있으며, 홀수나 짝수 쪽을 선택하여 설정할 수도 있다.

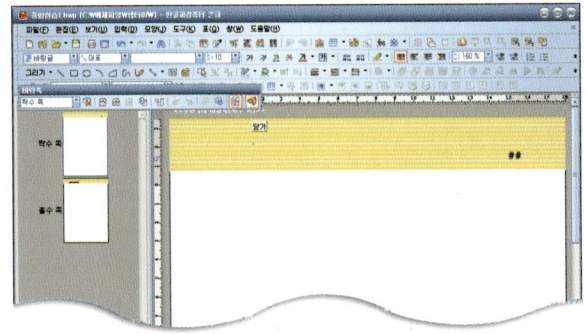

02 주석의 종류

주석은 본문에 실린 용어에 대한 부연 설명이나 인용 문구가 있을 경우 출처 등을 넣는데 활용할 수 있는 기능이다. 주석의 종류는 다음과 같으며, 주석 종류에 따라 입력되는 내용의 위치가 각각 다르다.

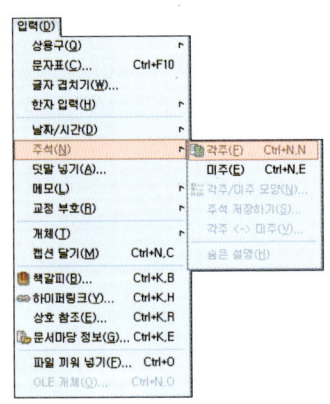

❶ 각주 : 각주는 부연 설명이 필요한 단어에 번호나 기호를 표시하고 해당 페이지의 하단에 각주 내용을 표시한다. 보통 단어에 관한 용어 풀이나 부연 설명을 넣을 때 사용한다.

❷ **미주** : 미주는 표시된 위치와는 상관없이 문서의 맨 끝에 일괄적으로 미주 내용이 정렬된다. 문서에 입력된 내용의 출처나 참고 문헌 등을 밝힐 때 주로 사용한다.

❸ **숨은 설명** : 숨은 설명은 각주나 미주와는 달리 본문에서는 아무런 표시가 나타나지 않는다. 다만 작업자만이 숨은 설명의 내용을 확인할 수 있으며, 주의 사항이나 참고 사항 등을 입력하여 추후 작업할 때 참고하거나 다른 작업자에게 진행 상황 등을 안내할 때 사용할 수 있다.

03 다단의 종류

다단은 문단의 구성을 두 개 이상의 단으로 나누어 편집할 수 있는 기능이다. 다단의 종류는 다음과 같으며 문서의 특성에 맞게 선택하여 사용한다.

❶ **일반 다단** : 두 개 이상의 단으로 구성된 다양한 형식에 자연스럽게 내용을 흐르게 한다. 왼쪽에서 오른쪽으로 내용이 흐르게 되며, 왼쪽의 단 내용이 모두 채워지면 오른쪽으로 흐르게 된다.

❷ **배분 다단** : 다단의 끝나는 위치를 자동으로 일정하게 맞춰 정렬할 수 있는 다단 기능이다. 잡지 등의 문서에 활용하면 깔끔한 모양의 다단을 완성할 수 있으며, 단의 높이를 동일하게 맞출 수 없는 경우 마지막 단의 끝 위치가 한 두 줄 정도 짧게 정렬될 수도 있다.

❸ **평행 다단** : 한 쪽 단에는 제목이나 용어 등의 표제어를 입력하고, 오른쪽 단에는 그에 관한 설명 등을 입력하는 다단 형식으로 사용한다. 다단 사이의 이동은 [모양] 메뉴의 [나누기]–[단 나누기]를 클릭하거나 Ctrl + Shift + Enter 를 눌러 이동할 수 있다.

바탕쪽 만들기

여러 페이지로 구성된 문서에 배경 그림이나 머리말, 꼬리말 등의 반복되는 배경을 바탕쪽을 이용하여 한번에 만들 수 있다. 바탕쪽 편집 상태에서 그림이나 글상자, 그리기 도구 등을 다양하게 활용하여 문서를 꾸밀 수 있다. 여기서는 바탕쪽의 다양한 활용 방법에 대해 배워본다.

> ● 알아두기
>
> [모양] 메뉴의 [바탕쪽]을 클릭하면 바탕쪽 편집 상태로 전환되고, [바탕쪽] 도구 상자가 나타난다. 양 쪽, 홀수 쪽, 짝수 쪽 중에 선택하여 바탕쪽을 만들 수 있다.

따라하기 **01** 양쪽에 동일한 바탕쪽 만들기

다음과 같이 그림을 활용하여 양 쪽 페이지에 동일한 모양의 바탕쪽을 만들어 보자.
[Ch07\바탕쪽.hwp, 배경그림.jpg]

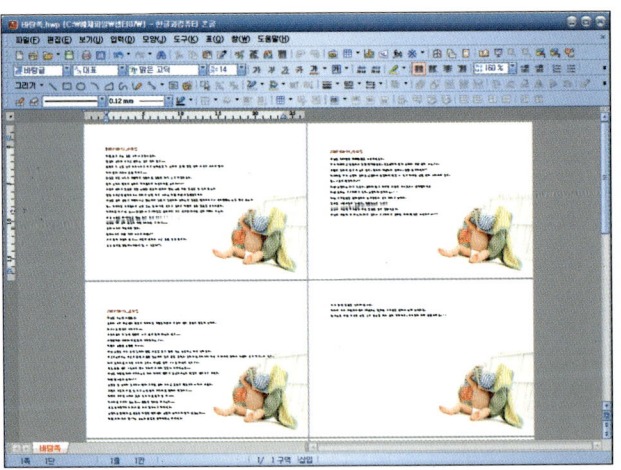

❶ [모양] 메뉴의 [바탕쪽]을 클릭한다.

❷ [바탕쪽] 대화상자에서 [종류]를 [양 쪽]으로
　선택하고 [만들기] 단추를 클릭한다.

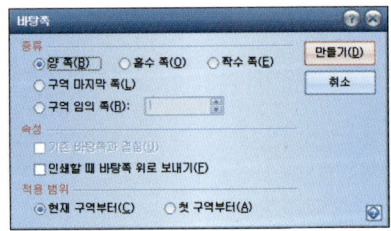

❸ 바탕쪽 편집 상태로 전환되고 [바탕쪽] 도구 상자가 나타난다. 배경 그림을 넣기 위해 [기본] 도구 상자에서 [그림]을 클릭한다.

❹ '배경그림.jpg'을 선택하고 [넣기] 단추를 클릭하여 바탕쪽에 그림을 삽입한다.

❺ 그림을 더블클릭하여 [개체 속성] 대화상자가 나타나면 [기본] 탭에서 [본문과의 위치]를 [글 뒤로]로 설정한다.

❻ [가로]와 [세로]의 기준을 [종이]로 변경한 후 [설정] 단추를 클릭한다.

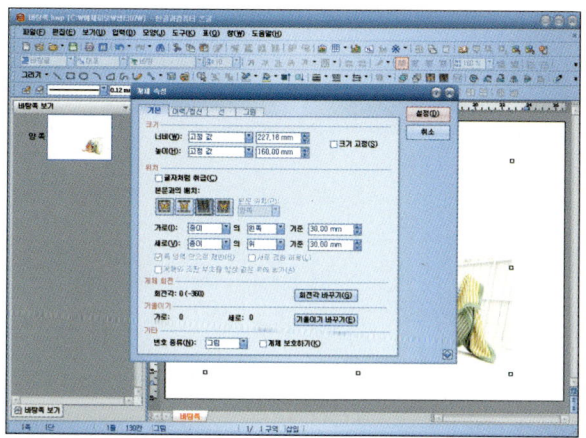

❼ 그림의 크기를 조절하여 페이지 전체에 채워지게 만든 후 [바탕쪽] 도구 상자의 [닫기]를 클릭한다.

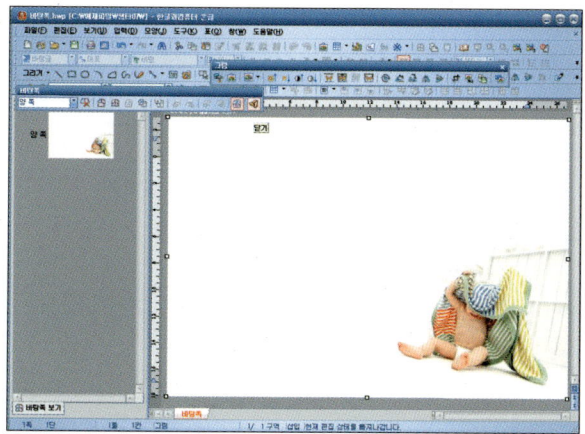

❽ 문서의 모든 페이지에 만들어 놓은 바탕쪽이 적용되어 나타난다.

01

혼자해보기

다음과 같이 문서 짝수 쪽의 바탕쪽 모양을 바꿔보자. [Ch07\배경그림2.jpg]

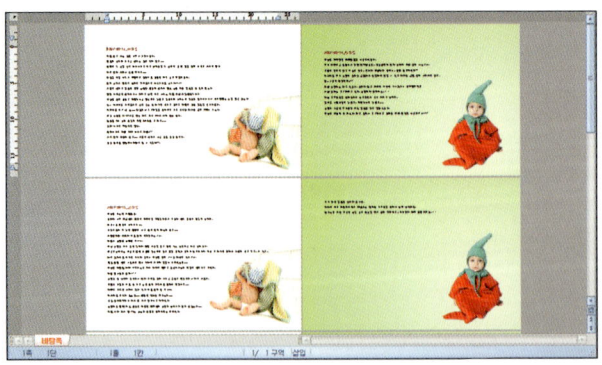

HINT | [바탕쪽] 도구 상자에서 [바탕쪽 종류]를 [짝수 쪽]으로 설정한 후 그림 파일을 삽입하여 짝수 쪽에 나타날 바탕쪽을 만든다.

[바탕쪽] 도구 상자 살펴보기   tip +

[바탕쪽] 도구 상자는 바탕쪽 편집에 관련된 기능들이 모여 있다. 각 기능은 다음과 같다.

❶ **바탕쪽 종류** : 편집할 바탕쪽을 양 쪽, 홀수 쪽, 짝수 쪽, 구역 마지막 쪽, 구역 임의 쪽 중에서 선택한다.

❷ **바탕쪽 지우기** : 현재 커서가 포함된 구역의 바탕쪽을 모두 삭제한다.

❸ **앞 구역 바탕쪽 사용** : 구역은 서로 다르지만 비슷한 내용의 바탕쪽을 사용할 경우 이전 구역의 바탕쪽을 그대로 사용한 후 일부분만 수정하여 활용한다.

❹ **첫 쪽 제외** : 현재 구역의 첫 쪽에는 현재 편집중인 바탕쪽을 적용하지 않는다.

❺ **기존 바탕쪽과 겹침** : 이미 만들어 놓은 바탕쪽에 새로 만든 바탕쪽을 겹쳐서 보여준다.

❻ **바탕쪽 앞으로 보내기** : 현재 커서가 포함된 구역의 바탕쪽을 가장 앞으로 보낸다.

❼ **쪽 번호 넣기** : 커서 위치에 쪽 번호를 삽입한다.

❽ **이전 구역으로** : 두 개 이상의 구역으로 구성된 문서에서 현재 구역을 기준으로 앞에 위치한 구역의 바탕쪽으로 이동한다. 만약 앞 구역의 바탕쪽이 존재하지 않을 경우 새로 바탕쪽을 만들 수 있다.

❾ **이후 구역으로** : 두 개 이상의 구역으로 구성된 문서에서 현재 구역을 기준으로 뒤에 위치한 구역의 바탕쪽으로 이동한다.

❿ **이전 바탕쪽** : 현재 편집 중인 바탕쪽보다 앞쪽에 삽입한 바탕쪽으로 이동한다.

⓫ **이후 바탕쪽** : 현재 편집 중인 바탕쪽보다 뒤쪽에 삽입한 바탕쪽으로 이동한다.

⓬ **바탕쪽 모양 보기** : 작업 창에 현재 문서에서 사용한 바탕쪽을 쪽 단위로 모두 볼 수 있다.

⓭ **닫기** : 바탕쪽 편집을 마치고 문서 편집 상태로 전환한다.

02

혼자해보기

홀수 쪽의 바탕쪽에 글상자를 이용하여 다음과 같이 가로줄과 쪽 번호를 넣어 보자.

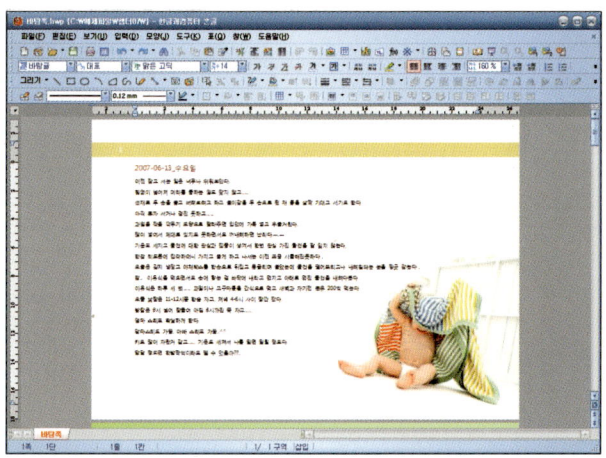

HINT | 글상자를 이용하여 가로 모양의 띠를 만들고 선은 투명하게, 배경색은 노란색으로 적용한다. [바딩쪽] 도구 상자이 [쪽 번호 넣기]를 클릭하여 쪽 번호를 삽입하고 글꼴을 [15pt]의 [HY견고딕], 흰색으로 설정한다.

편집 상태에서의 바탕쪽 모습

일반 문서 편집 상태에서는 바탕쪽의 그림이나 색상, 글자 등이 흐리게 나타나는데 인쇄할 때에는 바탕쪽 편집 상태에서 보았던 그대로 인쇄된다. 또한 문서 편집 상태에서는 바탕쪽의 내용을 수정하거나 삭제할 수 없으며, 바탕쪽을 편집하기 위해서는 [모양] 메뉴의 [바탕쪽]을 클릭하여 바탕쪽 편집 상태로 전환해야 한다.

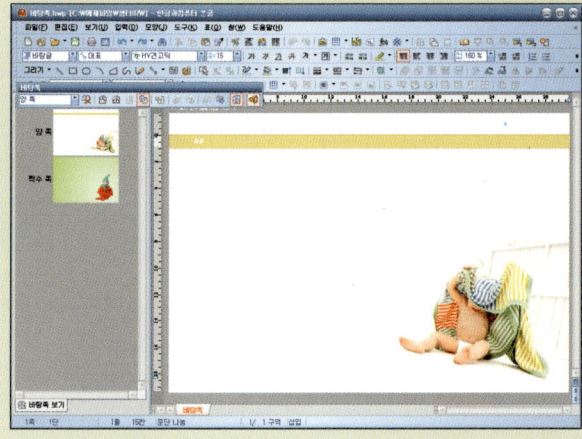

Section 2 머리말과 꼬리말 넣기

편집 페이지의 상단 부분에는 머리말을, 하단에는 꼬리말을 넣을 수 있다. 대부분 머리말과 꼬리말에는 제목이나 쪽 번호 등의 정보를 넣는 경우가 많으며, 페이지별로 다른 내용의 머리말과 꼬리말을 넣을 수도 있다. 여기서는 머리말과 꼬리말을 활용하는 방법에 대해 배워본다.

> ● 알아두기
>
> [모양] 메뉴의 [머리말/꼬리말]을 클릭하여 문서에 머리말과 꼬리말을 삽입할 수 있다. 머리말이나 꼬리말은 편집 용지의 여백 부분 내에서 표현이 가능하며, 글자, 그림, 그리기 개체 등을 다양하게 활용하여 완성할 수 있다.

따라하기 01 **머리말 넣기**

다음과 같이 문서의 상단 부분에 주황색의 사용자 이름, 쪽 번호, 날짜가 입력되도록 머리말을 설정해 보자. [Ch07\머리말꼬리말.hwp]

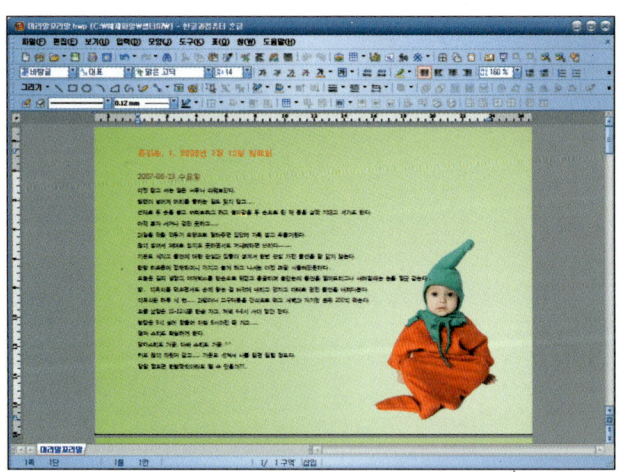

❶ [모양] 메뉴의 [머리말/꼬리말]을 클릭한다.

❷ [머리말/꼬리말] 대화상자에서 [머리말]을 선택하고 [위치]를 [양 쪽]으로 설정한 후 [만들기] 단추를 클릭한다.

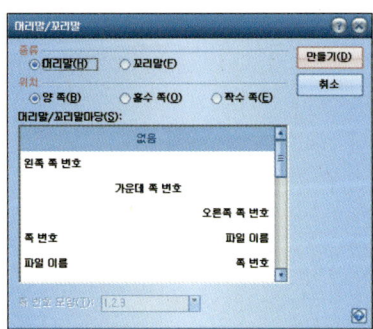

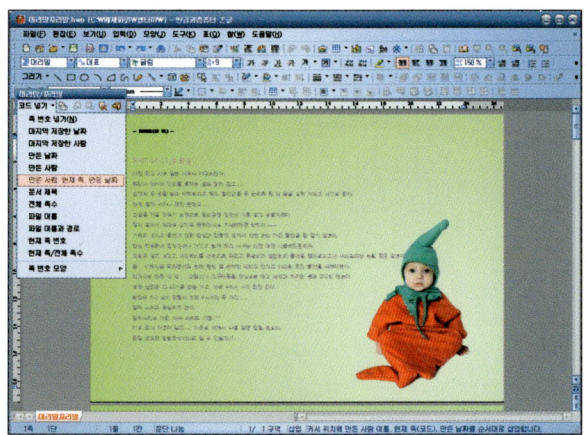

❸ 양 쪽 머리말 편집 상태가 되면 [머리말/꼬리말] 도구 상자에서 [코드 넣기]를 클릭하여 [만든 사람, 현재 쪽, 만든 날짜]를 선택한다.

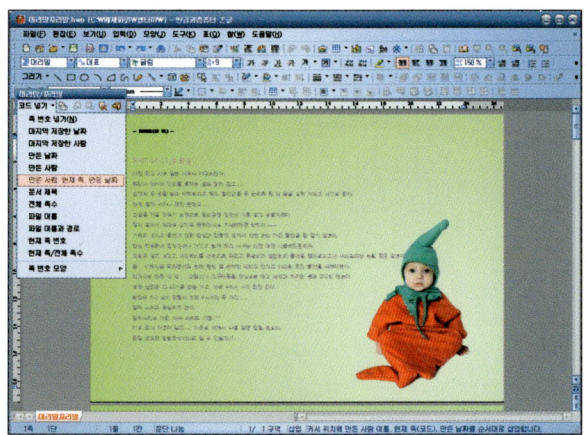

❹ 입력된 머리말의 글자 모양을 주황색의 [15pt], [HY견고딕]으로 설정한 후 [머리말/꼬리말] 도구 상자의 [닫기]를 클릭한다.

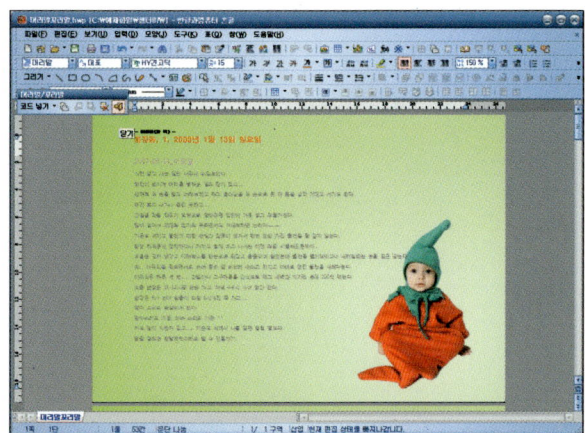

❺ 문서 편집 상태로 전환되고 모든 페이지에 만들어 놓은 머리말이 나타난다.

머리말/꼬리말 수정하기　　　　　　　　　　　　　tip ➕

입력한 머리말이나 꼬리말의 모양이나 내용을 수정하기 위해서는 [모양] 메뉴의 [머리말/꼬리말]을 클릭하여 [편집] 단추를 클릭하거나 문서의 머리말 부분을 더블클릭하여 편집 상태로 전환한다.

다음과 같이 2쪽부터는 파란색으로 머리말의 글자 색을 변경하고, 사용자 이름도 바꿔보자.

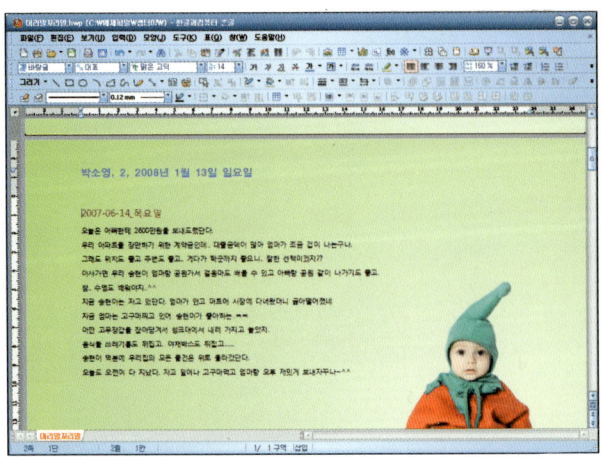

HINT | 2쪽에 커서를 두고 [모양] 메뉴의 [머리말/꼬리말]을 클릭한 후 [만들기] 단추를 클릭한다. [머리말/꼬리말] 도구 상자에서 [이전 머리말/꼬리말]을 클릭하여 복사하고 붙여넣기한 후 사용자 이름과 글자 색을 설정한다.

구역 나누기   tip ➕

구역은 하나의 문서 내에서 바탕쪽이나 편집 용지 등의 설정 내용을 서로 다르게 설정할 수 있는 기능으로 여러 개의 장으로 구성된 많은 양의 문서에 사용하면 편리하다. [모양] 메뉴의 [나누기]-[구역 나누기]를 클릭하면 커서 위치부터 새로운 구역으로 나누어지며, 구역이 서로 다르면 편집 용지의 크기와 여백, 바탕쪽 등을 서로 다르게 설정할 수 있다.

다음과 같이 문서의 아래 부분에 꼬리말을 넣어 보자.

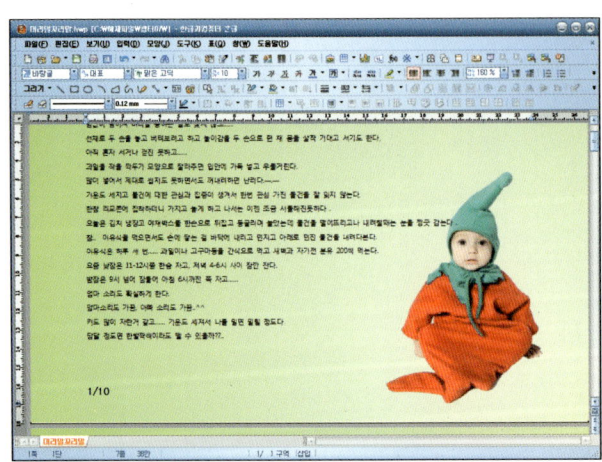

머리말과 꼬리말 여백 설정하기　　tip ➕

문서에서 머리말이나 꼬리말을 넣기 위해서는 [편집 용지] 대화상자에서 머리말/꼬리말 여백을 설정해 놓아야 한다. 여백이 '0'일 경우에는 머리말과 꼬리말을 입력해도 보이지 않게 되기 때문이다. [모양] 메뉴의 [편집 용지]를 클릭하여 용지 여백에서 머리말과 꼬리말 여백을 설정한다.

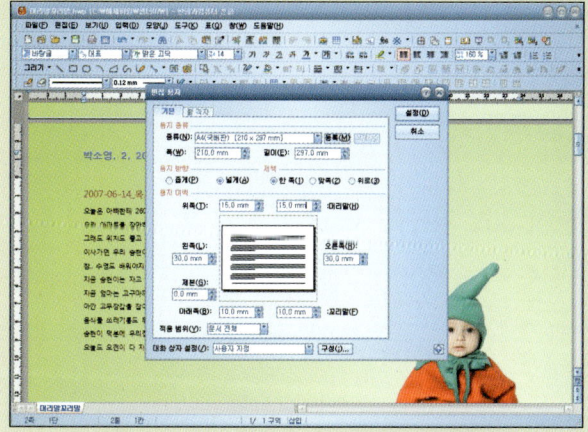

인쇄 미리 보기 상태에서 [여백 보기]를 클릭하면 다음과 같이 붉은색으로 여백이 표시된다. 위쪽 여백과 본문과의 사이 공간이 머리말 여백이다.

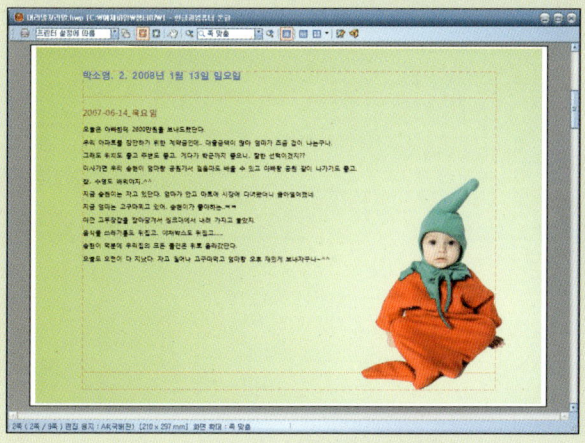

문서에 다단 적용하기

3

다단은 문단을 두 개 이상의 단으로 나누어 편집할 수 있는 기능이다. 주로 신문이나 잡지에 사용되며, 필요에 따라 일반 다단, 배분 다단, 평행 다단 중에서 설정할 수 있다. 다단의 구성이나 구분선 등도 다양하게 설정할 수 있다. 여기서는 다단 문서를 설정하는 방법에 대해 알아본다.

⊙ 알아두기

[모양] 메뉴의 [다단]을 클릭하여 여러 가지 모양의 다단 문서를 만들 수 있다. 다단의 형태는 블록으로 선택한 일부분이나 구역 또는 문서 전체에 적용할 수 있다.

따라하기 01 일반 다단 적용하기

다음과 같이 문서에 일반 다단을 적용하여 보기 좋게 정렬해 보자.
[Ch07\다단.hwp]

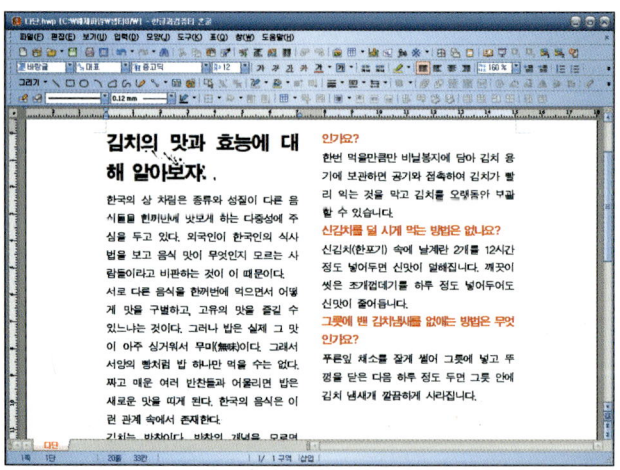

❶ [모양] 메뉴의 [다단]을 클릭한다.

❷ [단 종류]는 [일반 다단]으로 선택하고 [자주 쓰이는 모양]에서 [둘]을 클릭한다. [설정] 단추를 클릭하면 너비가 동일한 두 개의 다단으로 문서 전체가 정렬된다.

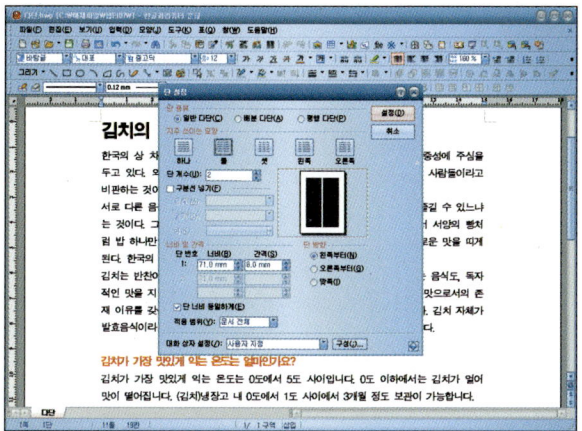

01
혼자해보기

2단으로 나누어신 세목 부분을 1단으로 다시 바꿔보자.

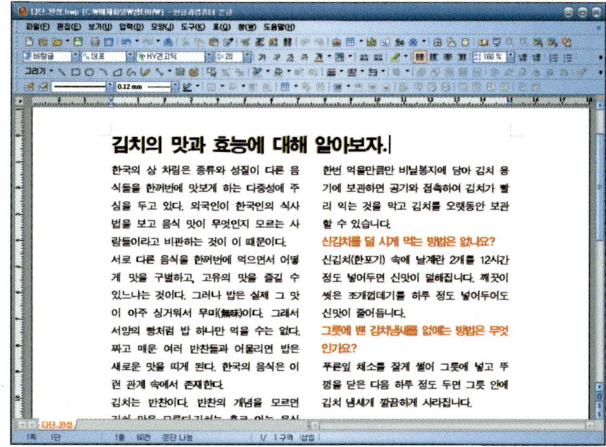

HINT | 제목을 마우스로 드래그하여 블록으로 지정하고 [모양] 메뉴의 [다단]을 클릭한다. 다단의 종류를 [하나]로 설정하고 [적용 범위]를 [선택된 문자열]로 지정한다.

배분 다단을 이용해 두 개의 단 끝선이 비슷하게 정렬되도록 설정해 보자.

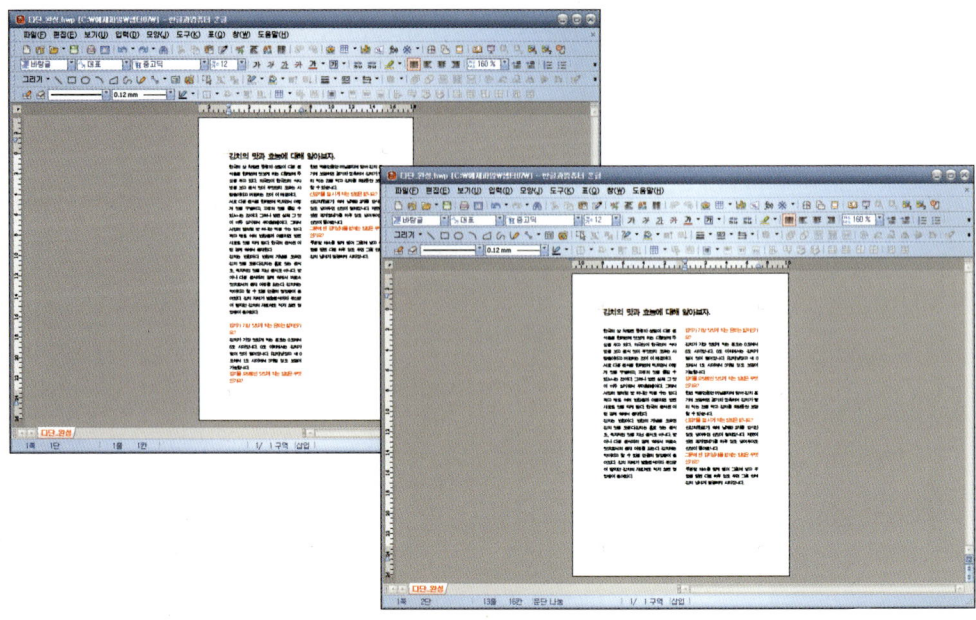

HINT | 다단의 모양을 바꿀 부분을 드래그하여 블록으로 지정하고 [배분 다단]으로 설정한다. 이때 [적용 범위]를 [선택한 문자열]로 지정한다.

평행 다단 활용하기

평행 다단을 이용하면 왼쪽과 오른쪽 다단에 나란히 내용을 입력할 수 있다. 다음과 같이 왼쪽에는 질문을 넣고, 오른쪽에는 질문에 대한 답변을 정렬해 보자.
[Ch07\평행다단.hwp]

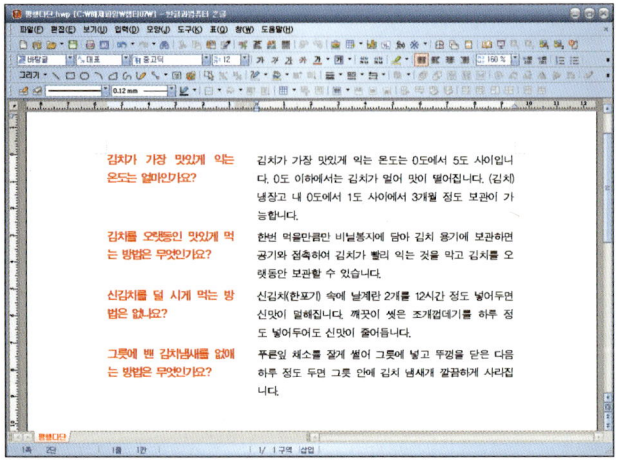

❶ [모양] 메뉴의 [다단]을 클릭한다.

❷ [단 종류]를 [평행 다단]으로 선택하고 [자주 쓰이는 모양]에서 [왼쪽]을 클릭하고 [설정] 단추를 클릭한다.

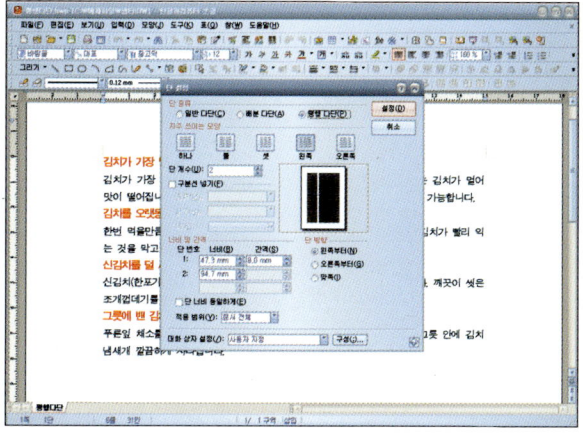

❸ 우선 모든 내용이 왼쪽 단에만 정렬된다.

❹ 오른쪽 단으로 이동할 두 번째 문단 앞에 커서를 위치시킨다.

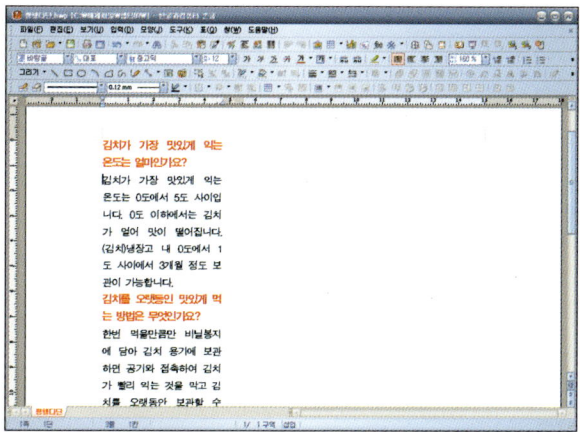

❺ [모양] 메뉴의 [나누기]-[단 나구기]를 클릭하면 커서 이후의 내용이 모두 오른쪽 단으로 이동하게 된다.

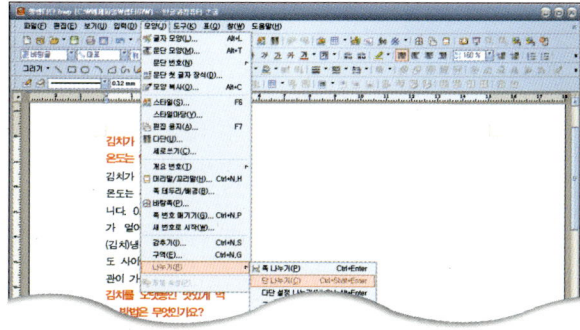

Section 3 . 문서에 다단 적용하기 　225

❻ 또 다시 왼쪽 단으로 이동할 두 번째 질문 앞에 커서를 두고 [모양] 메뉴의 [나누기]–[단 나구기]를 클릭하여 왼쪽 단으로 이동시킨다.

❼ 같은 작업을 반복하여 왼쪽에는 질문 내용을, 오른쪽 단에는 질문에 해당하는 답변 내용을 모두 정렬한다.

03
혼자해보기

평행 다단으로 정렬한 문서의 단 사이에 점선 모양의 구분선을 넣어 보자.

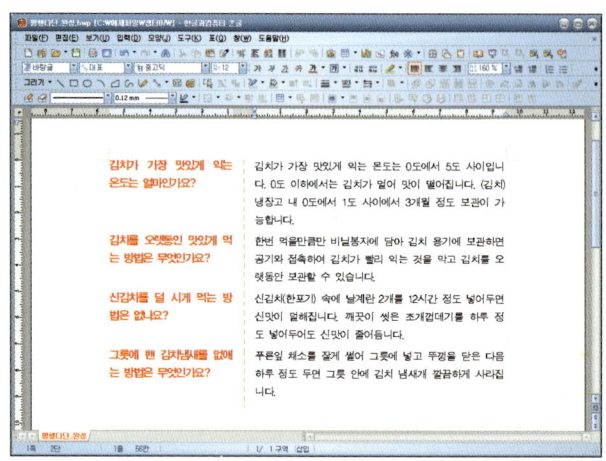

HINT | [단 설정] 대화상자에서 [구분선 넣기]를 체크하고 [0.3mm]의 주황색 점선을 설정한다.

단 사이에서의 이동

tip +

단 사이로 커서를 이동할 때에는 Ctrl + Alt +방향키를 눌러 이동할 수 있다. 예를 들어
왼쪽 단에서 오른쪽 단으로 이동하기 위해서는 Ctrl + Alt 를 누른 채 오른쪽 화살표 키
를 누르고, 오른쪽에서 왼쪽으로 이동하기 위해서는 Ctrl + Alt 를 누른 채 왼쪽 화살표
키를 누른다.

각주와 미주 등의 주석 달기

Section 4

각주나 미주 등은 문서의 내용 중에서 부연 설명이 필요하거나 참고 문헌 등을 표시할 때 주로 사용한다. 각주는 표시된 내용이 위치한 같은 페이지의 하단에, 미주는 위치와는 상관없이 문서의 맨 끝에 삽입된다. 여기서는 각주와 미주를 넣는 방법에 대해 알아본다.

◉ 알아두기

[입력] 메뉴의 [주석]을 클릭하면 각주, 미주, 숨은 설명 등의 주석을 커서 위치에 표시할 수 있으며, 입력한 주석의 내용과 위치는 언제든지 수정할 수 있다.

따라하기 | 01 | **각주 넣기**

다음과 같이 문서에 포함된 내용 중에서 '트레비스'와 '자색'에 각각 해당하는 각주를 넣어 보자. [Ch07\각주.hwp, 각주내용.hwp]

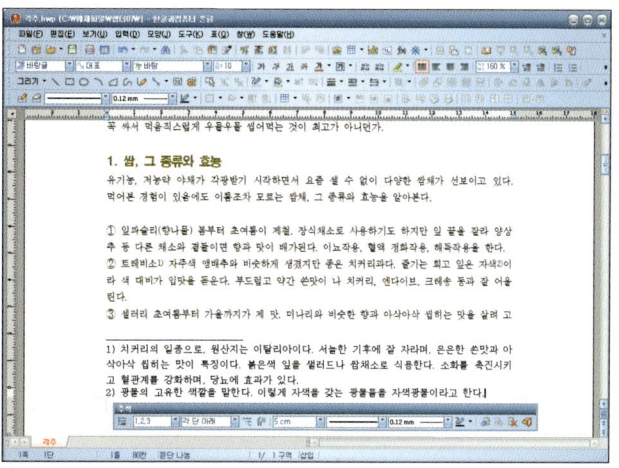

❶ 각주를 넣을 '트레비스' 오른쪽에 커서를 두고 [입력] 메뉴의 [주석]-[각주]를 클릭한다.

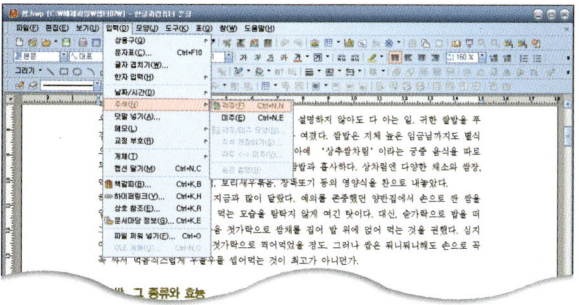

② 커서 위치에 '1)'이 삽입되고, 아래 부분에 각주 편집 상태로 전환된다.

③ '치커리의 일종으로, 원산지는 이탈리아이다. 서늘한 기후에 잘 자라며, 은은한 쓴 맛과 아삭아삭 씹히는 맛이 특징이다. 붉은색 잎을 샐러드나 쌈채소로 식용한다. 소화를 촉진시키고 혈관계를 강화하며, 당뇨에 효과가 있다.'를 입력한다.

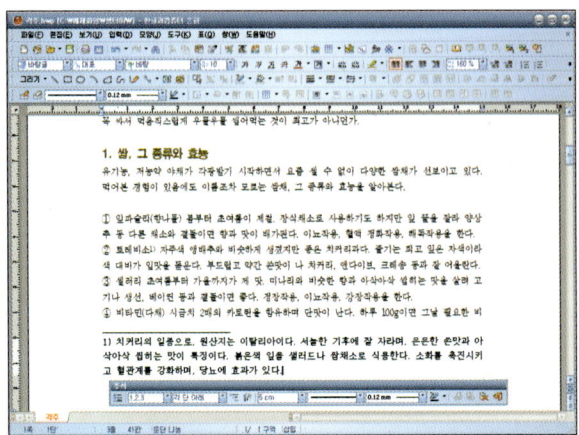

④ '자색' 오른쪽에 커서를 두고 같은 방법을 반복하여 두 번째 각주를 입력한다.

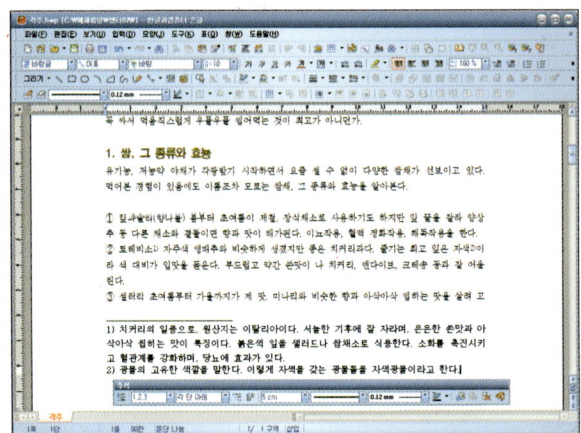

혼자해보기

각주의 글꼴 모양과 문단 모양을 설정해 보자.

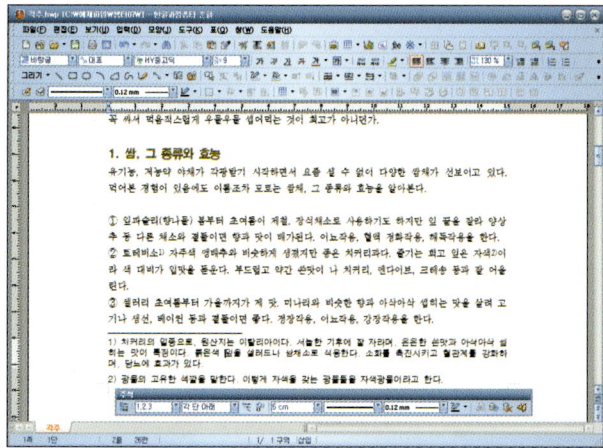

HINT | 각주를 하나씩 드래그하여 글꼴을 [HY중고딕]의 [9pt]로 설정한다. 문단 모양에서는 [문단 위 간격]을 [5pt]로 설정한다.

혼자해보기

다음과 같이 본문과 각주 사이에 구분선의 모양을 파란색의 점선으로 바꿔보자.

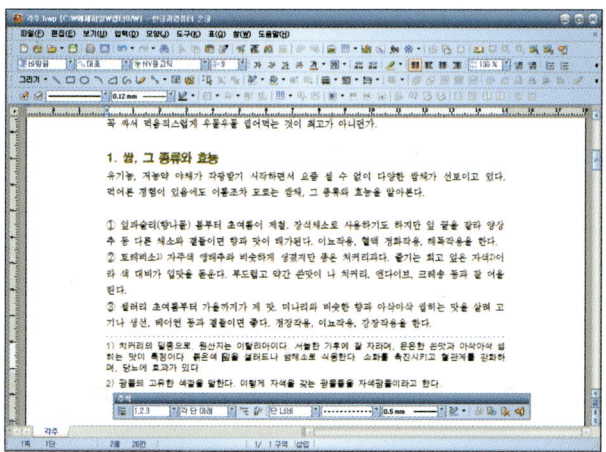

HINT | [주석] 도구 상자에서 [구분선의 길이]를 [단 너비]로 설정하고 모양을 점선으로 설정한다. 굵기를 [0.5mm]로 설정하고 색상을 파란색으로 선택한다.

문서에 입력된 내용 중에서 2쪽의 '카로틴', 5쪽의 '잡곡'에 관한 내용을 미주로 넣어 보자. [Ch07\미주.hwp, 미주내용.hwp]

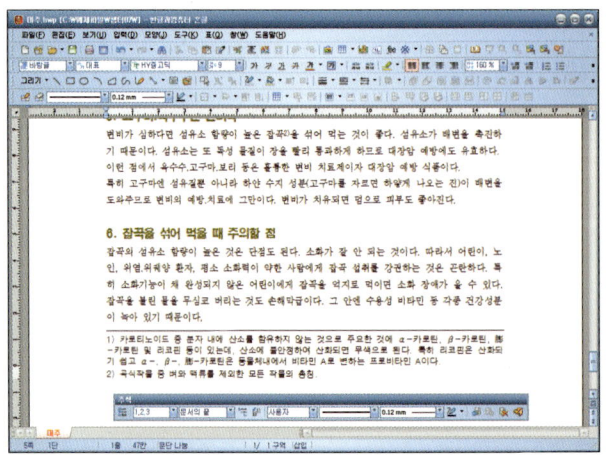

HINT | 각각의 단어 오른쪽에 커서를 두고 [입력] 메뉴의 [주석]-[미주 넣기]를 클릭한다. 두 개의 단어 각각에 해당하는 내용을 입력한 후 글자 모양과 문단 모양을 각주의 모양과 동일하게 설정한다.

각주와 미주가 입력된 문서에서 미주를 각주로 변환해 보자.

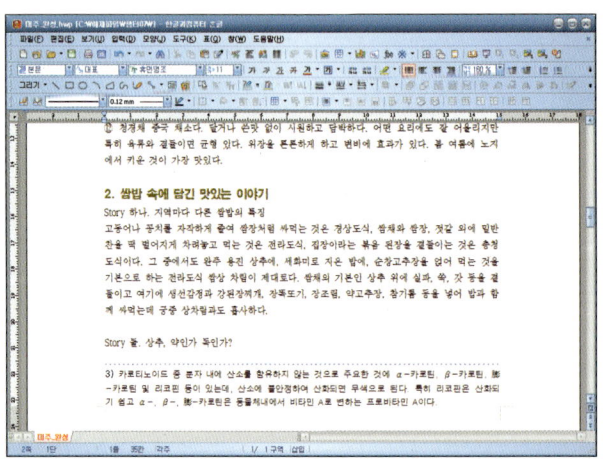

HINT | [입력] 메뉴의 [주석]-[각주(→)미주]를 클릭한다. 다음과 같은 대화상자에서 [변환 방법]을 [모든 미주를 각주로 바꾸기]를 선택하고 [변환] 단추를 클릭한다.

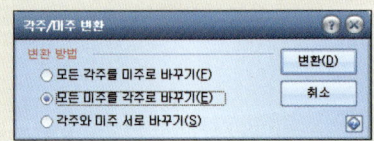

Section 5

쪽 번호 매기기

쪽 번호 매기기를 이용하면 문서에 쪽 번호를 넣을 수 있으며, 쪽 번호의 위치를 자유롭게 설정할 수 있다. 또한 숫자만 넣거나 줄표를 넣는 등의 옵션을 설정할 수 있으며, 어느 특정 위치에 새로운 쪽 번호로 시작하도록 설정할 수도 있다.

> ● 알아두기
>
> [모양] 메뉴의 [쪽 번호 매기기]를 클릭하여 문서에 쪽 번호를 넣을 수 있다. 새로운 쪽 번호로 지정하기 위해서는 [모양] 메뉴의 [새 번호로 시작]을 클릭한다.

따라하기 01 쪽 번호 매기기

문서의 모든 쪽 아래의 가운데 위치에 다음과 같이 쪽 번호를 넣어 보자.
[Ch07\쪽번호.hwp]

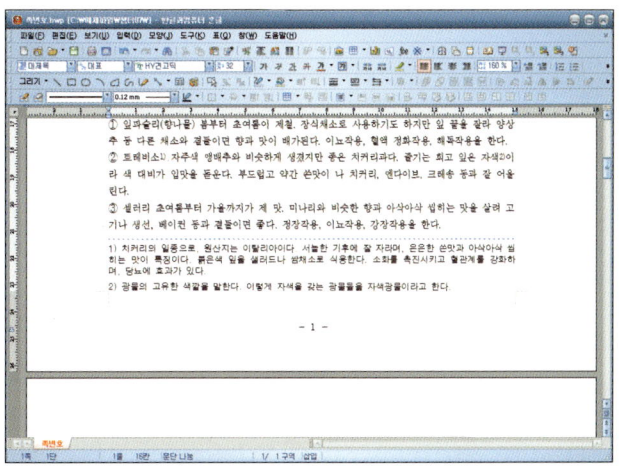

❶ [모양] 메뉴의 [쪽 번호 매기기]를 클릭한다.

❷ 번호 위치를 페이지의 하단 가운데로 선택하고 번호 모양을 '1,2,3'으로 [줄표 넣기]를 체크하고 [넣기] 단추를 클릭한다.

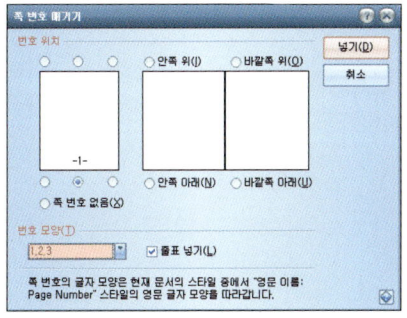

[모양] 메뉴의 [쪽 번호 매기기]를 클릭하면 현재 문서에 자동으로 쪽 번호가 입력된다. 입력되는 쪽 번호의 모양은 기본적으로 명조 글꼴로 지정되는데 이렇게 입력된 쪽 번호의 글자 모양을 바꿔보자.

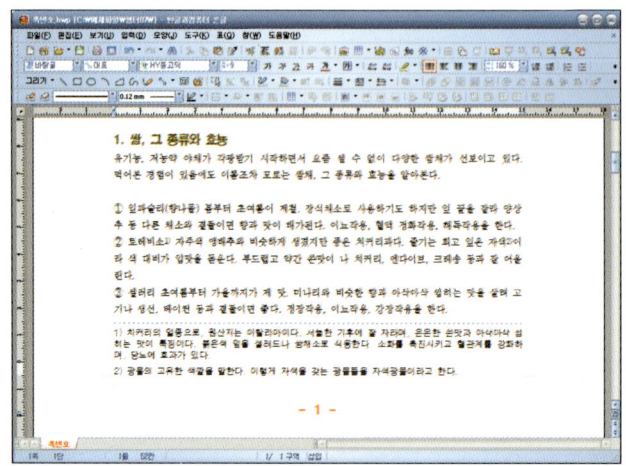

❶ [모양] 메뉴의 [스타일]을 클릭한 후 [스타일] 대화상자가 나타나면 [새 스타일 만들기]를 클릭한다.

❷ [스타일 이름]을 '쪽 번호'로 입력하고 [영문 이름]을 'Page Number'로 입력한 다음 [글자 모양] 단추를 클릭한다.

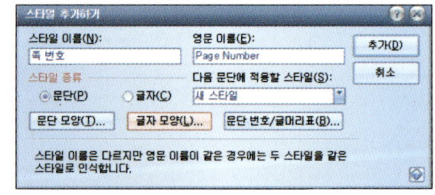

❸ 글자 크기와 글꼴, 글자 색을 다음과 같이 지정하고 [설정] 단추를 클릭한다.

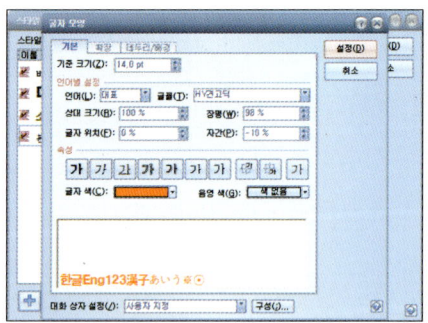

❹ 문서에 입력된 쪽 번호의 글자 모양이 설정한 주황색의 견고딕 글꼴로 변경된다.

01
혼자해보기

문서의 첫 번째 페이지를 현재 1쪽에서 30쪽으로 바꿔보자.

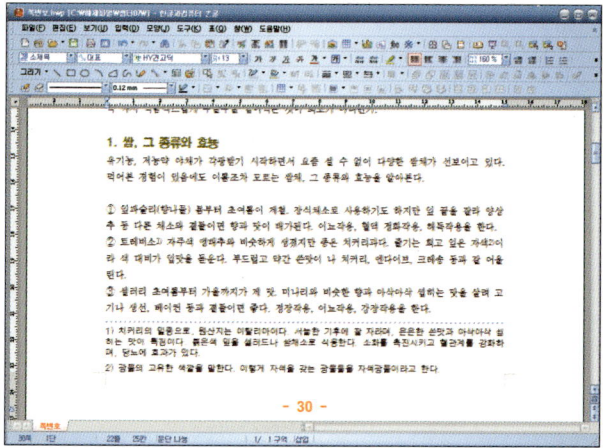

HINT | [모양] 메뉴의 [새 번호로 시작]을 클릭한 후 [쪽 번호]를 '30'으로 입력한다.

02
혼자해보기

새 번호로 지정한 작업을 취소하고 다시 1페이지로 변경해 보자.

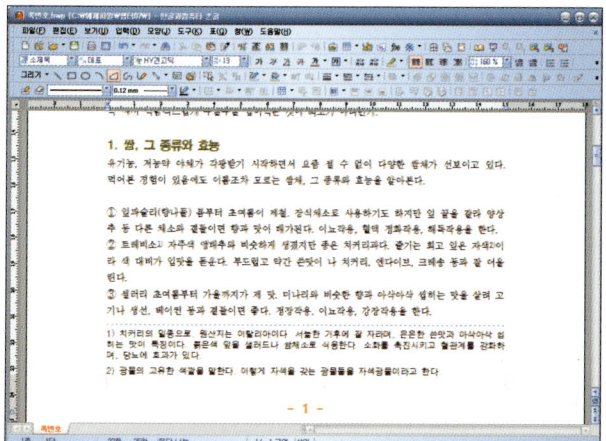

HINT | [보기] 메뉴의 [조판 부호]를 클릭한 후 나타나는 [새 번호로 시작]을 Delete 를 눌러 삭제한다.

6

차례와 찾아보기 만들기

목차는 문서 내용 중 목차로 만들 부분을 별도로 표시하여 만들 수도 있으며, 개요나 스타일을 이용하여 만들 수도 있다. 또한 찾아보기 기능을 이용하면 본문 중의 단어를 뽑아 별도의 찾아보기 페이지를 만들 수 있다. 차례와 찾아보기를 표시하고 만드는 방법에 대해 알아본다.

◑ 알아두기

[도구] 메뉴의 [차례/찾아보기]를 클릭하여 차례를 표시하거나 만들 수 있으며, 찾아보기도 표시하거나 만들 수 있다.

따라하기

01 새 탭으로 차례 만들기

예제 문서에서 제목 부분에 적용된 스타일을 이용하여 새 탭에 차례를 만들어 보자.
[Ch07\차례.hwp]

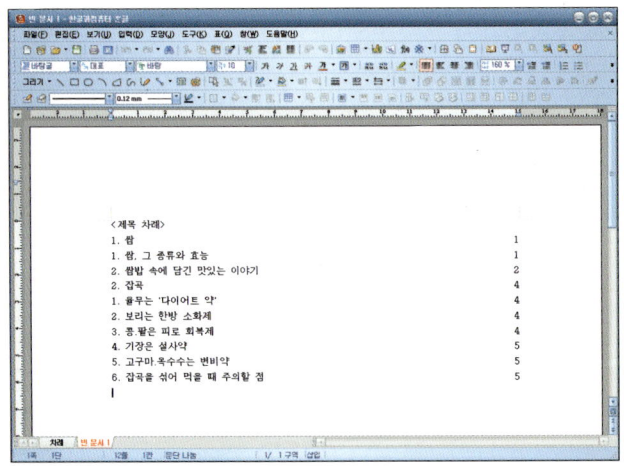

❶ 예제 문서를 불러온 후 [도구] 메뉴의 [차례/찾아보기]-[차례 만들기]를 클릭한다.

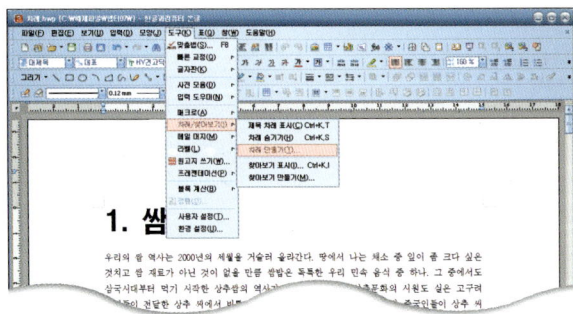

❷ [차례 만들기] 대화상자에서 [제목 차례]를 체크하고 [스타일 모으기]를 체크한다.

❸ 스타일 목록에서 [대제목]과 [소제목]을 체크하고 [만들 위치]를 [새 탭]으로 선택한 후 [만들기] 단추를 클릭한다.

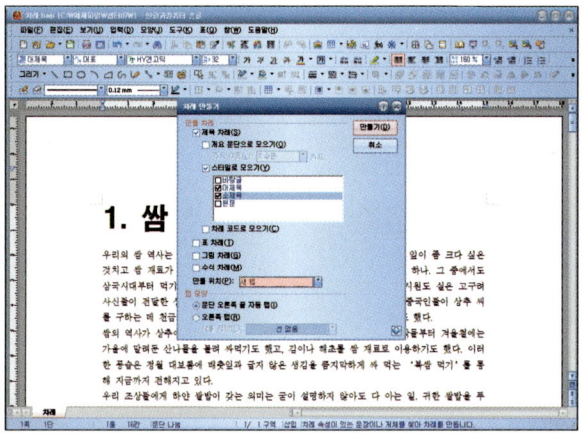

❹ 새로운 탭이 추가되고 예제 문서의 차례가 만들어진다.

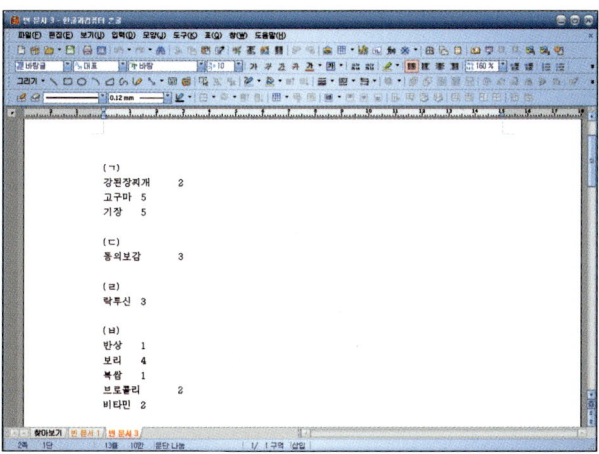

01
혼자해보기

문서에서 찾아보기를 표시한 내용을 이용하여 찾아보기를 만들어 보자.

HINT | [도구] 메뉴의 [차례/찾아보기]–[찾아보기 만들기]를 클릭한다.

찾아보기 표시와 삭제하기

찾아보기를 표시할 부분에 커서를 두고 [도구] 메뉴의 [차례/찾아보기]–[찾아보기 표시]를 클릭한다. [찾아보기 표시] 대화상자에 커서가 포함된 단어 전체가 나타난다. 불필요한 부분을 삭제하고 [넣기] 단추를 클릭하면 찾아보기가 표시된다.

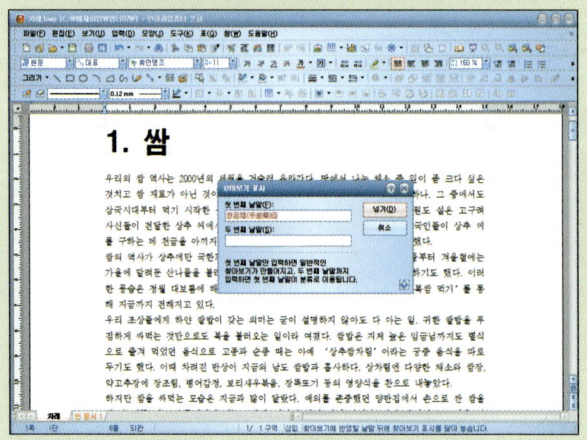

[보기] 메뉴의 [조판 부호]를 클릭하면 다음과 같이 표시된 부분에 주황색으로 표시된다. 이 표시를 삭제하면 찾아보기 표시를 취소할 수 있다.

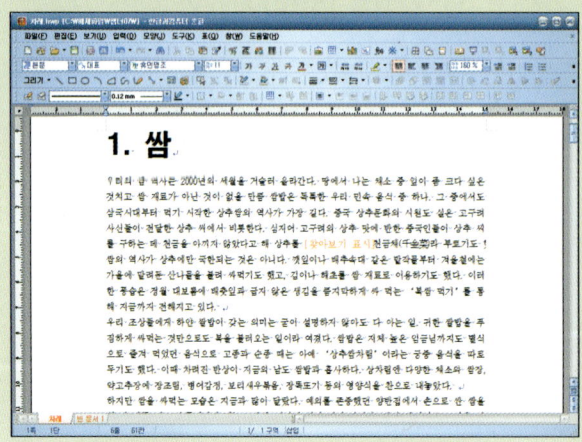

1. 바탕쪽 만들기

- 바탕쪽은 문서에서 반복되는 배경 그림이나 쪽 번호, 제목 등을 만들어 넣을 수 있는 배경쪽이다.
- [모양] 메뉴의 [바탕쪽]을 클릭하여 만들 수 있으며, 양 쪽에 동일한 모양의 바탕쪽을 적용하거나 홀수 쪽과 짝수 쪽에 서로 다른 모양의 바탕쪽을 만들어 넣을 수도 있다. 또한 구역으로 나누면 한 문서 내에서도 다양한 바탕쪽을 적용할 수 있다.

2. 머리말과 꼬리말 넣기

- [모양] 메뉴의 [머리말/꼬리말]을 클릭한 후 종류와 위치를 선택한다.
- [만들기] 단추를 클릭하면 머리말이나 꼬리말 편집 상태로 전환되고, 내용을 입력한 후 [머리말/꼬리말] 도구 상자의 [닫기]를 클릭하면 본문 편집 상태로 되돌아간다.
- 머리말이나 꼬리말 부분을 더블클릭하여 머리말과 꼬리말 내용을 수정할 수 있다.
- 머리말과 꼬리말이 입력될 공간은 [편집 용지]에서 머리말과 꼬리말 여백에서 설정할 수 있다.
- 문서 편집 중에 입력한 머리말과 꼬리말의 내용과 위치를 바로 확인하려면 [쪽 윤곽 보기]가 설정되어 있어야 한다.

3. 다단 문서 활용하기

- [모양] 메뉴의 [다단]을 클릭한 후 다단 종류와 단의 구성, 너비를 선택한다.
- 다단이 적용될 적용 범위를 선택하고 [설정] 단추를 클릭하면 문서에 다단이 적용된다.
- 다단은 문서 전체에 적용하거나 선택한 문자열에 적용할 수도 있다.

4. 각주와 미주 등의 주석 달기

- [입력] 메뉴의 [주석]을 클릭하여 원하는 주석 종류를 클릭한다.
- 커서 위치에 번호가 표시되고, 주석 내용을 입력할 수 있는 편집 상태로 전환된다.
- 주석의 내용을 입력하고 [주석] 도구 상자의 [닫기]를 클릭하면 본문 편집 상태로 다시 전환할 수 있다.
- 주석 부분을 더블클릭하면 주석의 내용을 수정할 수 있으며, 본문에 삽입된 주석 표시를 이동하면 해당 페이지에 따라 각주의 내용도 함께 이동한다.
- 문서에 삽입한 각주와 미주의 내용은 서로 바꿀 수도 있으며, 모두 각주로 또는 모두 미주로 변환할 수도 있다.

- 각주와 미주 등의 주석과 본문과의 구분선은 선의 너비와 굵기, 색상, 모양 등을 다양하게 설정할 수 있다.

5. 쪽 번호 매기기

- [모양] 메뉴의 [쪽 번호 매기기]를 클릭한 후 쪽 번호의 위치와 모양을 설정한다.
- 특정 페이지에 커서를 두고 [모양] 메뉴의 [새 번호로 시작]을 클릭한 후 숫자를 입력하면 커서가 포함된 페이지의 쪽 번호가 입력한 숫자로 변경된다.

6. 차례와 찾아보기 만들기

- [도구] 메뉴의 [차례/찾아보기]를 클릭한다.
- 제목 차례 표시를 실행하여 문서에 제목을 각각 표시하고 [차례 만들기]를 실행하여 표시해 놓은 차례를 문서로 만들 수 있다.
- 제목 차례는 직접 표시하지 않고도 개요 문단이나 스타일을 이용하여 만들 수도 있다.
- 찾아보기는 [찾아보기 표시]를 실행하여 단어에 찾아보기를 표시한다.
- [찾아보기 만들기]를 실행하여 표시해 놓은 찾아보기를 문서로 만들 수 있다.

1. 다음과 같이 문서의 홀수 쪽에만 바탕쪽을 넣어 보자. [Ch07\종합실습1.hwp]

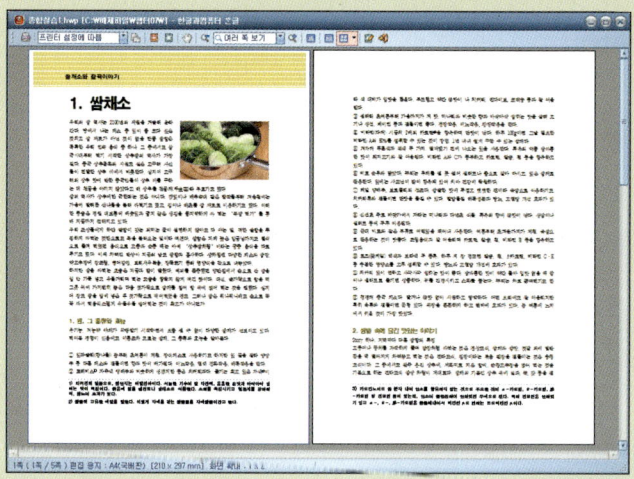

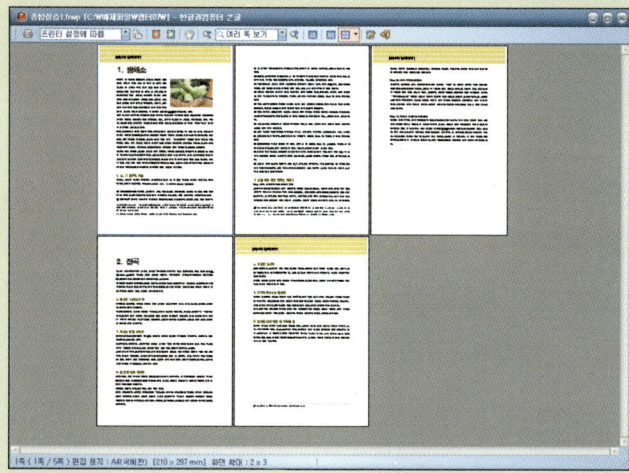

HINT | [모양] 메뉴의 [바탕쪽]을 클릭한 후 [종류]를 [홀수 쪽]으로 선택하고 [만들기] 단추를 클릭한다. 직사각형 도구와 글상자 도구를 이용하여 페이지의 상단 부분을 꾸민다.

2. 다음과 같이 짝수 쪽에 바탕쪽을 넣고 제목 대신 쪽 번호를 넣어 보자.

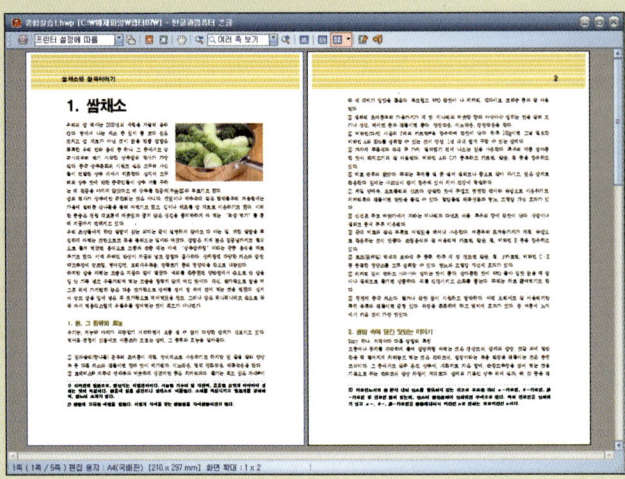

HINT | [모양] 메뉴의 [바탕쪽]을 클릭하여 바탕쪽 편집 상태로 전환한 후 [바탕쪽] 도구 상자에서 [짝수 쪽]을 선택한다. 홀수 쪽의 바탕쪽 내용을 모두 복사해온 후 글상자의 위치와 안의 내용을 변경한다. 쪽 번호는 [바탕쪽] 도구 상자의 [쪽 번호 넣기]를 클릭하여 입력한다.

3. 다음과 같이 첫 번째 페이지를 99페이지로 시작하도록 설정해 보자.

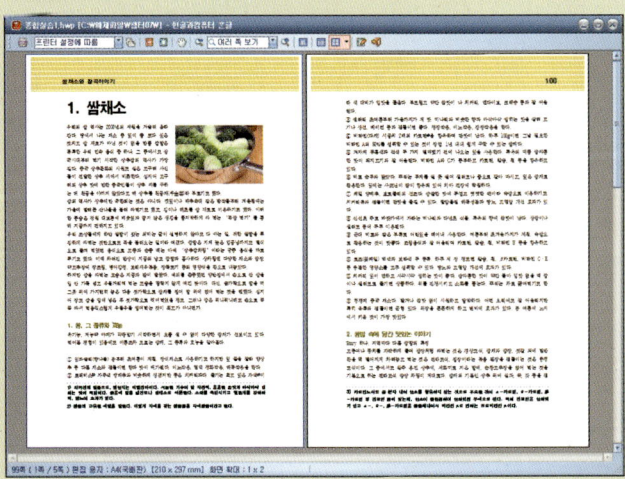

HINT | [모양] 메뉴의 [새 번호로 시작]을 클릭하면 커서가 포함된 페이지를 새로운 번호로 지정할 수 있다.

4. 첫 번째 페이지에 적용된 바탕쪽을 보이지 않게 감춰보자.

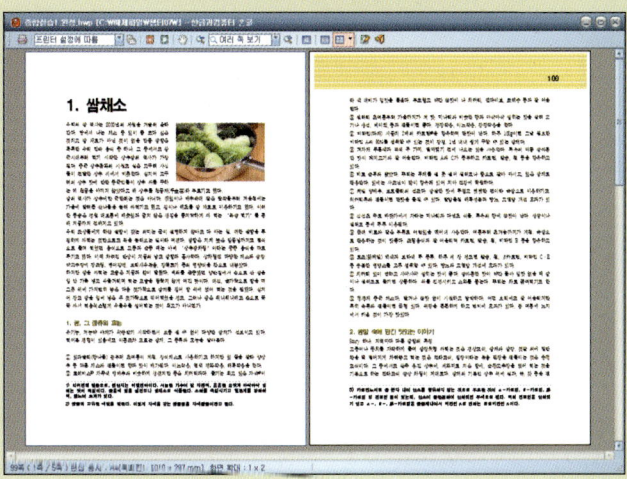

> **HINT** | [모양] 메뉴의 [감추기]를 클릭하면 커서가 위치한 페이지의 머리말이나 바탕쪽 등의 내용을 보이지 않게 감출 수 있다.

5. 다음과 같이 문서에 세 가지 다단 형식을 적용해 보자. [Ch07\종합실습5.hwp]

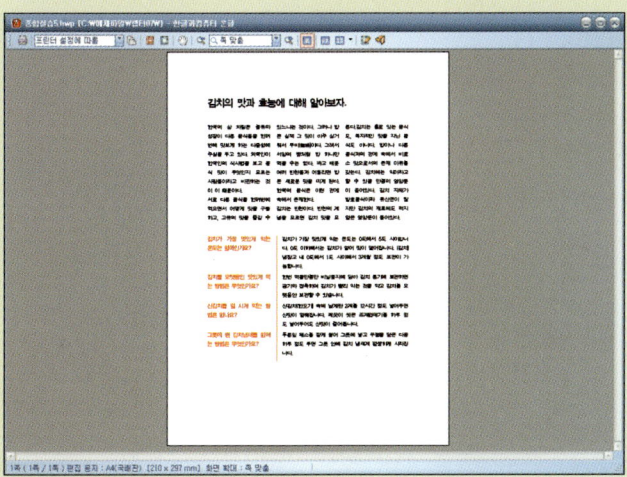

> **HINT** | 제목 아래 글은 3단으로 구성된 다단으로, 맨 아래 부분은 2단의 평행 다단으로 설정한다.

CHAPTER

8

문서 편집에 도움이 되는
한글 2007의 특수 기능 익히기

한글 2007에서는 문서를 편집하는 기능 외에도 도움말이나 맞춤법 기능 등의 문서 편집에 도움이 되는 기능을 제
공한다. 또한 한글 문서를 원고지 형식이나 프레젠테이션 형식으로 변경할 수 있으며, 전자 메일이나 웹 문서로도
변환할 수 있다. 여기서는 이와 같은 다양한 부가 기능에 대해 알아본다.

알아두면 편리한
부가 기능 익히기

한글 문서를 만들면서 도움을 받을 수 있는 도움말이나 맞춤법 기능, 한글 문서를 원고지 형식이나 프레젠테이션 문서, 전자 메일로 전송할 수 있는 방법 등에 대해 알아본다.

Chapter

01 빠른 교정

빠른 교정 기능은 사용자가 문서를 입력할 때 실수로 인해 맞춤법이 올바르지 않게 입력되는 부분을 자동으로 바른 표현으로 수정할 수 있는 기능이다. [도구] 메뉴의 [빠른 교정]-[빠른 교정 동작]을 체크하여 실행할 수 있으며, [빠른 교정 내용] 대화상자에서 직접 사용자가 내용을 등록하여 사용할 수도 있다. 한글 외에도 영어, 한자, 특수 문자에 관한 교정도 가능하며, 씨끝(어미)이나 토시(조사)에 관한 맞춤법이나 띄어쓰기 교정도 가능하다.

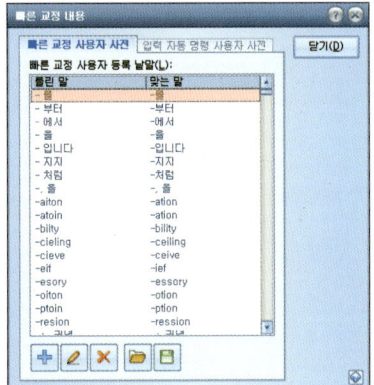

02 맞춤법 검사하기

[도구] 메뉴의 [맞춤법]을 클릭하면 [맞춤법 검사/교정] 대화상자가 나타난다. [시작] 단추를 클릭하면 문서의 맞춤법 검사가 진행되고 맞춤법에 올바르지 않거나 표준어가 아닌 내용이 붉은 색으로 표시되어 검색된다. [지나감] 단추를 클릭하면 수정하지 않고 넘어가고, [추천 말] 목록에서 원하는 내용을 선택한 후 [바꾸기]나 [모두 바꾸기] 단추를 클릭하면 문서에 입력된 내용을 자동으로 올바르게 수정할 수 있다.

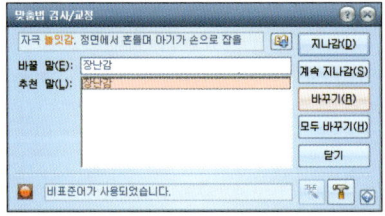

03 다양한 문서 형식 만들기

한글 2007에서는 완성한 문서를 한글 문서 외에도 다양한 형식으로 저장할 수 있다. [도구] 메뉴의 [라벨]–[라벨 문서 만들기]를 클릭하면 다양한 모양의 라벨 문서를 만들 수 있다. 또한 [도구] 메뉴의 [원고지 쓰기]를 클릭하면 기존의 문서를 원고지 형식으로 변환하거나 새로운 원고지 문서에 내용을 직접 입력할 수 있다. 이 외에도 [파일] 메뉴의 [보내기]를 클릭하면 완성한 문서를 그림으로 저장할 수 있으며, 전자 메일의 내용이나 웹 문서의 형태로 확인 할 수 있다.

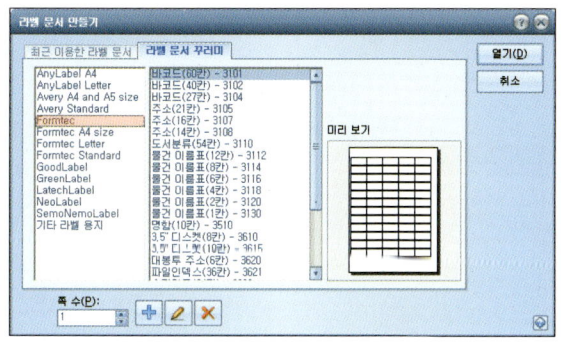

04 프레젠테이션 만들고 실행하기

[도구] 메뉴의 [프레젠테이션]–[프레젠테이션 설정]을 클릭하여 프레젠테이션의 배경 화면과 화면 전환 방법을 설정할 수 있다. 프레젠테이션의 배경에는 단색, 그러데이션, 그림 등으로 설정할 수 있으며, 적용되는 범위를 문서 전체로 설정하거나 구역으로 나누어 서로 다른 모양의 배경을 설정할 수도 있다. 또한 [화면 전환] 탭에서는 화면 전환 효과와 효과음을 설정할 수 있으며, 전환 시간을 입력하여 자동으로 시연되도록 설정할 수도 있다.

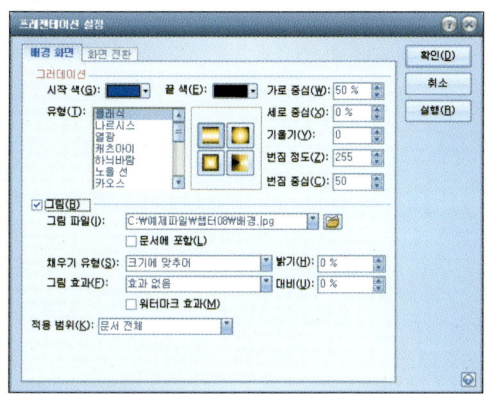
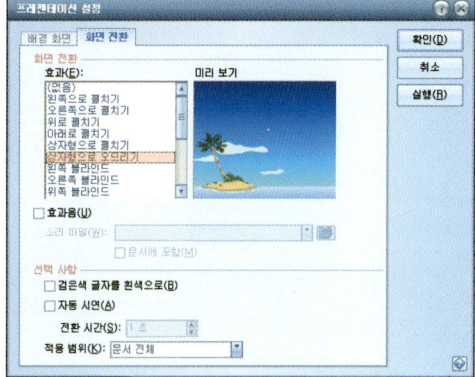

Section 1

한글 2007 도움말 활용하기

한글 2007을 사용하여 문서를 편집하다 보면 어떤 기능을 하는 명령인지 알 수 없는 경우가 있다. 이런 경우 도움말을 이용하면 명령의 실행 방법과 활용 방법을 쉽게 알 수 있다. 도움말은 메뉴 순으로 찾아볼 수도 있으며, 직접 검색어를 입력하여 해당 명령을 검색할 수도 있다.

> **알아두기**
>
> [도움말] 메뉴의 [내용]이나 [찾아보기]를 클릭하여 사용 방법에 대한 설명을 살펴볼 수 있다. 또는 바로 가기 키인 F1을 눌러 [도움말] 대화상자를 표시할 수도 있다.

따라하기 ─── **01** 도움말 찾기

[도움말] 대화상자를 열어 [새 탭] 명령에 대한 자세한 사용 방법을 찾아보자. 또한 [문서 탭 전환]에 관한 자세한 정보도 살펴보자.

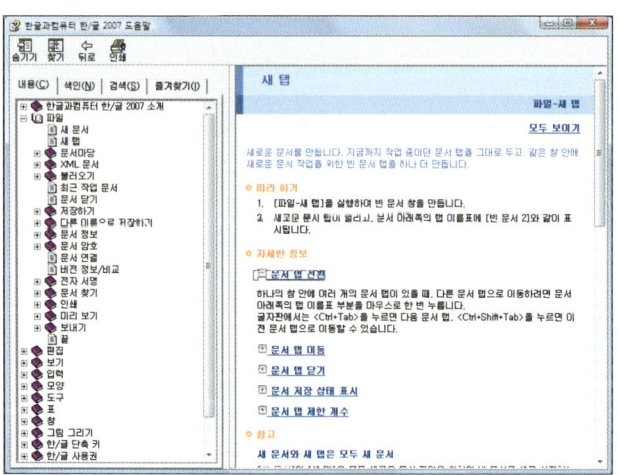

❶ [도움말] 메뉴의 [내용]을 클릭하거나 바로 가기 키인 F1을 누른다.

❷ [도움말] 대화상자의 [내용] 탭에서 [파일]을 클릭하면 하위 명령이 나타난다.

❸ 하위 명령에서 [새 탭]을 클릭하면 오른쪽 창에 [새 창] 명령의 개요와 사용 방법이 자세하게 나타난다.

❹ [자세한 정보]에서 [문서 탭 전환]을 클릭하거나 ⊞를 클릭하면 가려져 있던 설명 내용이 나타난다.

01

혼자해보기

도움말의 색인 기능을 이용하여 [되돌리기] 기능에 관한 자세한 내용을 찾아보자.

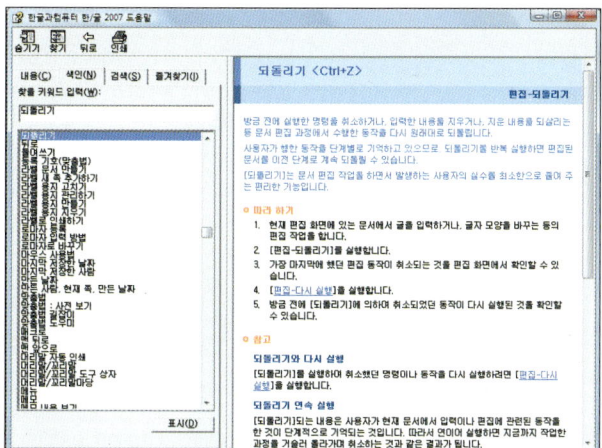

HINT | [색인] 탭으로 이동한 후 [찾을 키워드 입력]에 '되돌리기'를 입력하고 **Enter** 를 누른다. 검색된 내용을 더블클릭하여 자세하게 확인할 수 있다.

02

혼자해보기

도움말 검색 기능을 이용하여 '색인'에 관한 내용을 찾아보자.

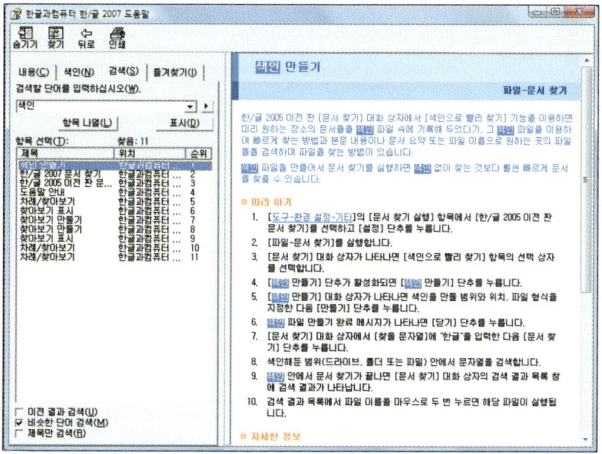

HINT | [도움말] 대화상자에서 [검색] 탭을 클릭하여 '색인'을 입력한 후 **Enter** 를 누른다. 검색된 목록에서 원하는 내용을 클릭하면 내용을 확인할 수 있다.

도움말 내용 인쇄하기

tip +

도움말 내용을 확인하고 인쇄가 필요할 경우 [인쇄]를 클릭한다. 선택한 항목만 인쇄할 수도 있으며, 선택한 제목 및 하위 항목을 모두 인쇄할 수도 있다.

Section 2

맞춤법 기능 활용하기

문서를 입력하거나 편집할 때 실수에 의해 철자나 단어 맞춤법을 틀릴 경우가 있다. 이런 경우 한글 2007의 맞춤법 기능을 활용하면 정확한 맞춤법에 맞춰 문서를 완성할 수 있다. 여기서는 맞춤법 기능을 이용해 문서의 잘못 입력된 부분을 검색해 보고 올바른 내용으로 수정하는 방법 등에 대해 알아본다.

> ◉ 알아두기
>
> [도구] 메뉴의 [맞춤법]을 클릭하여 문서의 잘못 입력된 부분을 자동으로 검색할 수 있다. 빠른 교정 내용에는 직접 내용을 추가하여 사용할 수도 있다.

따라하기 **01** 맞춤법 검사하기

맞춤법 검색 기능을 이용하여 잘못 입력된 부분을 찾아보고, 그 중에서 'femily'의 잘못된 철자를 'family'로 고쳐본다. [Ch08\맞춤법.hwp]

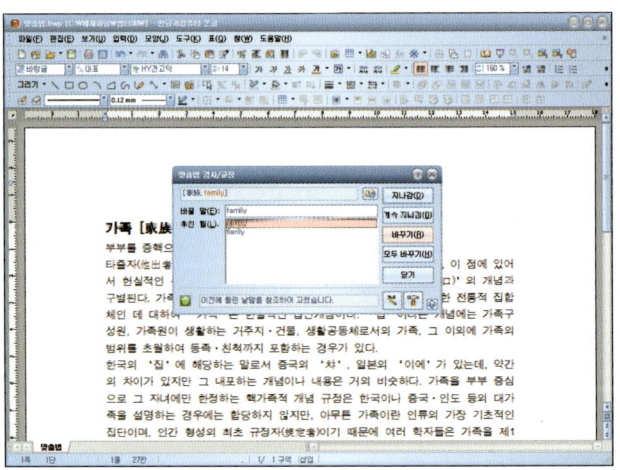

❶ [도구] 메뉴의 [맞춤법]을 클릭한다.

❷ [맞춤법 검사/교정] 대화상자가 나타나면 [시작] 단추를 클릭하여 맞춤법 검사를 진행한다.

❸ 문서에 입력된 내용 중에서 맞춤법이 잘못되었거나 사전에 등록되어 있지 않은 말이 나타나고 추천 말 목록이 나타난다.

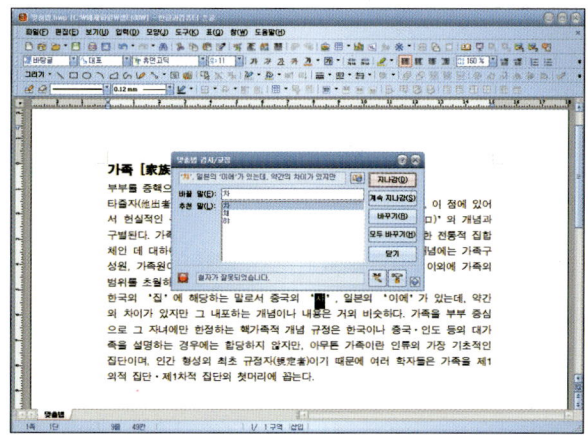

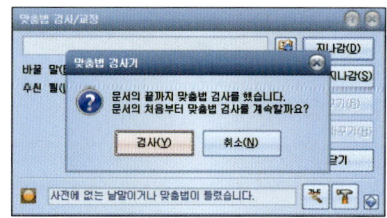

④ 수정하지 않고 그대로를 유지하기 위해서는 [지나감] 단추를 클릭하여 다음 단어를 검색한다.

⑤ 커서 위치부터 문서의 끝까지 검색이 완료되면 다음과 같은 메시지가 나타난다. 수정해야 하는 부분을 지나쳤거나 앞부분부터 다시 검색하기 위해 [검사] 단추를 클릭한다.

⑥ 제목 부분에 잘못 입력된 'femily'가 검색되고 추천 말 목록에 올바른 단어가 나타난다. 추천 말 목록에서 'family'를 선택하고 [바꾸기] 단추를 클릭한다.

⑦ 문서에 입력된 'femily'가 자동으로 'family'로 변경된다. 이때 [모두 바꾸기] 단추를 클릭하면 문서에 입력된 모든 내용이 한번에 변경된다.

⑧ 맞춤법 검사를 끝내려면 [닫기] 단추를 눌러 [맞춤법 검사/교정] 대화상자를 닫는다.

[맞춤법 검사/교정 설정] 대화상자 살펴보기   tip ➕

[맞춤법 검사/교정] 대화상자의 [설정]을 클릭하면 맞춤법을 검사할 대상이나 사전 등에 관한 내용을 상세하게 설정할 수 있다.

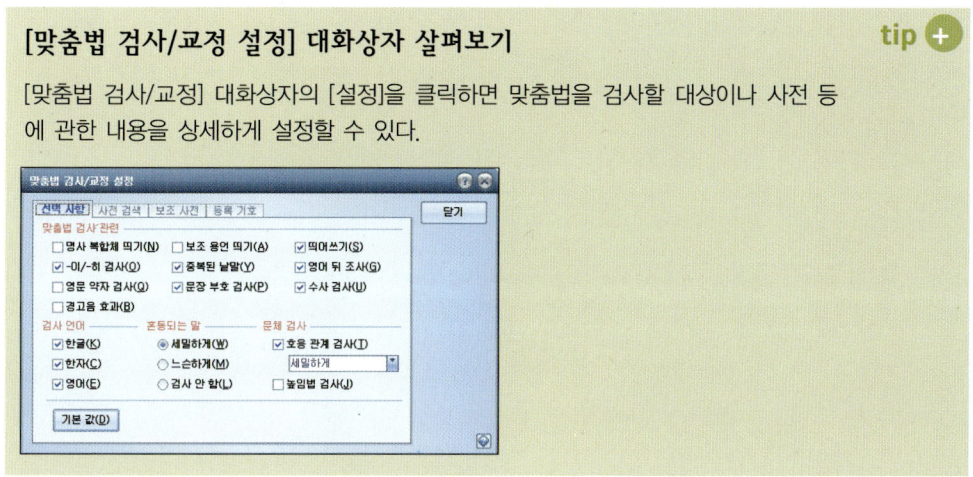

맞춤법 도우미를 작동하여 '헌실적인'을 '현실적인'으로 고쳐보자.

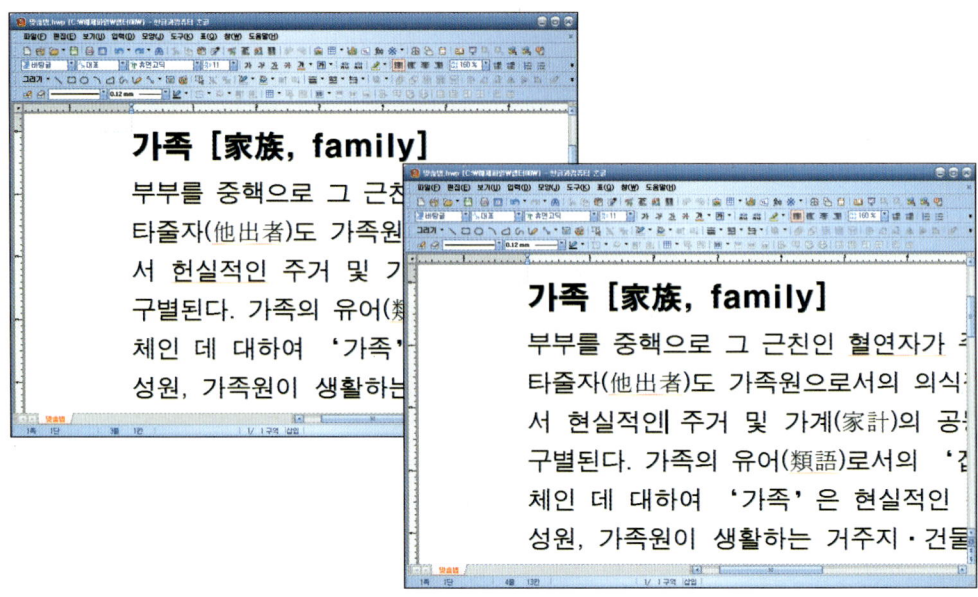

HINT | [도구] 메뉴의 [환경 설정]을 클릭한 후 [기타] 탭에서 맞춤법 도우미를 작동시킨다. 붉은색 밑줄이 그어지면 마우스 오른쪽 단추를 클릭하여 추천 단어로 쉽게 수정할 수 있다.

빠른 교정 기능   tip +

빠른 교정 기능은 맞춤법 검색 기능과는 달리 입력할 때 곧바로 올바른 표현으로 자동 수정되는 기능이다. [도구] 메뉴의 [빠른 교정]-[빠른 교정 내용]을 클릭하면 등록되어 있는 내용을 확인할 수 있으며, 직접 빠른 교정 내용을 등록하여 사용할 수도 있다.

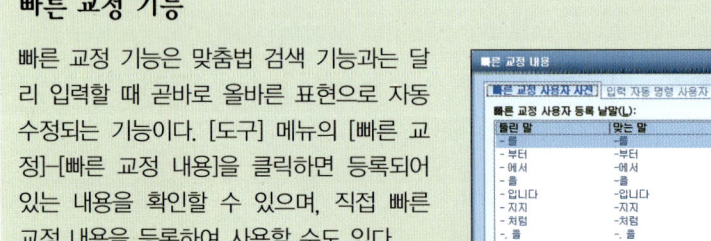

빠른 교정 기능은 [도구] 메뉴의 [빠른 교정]을 클릭한 후 관련된 옵션을 실행하거나 실행하지 않을 수 있다. 입력어 자동 실행은 한/영 변환을 하지 않고 입력할 경우 자동으로 변경해 주는 기능이다.

다양한 문서 형식으로 저장하기

한글 2007에서는 한글 형식의 문서 외에도 웹 문서, 전자 메일 본문, 라벨 문서 등을 만들 수 있다. 여기서는 이와 같은 다양한 형식의 문서를 만드는 방법에 대해 알아본다.

○ 알아두기

[도구] 메뉴의 [라벨]–[라벨 문서 만들기]를 클릭하여 라벨 문서를 만들 수 있다. 또한 [파일] 메뉴의 [보내기]를 클릭하면 문서를 그림이나 웹 문서로 만들 수도 있다.

따라하기 | **01** | 라벨 문서 만들기

다음과 같이 한글 2007에 등록되어 있는 라벨을 이용하여 주소가 입력된 라벨 문서를 만들어 보자. [Ch08\라벨텍스트.hwp]

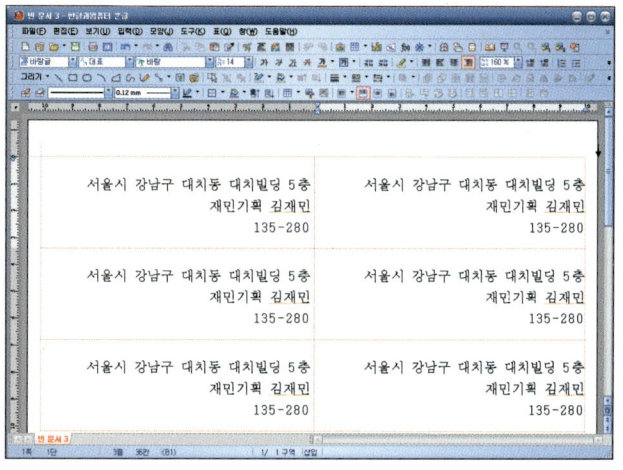

❶ [도구] 메뉴의 [라벨]–[라벨 문서 만들기]를 클릭한다.

❷ [라벨 문서 만들기] 대화상자의 [라벨 문서 꾸러미] 탭으로 이동한 후 종류에서 [Avery A4 and A5 size]를 클릭한다. 목록에서 [주소 – L7162]를 선택하고 [열기] 단추를 클릭한다.

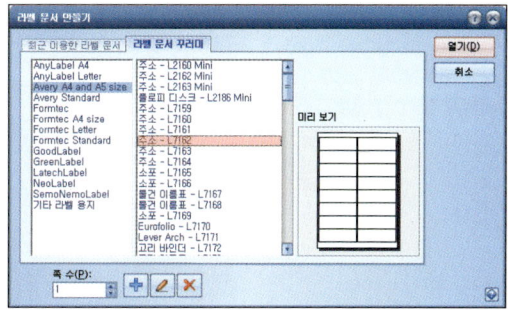

❸ 테두리가 투명하게 적용된 표로 구성된 문서가 빈 문서로 만들어진다. 이때 셀 하나는 라벨 용지의 라벨 한 칸에 해당하는 크기이다.

❹ 첫 번째 셀 안에 예제 문서에서 복사해온 주소와 이름을 붙여넣기 한다.

❺ F5 를 연달아 세 번 눌러 표 전체를 선택하고 마우스 오른쪽 단추를 클릭하여 [자동 채우기]를 선택한다.

❻ 완성된 라벨 문서를 프린터로 인쇄하여 사용할 수 있다.

01 혼자해보기

다음과 같이 도서 관리에 사용할 작은 번호 라벨을 만들어 보자.

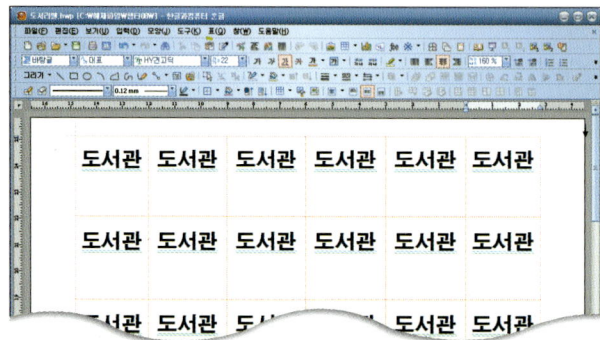

HINT | [Formtec] 라벨 중에서 [도서분류(54칸) − 3110]으로 설정한 후 셀 안에 내용을 입력한다. 입력한 글자에는 밑줄을 설정하고, 글꼴 크기와 종류는 [22pt]의 [HY견고딕]으로 설정한다. 라벨 용지는 큰 대형 마트나 인터넷 쇼핑몰 등에서 구입할 수 있다. 라벨 용지의 종류와 크기, 구성을 확인하여 다양하게 활용할 수 있다.

02 혼자해보기

한글 문서를 불러온 후 웹 브라우저로 보내보자. [Ch08\웹문서.hwp]

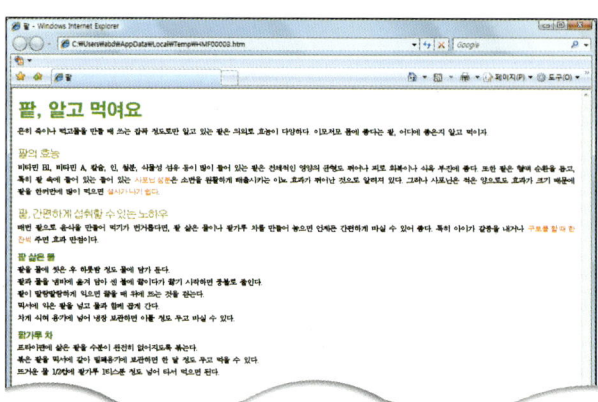

HINT | [파일] 메뉴의 [보내기]−[웹 브라우저로 보내기]를 클릭하여 웹 문서로 변환할 수 있다.

03
혼자해보기

다음과 같이 그림과 텍스트로 구성된 한글 문서를 그림 파일로 변경하여 저장해 보자.
[Ch08\그림저장.hwp]

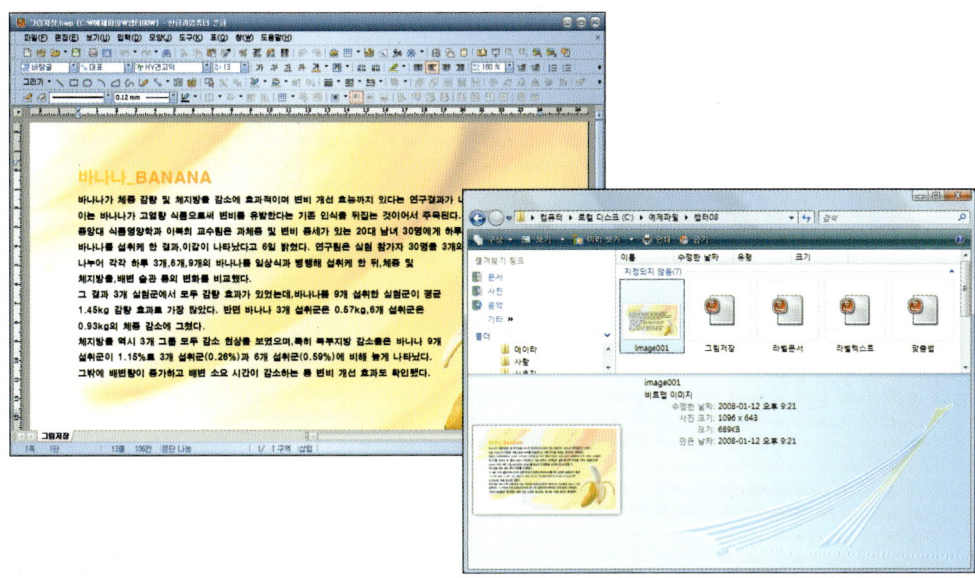

HINT | [파일] 메뉴의 [보내기]를 클릭하여 [그림으로 저장하기]를 선택한다. [인쇄] 대화상자에서 그림으로 저장할 영역을 설정하고 저장할 폴더를 지정하면 한글 문서가 그림 파일('bmp' 파일)로 변환되어 저장된다.

04
혼자해보기

한글 문서를 원고지 형식으로 변경하여 다음과 같이 내용을 입력해 보자.
[Ch08\원고지텍스트.hwp]

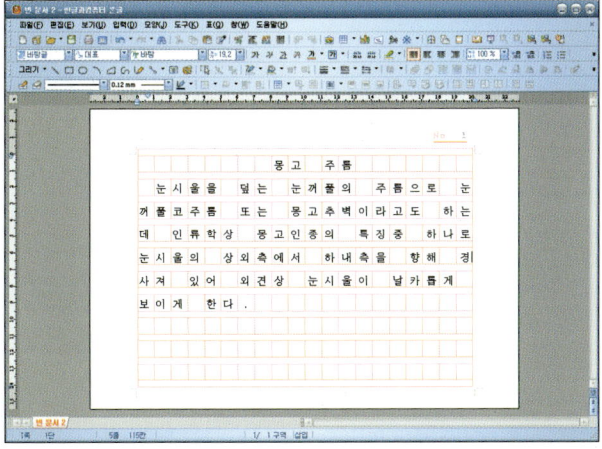

HINT | [도구] 메뉴의 [원고지 쓰기]를 클릭한 후 [200자 원고지(B5 용지)-빨강]으로 설정한다.

프레젠테이션 문서 만들기

한글 2007에서는 완성한 문서를 프레젠테이션 문서로 변환할 수 있다. 프레젠테이션의 배경을 다양하게 설정할 수 있으며, 페이지 전환 방법을 설정할 수 있다. 또한 구역별로 서로 다른 형식의 프레젠테이션을 설정할 수도 있다. 여기서는 프레젠테이션 문서로 설정하는 방법에 대해 알아본다.

◐ 알아두기

[도구] 메뉴의 [프레젠테이션]–[프레젠테이션 설정]을 클릭하여 배경과 전환에 관한 내용을 설정한 후 [실행] 단추를 클릭하면 프레젠테이션이 실행된다.

따라하기 ─ 01 프레젠테이션 설정하기

예제 문서를 다음과 같은 모양의 배경을 넣어 프레젠테이션으로 설정해 보자.
[Ch08\프레젠테이션.hwp]

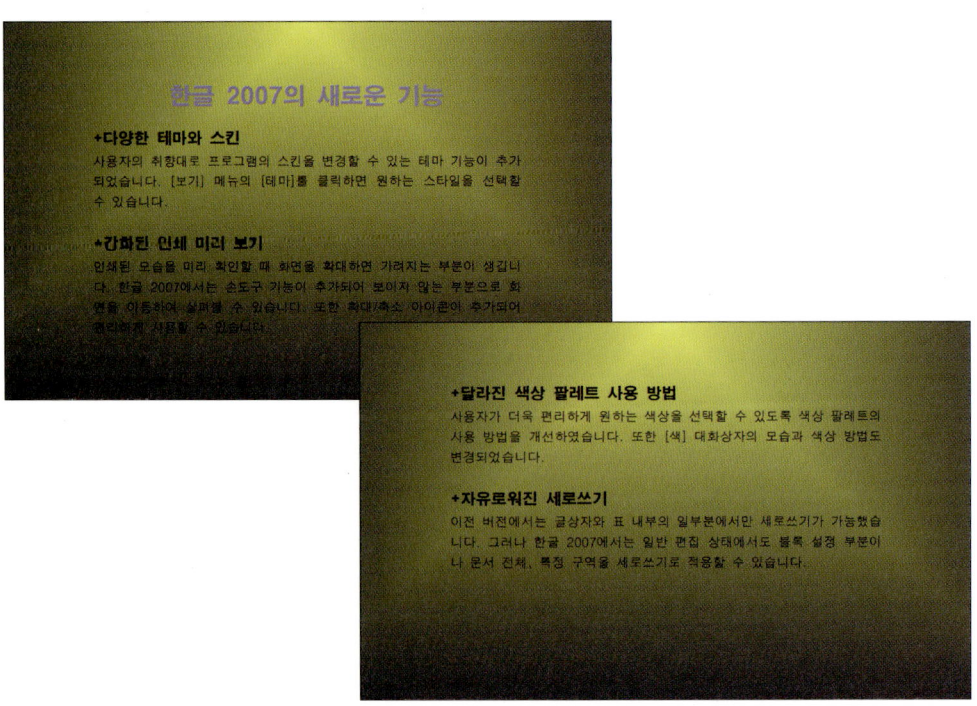

❶ [도구] 메뉴의 [프레젠테이션]–[프레젠테이션 설정]을 클릭한다.

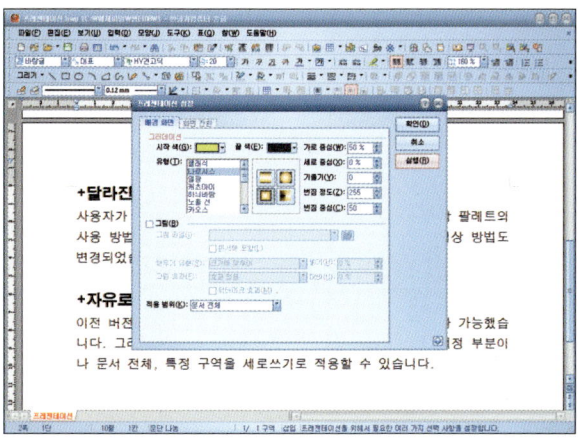

❷ [프레젠테이션 설정] 대화상자의 [배경 화면] 탭에서 다음과 같이 설정하고 [실행] 단추를 클릭한다.

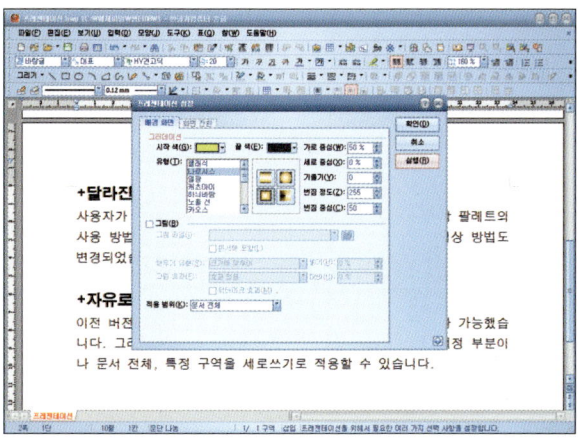

❸ 바탕화면 전체에 프레젠테이션 문서가 나타난다.

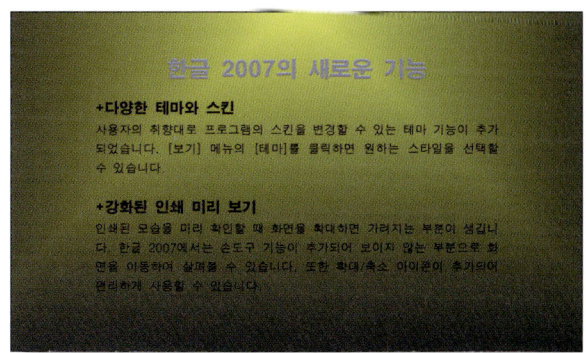

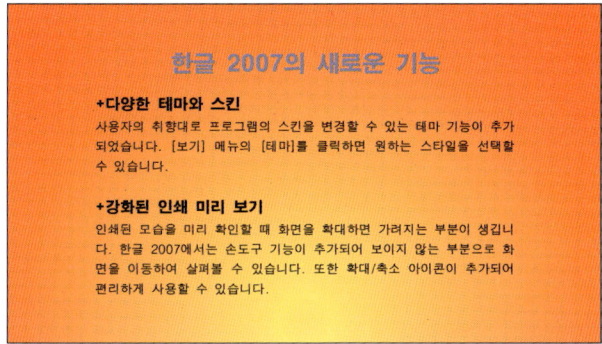

01

혼자해보기

프레젠테이션의 배경을 바꿔보고, 자동으로 페이지가 왼쪽에서 오른쪽으로 넘어가면서 전환되도록 설정해 보자.

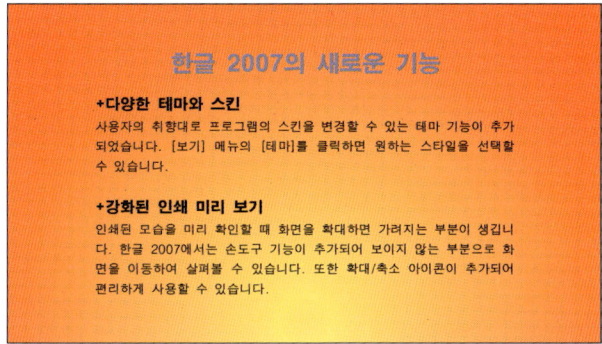

HINT | 배경 화면은 [일출]로 설정하고, [화면 전환] 탭에서 [오른쪽으로 펼치기]로 설정한다.

입력 도우미 활용하기

5

한글 2007에서는 입력 도우미 기능을 이용하여 주소를 검색하여 입력할 수 있으며, 로마자로 변환하거나 외래어 표기를 사용할 수 있다. 여기서는 입력 도우미의 활용 방법에 대해 알아본다.

◐ 알아두기

[도구] 메뉴의 [입력 도우미]를 클릭하여 주소나 외래어 표기, 로마자 입력 등에 적용한다.

따라하기 01 주소 입력하기

다음과 같이 동 이름을 검색하여 자동으로 주소와 우편번호를 문서에 입력해 보자.

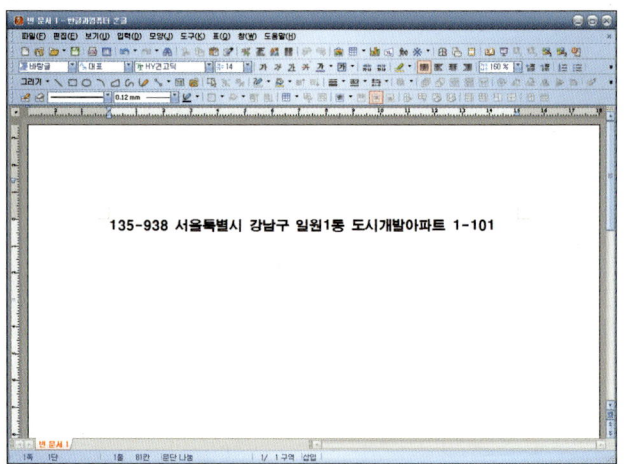

❶ [도구] 메뉴의 [입력 도우미]-[주소 찾기]를 클릭한다.

❷ 주소 검색란에 '일원1동' 을 입력하고 [찾기] 단추를 클릭한다.

❸ 검색된 주소 목록에서 해당 주소를 선택하고 나머지 주소를 입력한다.

❹ [삽입 모양]을 선택하고 [넣기] 단추를 클릭하면 커서 위치에 주소가 자동으로 입력된다. 이때 입력된 글자 모양은 커서 위치에 설정된 글자 모양과 문단 모양을 따르게 된다.

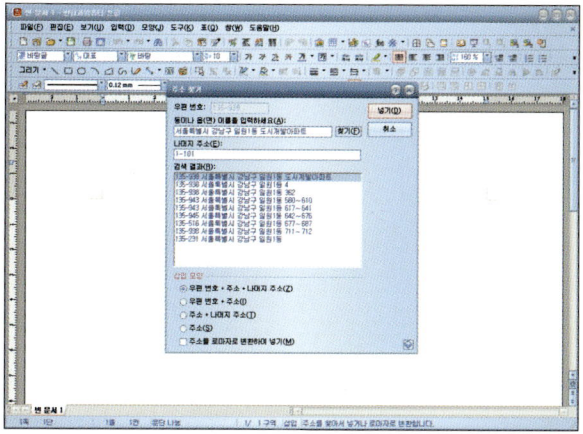

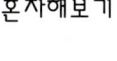

외래어 표기 기능을 이용하여 다음과 같이 버스를 외래어와 함께 입력해 보자.

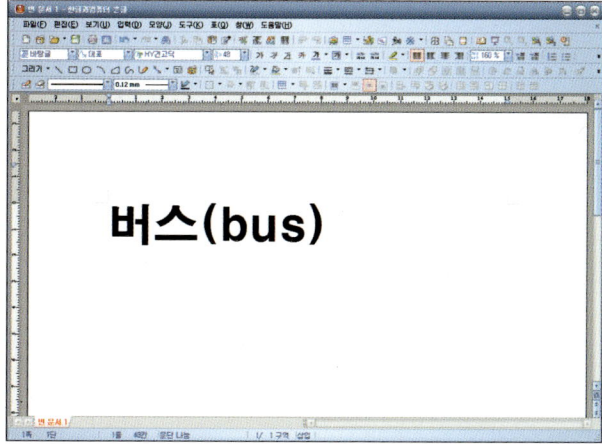

HINT | [도구] 메뉴의 [입력도우미]−[외래어 표기]를 클릭한 후 [찾을 낱말]에 '버스'를 입력하고 [찾기] 단추를 클릭한다. [삽입 모양]을 [한글 표기(원어)]로 설정한 후 [넣기] 단추를 클릭한다.

1. 도움말 활용하기

- [도움말] 메뉴의 [내용]이나 [찾아보기]를 클릭하여 도움말을 불러올 수 있다.
- 필요한 기능에 관한 내용을 목록에서 선택하거나 직접 검색하여 살펴볼 수 있다.

2. 맞춤법 교정하기

- [도구] 메뉴의 [맞춤법]을 클릭한 후 [시작] 단추를 클릭하면 맞춤법 검사를 진행할 수 있다.
- 검색된 내용에는 [추천 말] 목록이 나타나며, 올바른 내용을 선택하고 [바꾸기] 단추를 클릭하여 내용을 수정할 수 있다.
- [도구] 메뉴의 [빠른 교정]을 활용하면 문서를 입력할 때 곧바로 적용하여 습관적으로 잘못 입력하는 부분이나 오류를 그때그때 수정할 수 있다.

3. 다양한 문서 만들기

- 한글 2007에서는 한글 문서 외에도 다양한 형식의 문서를 만들 수 있다.
- [도구] 메뉴의 [라벨]-[라벨 문서 만들기]를 클릭한 후 목록에서 원하는 형식의 라벨을 선택하여 만들 수 있다.
- 이 외에도 완성한 문서를 그림 파일로 저장할 수도 있으며, 웹 문서로 변환하여 살펴볼 수도 있다.

4. 원고지 쓰기

- [도구] 메뉴의 [원고지 쓰기]를 클릭하면 다양한 형식의 원고지를 선택하여 사용할 수 있다.
- 원고지 문서를 새로 만들어 내용을 직접 입력할 수도 있으며, 이미 입력한 문서에서 내용을 자동으로 채워 넣을 수도 있다.

5. 프레젠테이션 만들기

- [도구] 메뉴의 [프레젠테이션]-[프레젠테이션 설정]을 클릭하여 프레젠테이션의 배경이나 전환 방법을 설정할 수 있다.
- [프레젠테이션 설정] 대화상자에서 [실행] 단추를 클릭하거나 [도구] 메뉴의 [프레젠테이션]-[프레젠테이션 실행]을 클릭하면 곧바로 프레젠테이션이 진행된다.

6. 입력 도우미 활용하기

- [도구] 메뉴의 [입력 도우미]를 클릭하면 주소를 찾거나 외래어 표기 방법을 검색할 수 있다.

- 해당 대화상자가 나타나면 검색할 내용을 입력하고 [찾기] 단추를 클릭하여 원하는 내용을 찾을 수 있다. 또한 [넣기] 단추를 클릭하면 검색한 내용을 커서 위치에 곧바로 삽입할 수 있다.

종합실습 e x e r c i s e

1. 한글과컴퓨터 홈페이지에 방문하여 한글 사용법에 관한 FAQ를 찾아보자.

HINT | [도움말] 메뉴의 [제품 등록 및 온라인 고객 지원]을 클릭하면 한글과컴퓨터 홈페이지로 이동할 수 있다. 직접 사용 방법을 질문하거나 지원받기 위해서는 회원으로 로그인해야 한다.

2. 맞춤법 기능을 이용하여 잘못된 내용을 검색하고 올바르게 수정해 보자.
[Ch08\종합실습2.hwp]

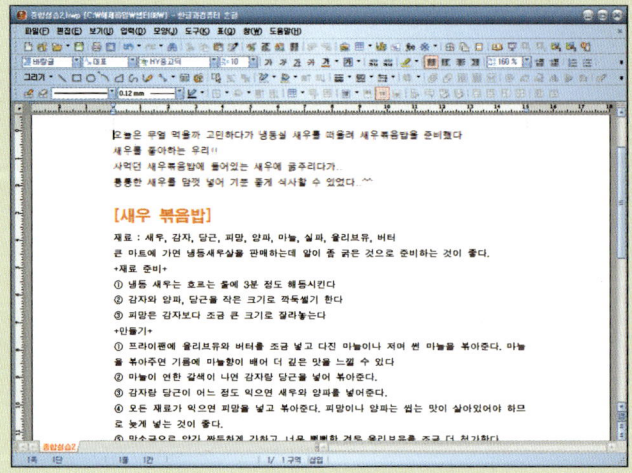

HINT | [도구] 메뉴의 [맞춤법]을 실행한 후 [시작] 단추를 클릭하여 검사를 진행한다.

3. 일반적인 한글 문서를 원고지 형식의 문서로 바꿔보자. [Ch08\종합실습3.hwp]

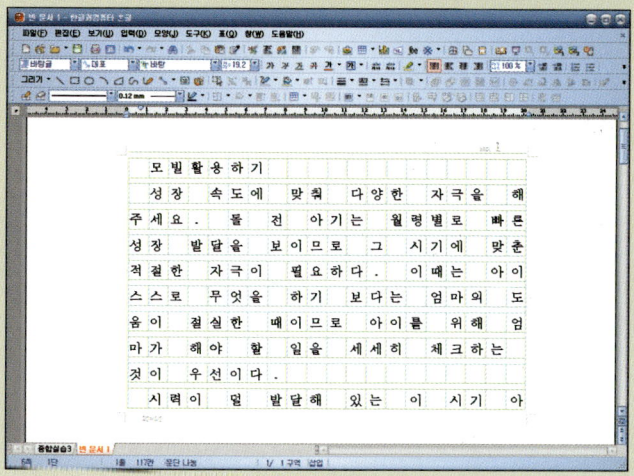

HINT | [도구] 메뉴의 [원고지 쓰기]를 클릭한 후 [현재 문서에서 내용을 가져다 채움]을 체크하고 [열기] 단추를 클릭한다.

4. 다음과 같이 주소 찾기 기능을 이용하여 검색한 주소를 로마자로 변환하여 입력해 보자. [Ch08\종합실습4.hwp]

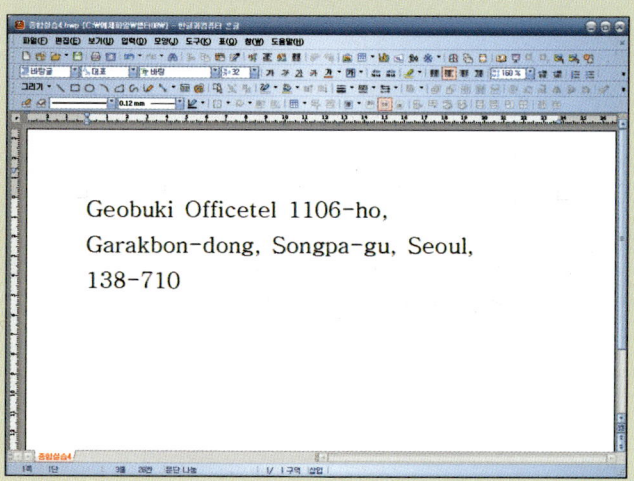

HINT | [도구] 메뉴의 [입력 도우미]-[주소 찾기]를 클릭한 후 '가락본동'으로 검색하여 '거북이오피스텔'을 선택하도록 한다.

5. 예제 문서에 다음과 같이 그림을 배경으로 넣어 프레젠테이션을 실행해 보자.
   [Ch08\종합실습5.hwp]

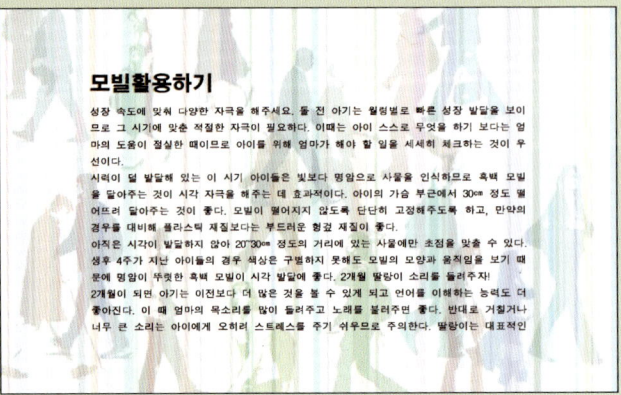

> **HINT** | [도구] 메뉴의 [프레젠테이션]–[프레젠테이션 설정]을 클릭한 후 [그림]을 체크한다. 그
> 림 파일을 선택하고 [채우기 유형]을 [크기에 맞추어]로 설정한다.

6. 프레젠테이션을 실행한 문서에 다음과 같이 빨간색의 선을 이용해 중요한 부분
   을 표시해 보자.

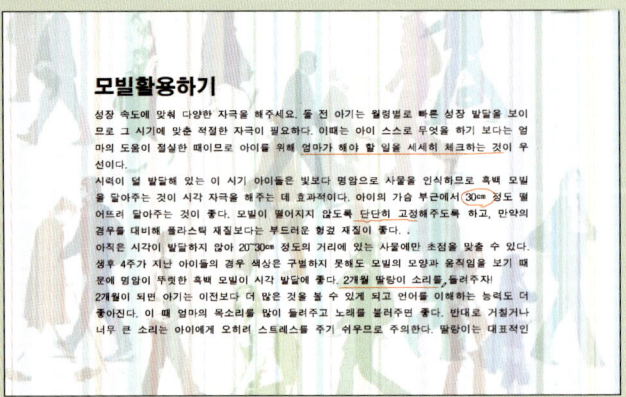

> **HINT** | 프레젠테이션이 실행된 상태에서 마우스 오른쪽 단추를 클릭하여 [선 그리기]를 선택
> 한다.

속전속결 한글 2007

1판 1쇄 발행   2008년 3월 15일
1판 9쇄 발행   2014년 3월 28일

저 자   박소영
발 행 인   김길수
발 행 처   (주)영진닷컴
주 소   서울특별시 금천구 가산동 664번지 대륭테크노타운 13차 10층
            (우)153-803
대표전화   1588-0789
대표팩스   (02) 2105-2200
등 록   2007. 4. 27. 제 16-4189호

값 11,800 원

ⓒ 2008., 2014. (주)영진닷컴

ISBN 978-89-314-3662-4

※ 본 도서의 내용 문의는 저자 e-mail(syorion@naver.com)로 해주시기 바랍니다.

http://www.youngjin.com